La fabrique collective de la monnaie

Denis Dupré

Préface de Denis Vernant
Postface de Jean-Michel Servet

Pour citer : Denis Dupré, *La fabrique collective de la monnaie*, Jouquetti Libre, 2019.

Version papier en vente sur Amazon

ISBN : 978-2-9563-3788-1

Ⓒ **Jouquetti Libre**, collection "Finance & biens communs", Furmeyer, 2019

Quentin Metsys

Le préteur et sa femme (1514)

C'est à Anvers, cité fleurissante économique, artistique et intellectuelle, en 1514, que Quentin Metsys met la touche finale au *Peseur d'or et sa femme*. L'innovation financière apparait avec les premières lettres de change que l'on repère sur l'étagère : création monétaire qui deviendra le chèque. Influencé par son ami humaniste Érasme, avec quelques clins d'œil à la Bible, Metsys peint un capitalisme moral, guidé par des valeurs spirituelles.

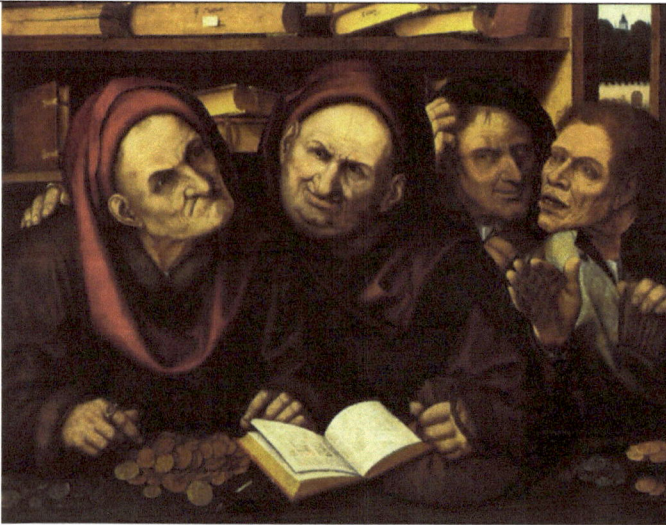

Les usuriers (1520)

Six ans après, en 1520, dans la même boutique, les prêteurs ont changé. C'est une tout autre vision de la finance, très sombre, où commence à poindre l'inquiétude de la violence qui va bientôt éclater et se propager au cours d'un siècle de guerres de religion.

D'où vient ce livre ?

De mon attrait pour une pratique libre de la philosophie, celle transmise de Socrate à Castoriadis :

> On célèbre l'empire du « vide », on se met à genoux devant la « réalité ». C'est quoi la réalité ? Le programme de la télé d'hier ? [...] La couverture théorique de ces attitudes a été fournie depuis des décennies par Heidegger, proclamant « la fin de la philosophie » [...] Mais la fin de la philosophie signifierait la fin de la liberté.

> Je philosophe, cela veut dire : j'ai décidé de penser par moi-même et librement. Je cherche ce qui est ou me paraît vrai. - et périssent l'Eglise, l'État, les autorités, les universités, les média et le consensus.[1]

Des dialogues avec Véronique, qui aime la *disputatio* et qui pratique la sagesse d'Héraclite :

> Ce qui est contraire est utile et c'est de ce qui est en lutte que naît la plus belle harmonie ; tout se fait par discorde (fragment 8) [2]

---

[1] Cornélius Castoriadis, *Intellectuels et conformisme*, in Quelle Démocratie, Tome 2 (écrits politiques, 1945-1997), Edition du Sandre, 2014, p. 324.
[2] Jean Voilquin, *Les penseurs grecs avant Socrate, De Thalès de Milet à Prodicos,* Garnier-Flammarion, 1964, p. 233.

6

Sommaire

Dire et avoir

de Denis Vernant

La monnaie constitue le concept central de toute réflexion socio-politique.

Armé de ses compétences d'économiste et de son regard critique de philosophe, Denis Dupré propose ici une analyse du concept de monnaie à partir de dix enquêtes qui cernent les divers aspects des multiples usages monétaires, anciens ou contemporains.

Passant les données techniques au crible d'une approche langagière, il structure son propos au moyen d'une analogie entre la monnaie et le langage (p. 27, 108, 114-118, 129). De fait, le « commerce » avec mon voisin peut se réaliser par un échange de mots et/ou de biens. Reste que ces deux formes d'échange diffèrent dans leurs modalités. Si j'échange des mots, donc des idées, avec mon voisin, nous allons mutuellement nous enrichir des idées partagées et devenues trésor commun (un dictionnaire n'a-t-il pas pour titre *Trésor de la langue française* (tlfi)). Par contre, si nous voulons tous deux procéder à l'échange de deux de nos biens, chacun au terme du troc n'aura que le bien de l'autre et aura perdu le sien. Donc pas d'enrichissement mutuel.

L'introduction de la monnaie comme marque de la valeur présente l'immense avantage de *médiatiser* l'échange matériel en s'émancipant des contraintes du troc réciproque. Dans sa fonction d'échange, la monnaie ne fonctionne donc pas comme l'échange dialogique de face à face. Toutefois, cette différence n'obère pas le fait que la monnaie puisse se comporter « comme un langage », plus précisément comme la langue. En effet, elle est, comme la langue selon Saussure, un produit social fondé sur une convention instituante. Comme telle, elle possède aussi une indéniable dimension symbolique. Denis Dupré montre bien, notamment par sa première enquête numismatique, que les monnaies – pièces, puis papiers – de l'antiquité grecque aux États-Unis d'Amérique servaient à sceller à travers les représentations des dieux, des héros, des chefs, des animaux emblématiques, etc. les valeurs et idéaux des sociétés qui frappaient monnaie (p. 34 *sq*). À travers les marques monétaires s'exprimait et se communiquait une conception du monde commune, ce que, reprenant Castoriadis, Denis Dupré nomme un *imaginaire* instituant/institué (p. 293). Mais, bien entendu, la monnaie ne saurait rivaliser avec la souplesse signifiante et la richesse idéationnelle du verbe comme instrument du dialogue. Reste que, comme moyen d'échange, la monnaie partage avec le verbe dialogué un trait commun déterminant : la *confiance* que s'accordent mutuellement les interlocuteurs et interactants. Ainsi que le rappelait pertinemment Greimas, l'échange dialogique se fonde sur un « contrat fiduciaire » liant tacitement les interlocuteurs. La foi accordée à ce que dit l'autre garantit la transparence et la sincérité de l'échange dialogique. Bien plus – et c'est socio-politiquement crucial – le même contrat fiduciaire s'avère condition nécessaire de toute stratégie usant du mensonge et de la manipulation (rumeurs, fausses nouvelles, propagandes diverses, orientation des besoins, idéologie du bonheur, etc. (p. 118, 122-128). Or, il en va de même pour l'échange monétaire qui dépend de la confiance accordée à la valeur assignée à la monnaie circulante (p. 201). Pour les monnaies instituées issues du seigneuriage (p. 133-138, 238), la confiance est convention admise. Pour les monnaies locales et *a fortiori* pour les crypto-monnaies, Denis Dupré établit que si l'on peut discuter de leur statut même de monnaie, le simple fait qu'elles fonctionnent témoigne que d'une façon ou d'une autre on leur accorde crédit et confiance. Tel est, par exemple, le cas du *Bitcoin* (p. 193, 259). Comme pour l'échange langagier, la confiance en la monnaie autorise aussi bien – et même mieux dans le cas du *Bitcoin* – les manipulations les plus opaques et les trafics les plus condamnables (p. 245) que son usage sincère et transparent.

Toutefois, la monnaie ne possède pas qu'une simple fonction d'échange. Elle autorise aussi l'accumulation du capital, l'appropriation de la plus-value, le crédit, la spéculation, etc. La question n'est plus alors celle de l'échange de valeurs, mais celle de la possession chrématistique des richesses. Dès lors, la monnaie s'émancipe de sa fonction symbolique pour acquérir en propre une *puissance actionnelle* considérable en ce qu'elle conditionne les flux financiers et commerciaux de la société. Cette fonction praxéologique de la monnaie intervenant dans la circulation et la confiscation des richesses lui assigne un rôle éminemment politique. Liberté est alors donnée aux « puissances d'argent », ces agents qui par leur place dans le jeu monétaire et financier incarnent la puissance de l'argent. Depuis au moins la Grèce ancienne (p. 42), la monnaie a toujours été le « nerf de la guerre ». Elle autorise les achats d'armes et de mercenaires. Elle irrigue de multiples réseaux illégaux nourrissant les diverses formes de guérillas et de terrorisme. Par le passé et aujourd'hui encore, l'argent permet l'achat des femmes (prostitution, trafics) et des esclaves. Enfin, *last but not least*, la monnaie suscite toutes les formes de corruption, en particulier – et pas simplement dans les républiques bananières, mais dans les démocraties les plus sophistiquées – elle favorise la manipulation des élections et la confiscation du pouvoir politique par l'influence et/ou l'achat des gouvernants et décideurs.

Cette spécificité praxéologique de la monnaie dans sa fonction d'accumulation justifie pleinement l'interrogation centrale, éminemment politique, de Denis Dupré qui vise à examiner l'impact de la monnaie sur la réalisation d'une autonomie personnelle et/ou collective. En bonne méthodologie, Denis Dupré s'appuyant sur les résultats de ses enquêtes, propose d'abord d'élaborer une taxinomie qui cerne les fonctions mais aussi les formes de gouvernement impliquées ainsi que les valeurs politiques, sociales, écologiques mobilisées des différentes monnaies (p. 134). Au terme du parcours, il élabore une définition rigoureuse du concept de monnaie (p. 302).

Armé de ces outils conceptuels Denis Dupré ouvre alors le champ dialogique de la polémique (p. 294 *sq*) : comment articuler autonomie individuelle et collective, comment choisir entre marché libre et régulation, etc. ?

La situation actuelle a de quoi inquiéter : développement anarchique des crypto-monnaies, blanchiment de fonds, spéculation monétaire (p. 207 *sq*), mise en faillite délibérée des États, évasion fiscale mondialement organisée, paupérisation des classes moyennes, accroissement exponentiel des inégalités, etc. dressent un tableau sombre d'un jeu monétaire mondialisé, vicié et mortifère. Pourtant, Denis Dupré, tant par ses enquêtes de terrain que par son essai de conceptualisation, défriche des pistes qui permettent d'espérer que la monnaie puisse enfin devenir l'instrument d'échanges égalitaires favorisant tant l'autonomie individuelle que collective.

Denis Vernant, Charolles, 30 décembre 2018.

Denis Vernant est professeur émérite de philosophie à l'université de Grenoble-Alpes, spécialiste de logique, pragmatique, praxéologie.

Les petites tambouilles en cuisine de la finance

Qui ne croit pas que derrière un crédit de sa banque il y a de la monnaie patiemment économisée par un autre ? Qui ne croit pas que derrière un billet de banque il y a quelque part, dans la banque centrale du gouvernement, stocké un trésor pour donner « du crédit » à ce qui ne serait sinon qu'un morceau de papier ?

La monnaie est une des réalités les moins intuitives. Ou plutôt, les mécanismes de fonctionnement des monnaies sont contraires aux intuitions que nous en avons.

Nous pensons que derrière la monnaie sont stockées des richesses. L'assignat en 1789 est créé pour renflouer les caisses de l'État, gagé sur les biens confisqués à l'Eglise, à la Couronne de France et aux émigrés. Une émission démesurée d'assignats par un état exsangue en fait plonger le cours. Logique. Ainsi, on aimerait pouvoir faire une généralité : la monnaie sous forme papier est émise par des acteurs solides qui ont des richesses, comme de l'or, des terres ou des immeubles, en contrepartie. Réalisons-nous que depuis 1973, la réserve fédérale américaine ne possède plus d'or en contrepartie de ses dollars, nous qui avons adopté comme monnaie internationale depuis 1944 le dollar américain pour nos échanges ? Ceci a évidemment favorisé la puissance des Etats-Unis. D'autre part, aujourd'hui, les banques centrales, comme en Chine ou en Russie, accumulent des réserves d'or pour donner de la crédibilité à leur monnaie. En même temps, une monnaie créée par des particuliers, le *bitcoin*, sans aucune richesse matérielle en contrepartie, est émise en vingt millions d'exemplaires qu'on s'arrache et est parvenue à représenter une valeur de 100 milliards d'euros. Tout cela est incohérent.

Nous pensons aussi que la monnaie ne peut être prêtée que lorsqu'on la détient. Ainsi quand une banque fait un crédit, elle doit surement avoir de la monnaie pour ce faire qui provient soit d'un dépôt d'un client soit de monnaie émise par la banque centrale. Ceci était vrai à une époque lointaine. Mais le plus souvent de nos jours, de fait, une banque privée peut prêter sans avoir obtenu de monnaie de quiconque[3]. Elle inscrit juste sur votre compte en banque le montant du crédit… parce qu'en face il y a reconnaissance de dette par le débiteur.

Il est donc aussi important de déconstruire les erreurs sur les mécanismes de la monnaie que d'apprécier l'ampleur des possibilités offertes par la monnaie pour changer la société.

En effet, nous pensons bien souvent que la monnaie ne change rien aux valeurs de nos sociétés. L'altruisme ou l'égoïsme par exemple existent sans lien avec la monnaie. Est-ce si sûr ? Socrate le jour de sa condamnation à mort prononce sa dernière phrase sur l'argent comme pour nous mettre tous en garde : « Quand mes fils seront grands, punissez les, citoyens, en les tourmentant comme je vous tourmentais, pour peu qu'ils vous paraissent se soucier d'argent ou de n'importe quoi d'autre plus que la vertu »[4].

Aujourd'hui, on parle peu de monnaie mais beaucoup de finance et d'argent. Le dictionnaire de l'Académie Française définit tant la monnaie que l'argent comme moyens de paiement et d'échange. La finance regroupe les activités ayant trait à l'argent.

> MONNAIE. Emprunté du latin *moneta*, tiré du nom de *Juno moneta*, « Junon qui avertit ». Pièce frappée d'une empreinte légale, dont la valeur varie selon le métal, le

---

[3] Un ratio de solvabilité exige cependant qu'une petite fraction de ce montant provienne des actionnaires de la banque.
[4] Platon, *Apologie de Socrate*, GF Flammarion, 1997, p. 126.

poids, le titre. Ensemble de pièces, par opposition aux billets. Ce qui est utilisé comme moyen de paiement, sert aux échanges ou à la thésaurisation. Unité monétaire ayant cours dans tel pays ou groupe de pays.[5]

FINANCE. Dérivé de l'ancien verbe finer, « mener à sa fin (une transaction), payer », du latin médiéval *finare*, « exiger ou donner de l'argent, mener à bout ». Sommes inscrites au budget de l'État. Ensemble des activités ayant trait à l'argent.

ARGENT Moyen de paiement et d'échange. Ensemble des biens, richesse, fortune.

De nos jours, pour nombre d'entre nous, la monnaie se pose comme une évidence incontournable alors que la loi du plus fort semble régner dans un univers financier complexe. Nos dirigeants politiques semblent percevoir la finance comme une puissance naturelle. Quand ils s'adressent aux auditoires populaires ils évoquent une puissance nuisible, comme le Président Hollande en 2012 :

> Il n'a pas de nom, pas de visage, pas de parti, il ne présentera jamais sa candidature, il ne sera donc pas élu et pourtant il gouverne : cet adversaire, c'est le monde de la finance.[6]

Mais il est question d'une puissance bienfaisante quand Moscovici, alors Ministre de l'Economie, s'adressant à des financiers témoigne de la confiance du pouvoir politique envers la finance :

> La finance qui joue un rôle crucial pour le développement de l'économie réelle et sans laquelle nos entreprises ne peuvent pas croître, pas plus qu'un champ de cultures ne peut croître sans eau [...] L'économie a changé, le charbon et l'acier ne sont plus les poumons de la puissance économique des pays européens : c'est la finance qui a pris cette place.[7]

Quant à moi, cher lecteur, je me demande s'il est possible que la monnaie soit, aujourd'hui, un bien commun[8] des citoyens. Je n'ai pas encore

---

[5] Définition du dictionnaire de l'Académie Française, [en ligne], [http://atilf.atilf.fr/academie9.htm], (20 avril 2016).
[6] François Hollande, *meeting* de campagne présidentielle au Bourget (Seine-Saint-Denis), 22 janvier 2012.
[7] Pierre Moscovici, colloque sur l'intégration européenne, 25 mai 2013.
[8] Biens jugés collectivement désirables par une communauté résultant d'une organisation collective qui définit les accès et usages à une ressource et son mode de gestion.

d'opinion éclairée et c'est pourquoi j'écris ce livre comme une enquête. Et, en guise d'introduction, je t'invite à visiter l'arrière cuisine où ce livre a mis cinq ans à se préparer.[9]

Avant d'entrer en cuisine, j'avais suivi le conseil de l'économiste Patrick Criqui de lire le philosophe Dewey. Un de ses ouvrages, *Théorie de l'enquête,* explore l'abduction, une voie de la logique de démonstration.

Denis Vernant nous montre que cet art nécessite créativité et logique[10] :

> On peut aisément retrouver cette double stratégie à la fois logique et praxéologique sur l'exemple paradigmatique de Peirce :
> Problème :
> D'où proviennent ces haricots ?
> Fait observé :
> Ces haricots sont blancs
> Hypothèse :
> Tous les haricots de ce sac sont blancs
> Cause probable :
> Ces haricots proviennent de ce sac.
> Il est clair que cette inférence n'est logiquement acceptable que si l'on peut la justifier praxéologiquement par :
> – l'exclusion d'autres causes : il n'y a pas d'autre sac à proximité, etc.;
> – le renforcement de la cause probable : le sac est tout près, ouvert, quelques haricots en sont proches, etc.
> Dès lors l'abduction contient bien une dimension logique, inférentielle, mais celle-ci est fort singulièrement conditionnée par l'invention d'hypothèses explicatives concurrentes faisant appel à l'imagination et/ou l'habitude, puis le recours à des données situationnelles et à la perception d'indices positifs et négatifs conduisant à une double opération praxéologique d'infirmation et/ou de confirmation de ces hypothèses. C'est en ce sens que l'abduction relève bien de l'enquête et irrigue la pratique du médecin, du détective, de l'historien de l'Art, du chasseur, etc..[11]

---

[9] Je remercie le professeur Denis Vernant qui m'a initié à la philosophie du langage. Je remercie les économistes et amis avec qui j'ai travaillé sur la monnaie : Jean-Michel Servet, professeur à Genève et Jean-François Ponsot, Professeur à l'Université Grenoble-Alpes. Je remercie mes soutiens sans faille de l'équipe STEEP de l'INRIA : Marie-Anne Dauphin, Jean-Yves Courtonne, Serge Fenet, Pierre-Yves Longaretti, Emmanuel Prados et Peter Sturm, avec qui j'ai beaucoup travaillé et échangé notamment sur l'écologie territoriale, l'effondrement de notre civilisation industrielle et la démocratie. Je remercie Alain Grandjean et Roland Pérez pour leurs commentaires sur ce livre.
Je remercie Véronique, Pierre, Olivier, Antoine, Marie et Jean pour leurs sourires amusés sur mon parcours de philosophe en herbe.
[10] Le philosophe Charles Peirce a identifié, à côté de la déduction et de l'induction, un troisième type d'inférence qu'il baptisa *guessing* ou abduction. Ainsi ce jeu de devinettes formalisées explique un phénomène observé en avançant à titre d'hypothèse une règle. Il convient de vérifier si elle reste vraie pour d'autres phénomènes observés et regrouper alors ces phénomènes sous cette règle.
[11] Denis Vernant, *Singularité logique et praxéologique de l'abduction*, in *l'abduction*, sous la direction de Rémi Clot-Goudard, Viviane Huys et Denis Vernant, Paris, Vrin, 2018, p. 144.

Cette théorie offre donc un premier avantage de considérer l'Homme dans son environnement social :

> L'environnement dans lequel les êtres humains vivent, agissent et enquêtent n'est pas simplement physique. Il est aussi culturel. Les problèmes qui provoquent l'enquête ont pour origine les relations dans lesquelles les êtres humains se trouvent engagés, et les organes de ces relations ne sont pas seulement l'œil et l'oreille, mais les significations qui se sont développées au cours de la vie, en même temps que les façons de former et de transmettre la culture avec tous ses éléments constitutifs, les outils, les arts, les institutions, les traditions et les croyances séculaires.[12]

Elle offre un second avantage, développe Dewey, celui de pousser les citoyens ordinaires à faire des enquêtes collectives et ludiques qui participent à vivifier la démocratie :

> De nos jours, le territoire à conquérir n'est pas physique, mais moral. [...] Nous avons agi comme si notre démocratie se perpétuait automatiquement, comme si nos ancêtres avaient mis au point une machine qui solutionnait le problème du mouvement perpétuel en politique. Nous avons agi comme si la démocratie était quelque chose qui avait lieu principalement à Washington sous l'impulsion donnée par les hommes et les femmes qui se rendent aux urnes, une fois l'an ou à peu près. [...] Tout obstacle à une communication libre et complète dresse des barrières qui séparent les individus en cercles et en cliques, en sectes et en factions antagonistes, et mine par le fait même le mode de vie démocratique. [...] La démocratie en tant que manière de vivre est régie par la foi personnelle en la collaboration quotidienne entre les individus. La démocratie est la conviction que, même si les besoins, les fins et les conséquences diffèrent d'une personne à l'autre, l'habitude de la coopération amicale, qui n'exclut pas la rivalité et la compétition comme on en retrouve dans le sport, est en soi un ajout inestimable à la vie. [...] Coopérer en donnant aux différences et aux différends une chance de se manifester parce que l'on a la conviction que l'expression de la différence et du désaccord est non seulement un droit d'autrui, mais aussi un moyen d'enrichir sa propre expérience de vie, fait partie intégrante de l'aspect personnel du mode de vie démocratique. [...] La tâche de la démocratie consiste pour toujours à créer une expérience plus libre et plus humaine que tous partagent et à laquelle tous contribuent.[13]

---

[12] John Dewey, *Logique, la théorie de l'enquête*, texte traduit et présenté par Gérard Deledalle, Presses Universitaires de France, 1993, p. 101.

[13] Creative Democracy-The Task before us, Texte d'une conférence préparée en 1939 par Dewey à l'occasion d'un congrès organisé en l'honneur de ses 80 ans :
John Dewey, « La démocratie créatrice : la tâche qui nous attend », *Horizons philosophiques*, 5(2), 1995, p. 41–48, [en ligne], [https://www.erudit.org/fr/revues/hphi/1995-v5-n2-hphi3181/800979ar.pdf], (5 février 2017).

Ainsi, ce livre a été conçu comme une série d'enquêtes. J'ai tenté de développer cette pratique en réfléchissant en cuisine avec des amis non-spécialistes de la monnaie et je me suis aussi rapproché des rares cuisiniers curieux d'une finance au service du bien commun : Roland Pérez, Marc Chesney, Emmanuel Raufflet, Paul Dembinski, Thomas Lagoarde, Bernard Paranque, Alain Grandjean, Mireille Martini, et bien d'autres. Que tous soient remerciés.

J'ai mené dix enquêtes et il peut être utile de vous dire où et comment j'ai trouvé mes indices.

J'ai, depuis très jeune, fait collection de pièces. J'aimais lire Picsou … Ce n'est pas par hasard que j'ai travaillé dans la finance, j'étais attiré par le fonctionnement de l'économie. Et puis j'ai relu Aristote. Lui a toujours commencé par regarder, écouter avant de classer pour mieux comprendre. J'ai donc repris ma collection de pièces, observé des milliers de pièces d'autres collections et découvert l'histoire que l'on peut raconter des mondes dans lesquels ces pièces circulaient. C'est ainsi que l'enquête « Que disent les monnaies de leurs sociétés ? » a pu prendre forme.

Je me suis lancé dans une thèse de philosophie après une lecture assidue de l'œuvre de Castoriadis centrée sur la question de l'autonomie et des livres de Jean-Pierre Vernant sur la Grèce antique qui trainaient en cuisine. J'ai découvert des parfums d'épices nouvelles, aux noms mystérieux de pragmatisme et de praxéologie, initié par Denis Vernant[14], un maitre de la philosophie du langage. Sa recette préférée : qu'est-ce que le dialogue ? L'analogie entre langage et monnaie m'est apparue évidente. Mais, en classe de philosophie, Denis Vernant tempête comme un acteur, il ne faut pas se contenter de vagues notions mais bâtir des concepts. Cela m'a fait réfléchir et j'ai creusé ce qu'est un concept. Pour savoir de quoi l'on parle en énonçant le mot monnaie, il faut avoir en tête une taxinomie[15]

---

[14] Que mon maître pour la réflexion philosophique, qui m'a guidé et encouragé dans mes recherches, sans lequel ce livre ne serait pas, reçoive mes remerciements, mon estime et mon amitié.

[15] La taxinomie, est une branche de la biologie, qui a pour objet de décrire les organismes vivants et

qui peut décrire la monnaie et son habitat. Aristote est revenu m'aider en cuisine et j'ai pris exemple sur son classement des animaux et des plantes pour classer les monnaies et me suis inspiré de ses descriptions des modes de gouvernement des cités.

Quand Thierry Ménissier, professeur de philosophie, m'a demandé d'intervenir aux conférences de philosophie d'Uriage, j'ai choisi de développer une réflexion sur le projet d'autonomie. Et j'accumulais alors, sans le savoir encore, les éléments qui allaient nourrir mes enquêtes « Qu'est-ce qu'un projet d'autonomie ? » et « En quoi la monnaie est, comme le langage, un outil d'action politique ? »

En 2010, j'ai été invité à faire une conférence par René Blanc dans le cadre d'une série de conférences intitulée « Bible et économie » à l'initiative d'une petite équipe de protestants à Orange. J'ai partagé ma réflexion économique sur la dette et le pasteur Caspar Visser't a apporté sur ce sujet ses connaissances bibliques et théologiques. Une amitié s'est nouée et nous avons continué des recherches sur les questions d'économie. C'est au fil de nos longs débats que l'enquête « Quel est l'impact de la monnaie dette sur l'autonomie ? » a été concoctée. Et, passant en cuisine, Roland Pérez et les praticiens et chercheurs du groupe *Finance and Sustainability* m'ont permis d'y ajouter leurs grains de sel.

En 2013, l'arrière cuisine s'est déplacée dans un magnifique village de montagne dont la spécialité est le beaufort. Se retrouve alors en cuisine toute une équipe qui étudie les flux de matière sur un territoire et en particulier, Jean-Yves Courtonne, mon étudiant-doctorant spécialiste des analyses de flux de matières. Moi, je suis intégré à la petite équipe spécialisée en agriculture : parmi eux Josette Granier et Gilles Billen[16], spécialistes des flux d'azote dans l'agriculture. On va

---

de les regrouper en entités appelées taxons afin de les identifier puis les nommer et enfin les classer et de les reconnaitre

[16] Gilles Billen, « Réinventer l'agriculture et l'alimentation du XXIe siècle ? », *Cycle de conférence "Comprendre et agir"*, équipe STEEP, INRIA, Grenoble, 28 juin 2016, Vidéo, [en ligne], [https://www.youtube.com/watch?v=WARkJSfVdSg&index=3&list=PLSGkiyy_bbjSpUDczk1Gizw AZFfZ8], (5 février 2017).

interroger Raymond, un vieil agriculteur qui nous décrit la vie dans les années 50. Une semaine de bonne humeur et d'enquête : le résultat tombe. Du temps de Raymond, les prix d'achat étaient bien proportionnels à l'azote contenu dans le produit agricole. L'outil de travail est un gros consommateur d'azote et son prix en lien avec l'azote qu'il va permettre de récolter ! Cet outil n'est pas encore le tracteur mais le mulet. Mais pour moi c'est la révélation. L'azote : c'est l'énergie. Cette idée va nourrir mon questionnement « Quelle monnaie peut favoriser l'autonomie d'un territoire ? » et l'enquête avancera encore quand, en 2014, nous écrirons avec Pierre-Yves Longaretti et Jean-Michel Servet un texte pour faire prendre la sauce d'une monnaie locale.

Querelle en cuisine pour faire le marché, on en vient presque aux mains entre deux camps. Celui du prix dit « Nobel d'économie », Jean Tirole, l'économiste Friedrich Hayek contre celui de l'économiste André Orléan avec le très médiatique philosophe américain Mickael Sandel derrière qui on peut deviner le philosophe René Girard, alors que le philosophe Michel Foucault prendrait étrangement le parti d'Hayek.

En 2012, je lance un cycle de travail sur la monnaie et j'invite Jean-Michel Servet à l'université de Grenoble pour travailler ensemble sur ce sujet. Il nous proposera, avec l'économiste Jean-François Ponsot, de réfléchir sur le *bitcoin*. Cette collaboration va étayer l'enquête sur cette drôle de monnaie virtuelle.

En 2017, je travaille sur l'effondrement de notre société thermo-industrielle et participe à la lutte contre l'évasion fiscale. Je reçois à cette occasion le soutien de l'économiste Alain Grandjean. Je partage sa conviction que la monnaie peut servir à la réussite d'une transition énergétique qui reste une des clefs de notre survie et je vais mener l'enquête à ce sujet.

Le travail en cuisine est achevé, pour ma part. Pour découvrir si nous pouvons aujourd'hui considérer notre monnaie comme un bien commun et à quelles conditions elle peut conforter nos projets d'autonomie, je t'invite maintenant, cher lecteur, à mener l'enquête avec moi.

Partie 1

-

La monnaie au service de quelle autonomie : individuelle ou collective ?

« Il prit dans sa poche une pièce de vingt-cinq cents. Là aussi, en lettres minuscules et distinctes, les mêmes slogans étaient gravés : LA GUERRE C'EST LA PAIX – LA LIBERTÉ, C'EST L'ESCLAVAGE – L'IGNORANCE C'EST LA FORCE. Sur l'autre face de la pièce, il y avait la tête de *Big Brother* dont les yeux, même là, vous poursuivaient. » [17]

Dans son roman *1984*, Orwell montre comment la monnaie est langage porteur de la propagande d'une idéologie. Le monde d'Orwell est l'archétype d'un monde sans autonomie ni individuelle ni collective. Le regard qui poursuit le détenteur de la monnaie suggère qu'elle participe à ce que la peur engendre l'obéissance. Peut-on envisager d'autres monnaies pour d'autres mondes ?

C'est pour répondre à ce genre de questions qu'il m'a semblé précieux de mettre en œuvre la théorie des philosophes Dewey et Peirce.

Ces questions me travaillent et concernent ma vie. Elles m'ont longtemps semblé disparates mais elles forment un faisceau qui prend sens...De fait, les enquêtes que j'ai voulu mener éclairent, chacune sous leur jour, la question de ce livre : En quoi la monnaie sert ou dessert les projets d'autonomie ?

---

[17] George Orwell, *1984*, Trad. de l'anglais par Amélie Audiberti, Gallimard, 1950.

A la façon des enquêteurs qui ont enchanté mon enfance, tels Sherlock Holmes et Arsène Lupin, j'ai collecté des indices en enquêtant dans un premier temps sans supposer de conclusions, sans préjuger des coupables. Pour ce faire, il ne suffit pas de « chercher sous les réverbères ». Ainsi, le lecteur, habitué des logiques déductives ou inductives qui nous ont façonnés dans nos études et dans nos vies quotidiennes sera tout d'abord désarçonné.

Pour exemple, j'ai tenté de répondre à la question « Limiter le changement climatique … Pourquoi n'y arrive-t-on pas ? ». Ce fut une de mes premières expérimentations de la théorie de l'enquête. Je la décris car elle peut illustrer à quel point cette méthode peut être aussi déconcertante que fructueuse. Cette enquête, qui a fait l'objet d'une conférence, sur les rouages multiples des émissions de gaz à effet de serre, a bousculé les croyances des participants à la conférence[18].

La méthodologie a mis en évidence, par exemple, que la production du pétrole et le fonctionnement des marchés financiers des matières premières influencent les actions que nous voulons mener pour mieux atteindre notre objectif de limiter le changement climatique. Avant enquête, nous aurions pensé qu'il importait avant tout de mieux consommer alors qu'après enquête, de multiples autres pistes d'actions sont apparues évidentes pour tous : lutter contre la finance dérégulée, établir des processus de décisions multi-critères, voter, lutter contre la corruption, exiger la transparence, protéger les biens communs.

Je ne suis pas parti des indices qu'on trouve sous les réverbères. J'aurai pu comptabiliser les éléments faciles à estimer, ce qui nous aurait conduits à trouver que le chauffage et le mode de déplacement sont les principales causes des émissions de gaz à effet de serre, et par suite à préconiser les mesures de taxation des usagers ou d'incitations à l'isolation des bâtiments. Je ne veux pas dire que

---

[18] Denis Dupré, « Limiter le changement climatique … Pourquoi n'y arrive-t-on pas ? », *Cycle de conférence "Comprendre et agir"*, équipe STEEP, INRIA, Grenoble, 28 juin 217 décembre 2015, Vidéo, [en ligne], [https://www.youtube.com/watch?v=e2La37NF69Y&t=289s], (5 février 2017).

cette logique est erronée. Mais elle montre son insuffisance dans certains cas. Cette insuffisance se matérialise quand les préconisations des experts ne « marchent pas ». La raison est le plus souvent que d'autres facteurs n'ont pas été envisagés. Par exemple, la corruption et la fraude peuvent avoir été oubliées, alors les mesures incitatives sont détournées et demeurent inefficaces.

Pour mes questions concernant la monnaie, une logique qui ne serait pas en partie induite par l'enquête reproduirait les pensées classiques sur la monnaie.

Ce sont des vérités utiles comme :

- La monnaie a, ou non, une « valeur matérielle intrinsèque ». Si oui, elle est produite à partir d'un métal. Sinon, elle est issue d'un jeu d'écritures (dans ce cas toujours en contrepartie d'une dette) matérialisées sur de l'argile, du parchemin, du papier ou des *bits* informatiques.

- La monnaie a une fonction d'extinction de toute dette sur le territoire où elle a de la valeur.

- Plusieurs monnaies peuvent coexister sur un même territoire.

- La monnaie valable sur un territoire peut ne pas valoir sur un autre (et que par suite, on ne peut pas acheter avec elle ce qui n'est pas produit sur le territoire, ce qui pose le problème central de l'autonomie du dit territoire).

Nous pourrions étendre les prédicats sur la monnaie.

Dans les logiques habituelles, ces prédicats nous serviraient ensuite pour répondre à notre question : « En quoi la monnaie peut-elle favoriser ou détruire des projets d'autonomie ? ». Mais des points aveugles subsisteraient. Juste un exemple. Si la spéculation, permise par la monnaie n'a *a priori* rien à voir avec l'autonomie, l'étude de ses impacts est cependant cruciale. C'est ce que nous révèle une de nos enquêtes.

Enquête 1 : que disent les monnaies de leurs sociétés ?

La définition de la monnaie ne nous aide pas beaucoup, tout au moins pour répondre à notre question : en quoi la monnaie sert ou dessert les projets d'autonomie ?

Cette question répond à des intérêts actuels. Bien souvent, aujourd'hui, les économistes affirment que la monnaie va permettre l'augmentation de la production de richesses matérielles donc du bien-être pour tous. Bien souvent des citoyens affirment, en opposition, que l'argent se concentre chez les riches et qu'ils n'ont plus de quoi vivre. Que l'argent est roi et que tous leurs projets se heurtent à leur manque d'argent. Ils créent leurs monnaies locales pour tenter d'avoir plus de pouvoir sur leurs modes de vie. La question est sur la table : Y-a-t-il un lien entre monnaie et autonomie ?

Cherchons ce qu'est la monnaie pour ceux qui sont supposés en être les spécialistes : les économistes.

Pour nombre d'économistes libéraux, c'est une simple marchandise, fort utile pour supporter l'activité économique. En 1912, dans son livre, *Théorie sur la monnaie et le crédit,* Mises présente la monnaie comme création spontanée et non étatique. Il souligne les dangers de la manipulation par le pouvoir politique de la masse monétaire. Mises défend qu'un équilibre entre l'offre et la demande apparait spontanément s'il n'y a pas d'intervention de l'État. En 1976, Hayek[19] proposera que ces monnaies marchandises soient mises en concurrence. Cette suggestion va prendre forme, 40 ans plus tard, avec l'expérience des crypto-monnaies (comme le *bitcoin*). Friedman en 1956, reprenant la théorie quantitative de la monnaie de

---

[19] Friedrich Hayek, *The denationalization of money.* Institute of Economic Affairs, 1976. [en ligne], [https://mises.org/system/tdf/Denationalisation%20of%20Money%20The%20Argument%20Refined_5.pdf?file=1&type=documentSur], (5 février 2017).

l'économiste Fisher, énonce que la quantité de monnaie en circulation n'a d'impact que sur l'inflation et aucun sur « la réalité des échanges ».

A l'opposé, d'autres économistes, qu'on peut lier à la théorie de la régulation (pour les Français contemporains, citons Aglietta, Orléan, Ponsot et Servet), souvent à partir d'analyses historiques, affirment le caractère éminemment politique de la monnaie et son influence sur les échanges matériels et sur l'organisation du pouvoir[20].

La pratique d'Aristote a été d'examiner la réalité sensible pour appréhender la diversité des formes complexes. Kant a repris cette idée qu'il faut commencer à avoir matière pour penser « Des pensées sans matière sont vides, des intuitions sans concepts sont aveugles.» [21] Il y a le discours sur la monnaie et la réalité de son utilisation. Il s'agit de suivre ce que dit Bergson bien souvent : «N'écoutez pas ce qu'ils disent, regardez ce qu'ils font ».[22]

La monnaie ne serait qu'un support matériel pour simplifier et favoriser les échanges ? La monnaie serait un pouvoir politique ? Les spécialistes divergent donc et la monnaie apparait complexe.

Aristote suggérait d'aborder tout phénomène à partir de questions renvoyant chacune à un type de cause[23]. Posons-nous ces questions pour la monnaie. D'où vient-elle ? Qui l'a faite ? Aristote parle de cause efficiente. Quelle est la matière de la monnaie ? Aristote parle de cause matérielle. Pourquoi, dans quel but, l'a-t-on faite ? La dernière question porte sur les finalités ou «causes finales » selon Aristote.

---

[20] Lire Michel Aglietta et André Orléan, *La Monnaie souveraine*, Odile Jacob, 1998 ; Michel Aglietta et André Orléan, *La Monnaie: Entre violence et confiance*, Odile Jacob, 2002 et Jean-Michel Servet, *Les monnaies du lien*, Presses universitaires de Lyon, 2012.

[21] Emmanuel Kant, *Critique de la raison pure*, selon Georges Pascal, *Les grands textes de la philosophie*, Bordas, 2004, p. 187.

[22] Vladimir Jankélévitch, *Henri Bergson*, Paris, PUF, 1959, p. 291-292.

[23] Aristote : Physique II: traduction et commentaire Octave Hamelin, Vrin, 1931.

Les gravures des monnaies décrites ci-dessous frappent par leur beauté, ce sont des œuvres d'art, mais nous apparait aussi la difficulté de les appréhender sans leur contexte historique. Leur étrangeté nous fait soupçonner un monde différent dont nous captons dès la première observation le reflet des croyances religieuses et des bribes de l'organisation de la société. Ce qui fait sens et fait lien pour ceux qui manipulaient cette monnaie est bien perceptible.

Parmi des centaines de monnaies, j'en ai choisi quelques-unes, une infime partie d'un vaste monde numismatique mais qui me semblent donner un aperçu de critères caractéristiques des monnaies.

Nous analyserons dans ce chapitre quelques pièces pour ce qu'elles expriment de la période historique où une société puissante s'est instaurée. Nous étudierons ce que véhicule la monnaie dans son contexte d'action sur sa société et sur son arrière-plan historique.

Nous soulignerons en gras quelques termes qui nous semblent caractériser les fonctions ou les valeurs associées à une monnaie. Nous appellerons **fonctions** les différents usages apparents de l'outil monnaie. Nous appellerons **valeurs** la manière par laquelle la monnaie, au travers des imaginaires, a permis de participer à instituer la société. Cet imaginaire, au sens du philosophe Castoriadis, façonne les institutions. Cet imaginaire guide les usages et fonctions de la monnaie et fonde les valeurs politiques, sociales et écologiques des sociétés.

La drachme des Athéniens : quand les dieux participent à la politique de la cité

Il y a eu nombre de monnaies métalliques avant le VIIe siècle et notamment sous forme de lingots. Puis sont apparues des pièces avec des motifs gravés. Vers 650 av. J.-C, proviennent de Lydie des pièces, probablement les premières, en électrum. Le père de Crésus profita d'une de ses rivières, dénommée

Pactole, qui charriait un alliage d'or pour réaliser des pièces en électrum (60% or, 40% argent) frappées grâce à des marteaux en bronze. Hérodote raconte que le roi de Lydie faisait payer avec cette monnaie leur tribut aux cités grecques qu'il contrôlait.

Claude Vignon (Tours, 1593 –Paris, 1670),
Crésus recevant le tribut d'un paysan de Lydie, 1629, Tours, musée des Beaux-Arts.

Les Perses, quand ils prirent la Grèce sous leur coupe, imposèrent un tribut en monnaie alors qu'ils le percevaient en nature dans d'autres pays.

Ionie - Milet - 1/6 de statère (600-550 av. J.-C.)

AVERS : Tête de lion à droite la gueule ouverte.

REVERS : Carré en creux.

Poids : 0.22 gr

Collection privée

Ionie - Milet - Obole (550 av. J.-C.)

AVERS : Tête de lion à gauche, la gueule ouverte, la langue pendante.

REVERS : Etoile à quatre rais, richement ornementée, le tout dans un carré creux.

Poids : 1.15 gr

Collection privée

Je remercie Laurent Fabre, spécialiste des monnaies antiques pour l'autorisation de reproduire ses photos de monnaies.

Une étape dans l'usage de la monnaie fut ensuite franchie sur l'île d'Égine, grande cité commerciale maritime située au large d'Athènes, qui choisit la tortue[24] comme unique gravure de ses pièces. Le symbole de la tortue fut donc associé à Égine depuis 600 av. J.-C., sous la domination athénienne à partir de 457 av. J.-C. et pendant plus de deux siècles ensuite. Profitant de l'activité maritime, la monnaie d'Égine devint clef du commerce et circula d'Albanie jusqu'en Égypte.

De *krema*, le bien de valeur que l'on utilise, la monnaie devient un *nomisma*, un objet légal de paiement, certifié par la cité. C'est une révolution institutionnelle. Tout ce qui doit être payé à la cité doit l'être dans la monnaie légale. Les monnaies grecques sont alors des manifestations de la politique des États-cités.

> Par ses pièces une cité manifeste son existence et ses droits à la souveraineté […] Leur dénomination *nomismata* (pièces ayant cours dans une cité) témoigne de ce caractère politique. Ce terme qui dérive de n*omizein*, a un rapport évident, une racine commune avec *nomos* (la loi).[25]

---

[24] L'origine de ce choix est inconnue : est-ce la fréquence de cet animal sur les côtes de l'île ou parce que la tortue représentait la voûte céleste et était le symbole d'Aphrodite Ourania ?
[25] Jean-Michel Servet, *Nomismata : Etat et origines de la monnaie*, PUL, 1984, p. 124.

Illyrie - Egine - Statère (410-340 av. J.-C.)

AVERS : Tortue terrestre vue de dessus.

REVERS : Carré en creux.

Poids : 12.10 gr

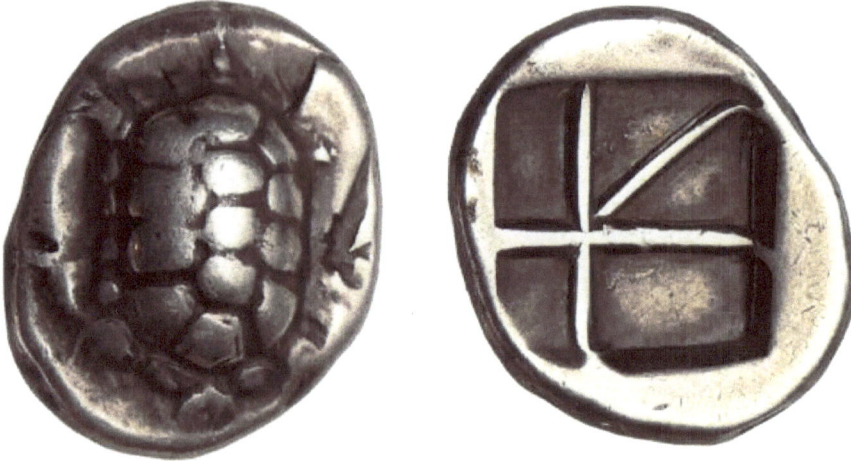

Collection privée

Il faut noter qu'une des premières utilisations de la monnaie, référencée par des écrits, ne consiste pas en des transactions commerciales mais en une position politique de justice sociale. En effet, selon Aristote, Solon aurait fait une réforme monétaire à la fin du VIe siècle pour alléger la dette des paysans pauvres à l'égard des riches propriétaires fonciers. Il abaissa de 30% la valeur des dettes par une dévaluation du même montant de la drachme. La mine d'argent qui valait 70 drachmes avant la réforme en valait 100 après.

A cette époque, les temples reçoivent des dépôts et font des prêts notamment à la cité en cas de difficulté pour financer sa défense. Ainsi :

> Les fonctions des pièces comme moyen nouveau de sacrifices et d'offrandes ou d'amendes versées aux temples les instituent comme des instruments politiques.[26]

En parallèle, une multiplication d'usages de la monnaie entre les individus se diffusent rapidement :

---

[26] *Ibid.*, p. 136.

Les pièces circulent entre citoyens pour régler l'ensemble ou un grand nombre d'obligations entre les individus et les groupes.[27]

La hiérarchie sociale se renforce par l'usage de la monnaie :

Les pièces participent par leurs prêts et leurs dons et contre-dons, à la création-perpétuation d'un réseau de soumissions hiérarchisées […] .On a souvent insisté sur les relations entre les citoyens et l'État : sommes prélevées (sur les possédants qui notamment accomplissent les liturgies) et redistribuées à cette occasion (citoyens payés dans les chœurs, les équipes athlétiques) ou dans leurs fonctions d'administrateurs, de militaires ou plus largement à l'occasion de travaux publics (main d'œuvre) et de la rémunération des experts et des citoyens. Il n'en reste pas moins que les prêts, dons et contre-dons de pièces jouent entre citoyens un rôle très important. Elles apparaissent comme des pratiques qui visent elles aussi à l'équilibre de la cité.[28]

La monnaie devient vite le moyen de paiement dominant :

Alors qu'en Chine, les pièces restent un moyen de paiement parmi d'autres (cauri, riz et soie surtout), elles sont devenues, sans doute assez rapidement en Grèce, le principal moyen de paiement.[29]

Une autre pièce grecque, qui témoigne de cette extension de la monnaie, est la drachme à la chouette qui a été émise à des millions d'exemplaires au cœur de l'expansion d'Athènes au siècle de Périclès.

La tétradrachme athénienne, frappée entre 449 et 413 av. J-C fait apparaître sur une face la chouette, symbole d'Athènes et de la sagesse, et sur l'autre face, Athéna casquée, déesse de la guerre mais aussi protectrice de la cité. Cette pièce est l'une des plus emblématiques chez les collectionneurs. Regardons tout d'abord la beauté de la gravure de cette pièce, étalon argent à 99% de métal fin. 25 siècles après, cette pièce, qu'a pu utiliser Socrate, reste belle comme une œuvre d'art. Quand cette monnaie faisait référence dans toute la Méditerranée et jusqu'en Égypte, il est probable que nombre de personnes à cette époque n'avaient pas accès à d'autres manifestations de création artistique collective.

---

[27] *Ibid.*, p. 125-126.
[28] *Ibid.*, p. 133.
[29] *Ibid.*, p. 31.

Attique - Athènes - Tétradrachme (449-413 av. J.-C.)

La tétradrachme de 17 g. à la chouette serait contemporaine des réformes clisthéniennes. Ce nouveau type fait apparaître au droit la tête casquée d'Athéna, mais elle est surtout remarquable pour son revers qui, pour la première fois, en lieu et place du simple poinçon creux, montre une chouette, un rameau d'olivier et AΘE (abréviation de nomisma tôn ATHEnaiôn : monnaie des Athéniens) dans un carré creux.

AVERS : Tête d'Athéna à droite, coiffée du casque attique à cimier.

REVERS : AΘE. Chouette debout à droite, la tête de face. Le tout dans un carré creux.

Poids : 15.02 gr

Monnaie d'Antan

Sur la drachme à la chouette, les lettres AOE, trois premières lettres du mot athénien, expliquent qu'il s'agit pour les Athéniens de « leur » monnaie. Les territoires des mines du Laurion d'où le métal qui constituait les pièces était extrait, appartenaient à la cité, même si l'exploitation était concédée à des privés. Pour les Athéniens, la monnaie est un **bien commun**.

La chouette et la branche d'olivier symbolisent Athéna. Oiseau nocturne capable de voir ce qui ne peut être vu, la chouette était assimilée dans la Grèce antique à Athéna, la déesse de la Sagesse et protectrice de la cité d'Athènes. Selon la mythologie, la déesse prit en affection une jeune fille appelée *Nyctéis*, et pour ne jamais s'en séparer, elle la transforma en chouette. La divinité est ainsi toujours représentée avec l'oiseau devenu son emblème. La branche d'olivier était, elle aussi, liée à Athéna. Lors d'un défi avec le dieu de la mer Poséidon dont l'enjeu était le pouvoir sur l'Attique, la déesse parvint à faire pousser un olivier sur l'Acropole, sa branche acquit ainsi une signification sacrée. L'olivier est de plus une des principales sources de nourriture et de richesse des hommes de cette région du monde.

La monnaie est, à cette époque, souvent utilisée pour une offrande aux dieux. De nombreuses tétradrachmes ont été retrouvées avec une entaille sur la tête de la chouette qui empêchait leur remise en circulation. Ce sont des entailles votives : lorsque des dons aux dieux étaient faits en argent, les monnaies étaient « tuées », sacrifiées rituellement, avant d'être versées au trésor du temple. La monnaie rappelle à tous le **lien entre les dieux et les hommes**.

Athéna a lutté victorieusement contre Arès, le dieu brutal de la guerre qui ne se soucie pas de la justice. Athéna a créé l'institution de la justice à Athènes en convainquant les déesses de la vengeance de se convertir en déesses de la justice. La cité a choisi la protection d'Athéna car, comme elle, elle se veut capable de faire et la guerre et rendre la justice.

Les effigies choisies pour cette monnaie témoignent donc de valeurs politiques et sociales partagées. La monnaie est comme un symbole fort de **sociabilité** entre des citoyens qui revendiquent le besoin de sagesse et leur capacité à défendre leur cité.

Au début du Ve siècle, Thémistocle a su persuader les Athéniens de renoncer à recevoir dix drachmes par personne sur leurs revenus des mines du Laurion et a fait voter une loi affectant ces fonds à la construction d'une flotte de 200 navires de guerre, qui a permis de combattre les Perses avec succès. La politique monétaire athénienne a répondu aux besoins militaires[30] et ce volontarisme s'est imposé aux autres cités grecques.

A Athènes, la monnaie a pu aussi constituer une mesure et une limite de la violence dans le traitement des esclaves :

> Il y a une autre particularité qui distingue les Athéniens : on a vu que, sans craindre de contredire les principes qui refusaient à l'esclave toute capacité juridique, ils lui ont assuré une protection légale. Chez eux, l'esclave est protégé contre le maître, contre les tiers, contre l'État lui-même. Il est interdit au magistrat d'infliger plus de coups de fouet à l'esclave qu'il n'exige de drachmes de l'homme libre.[31]

Il est à noter que, par la réforme de Solon, l'esclave est devenu citoyen et que chaque citoyen a bien conscience qu'il peut devenir esclave si sa cité perd son combat face à une autre cité. L'esclave et le citoyen ne diffèrent que de statut social. Entre les deux, le sort a fait son œuvre. Si la monnaie peut servir la violence, cet exemple montre aussi qu'elle peut par ailleurs la limiter.

La monnaie est un instrument de la **guerre et de la paix**.

La paix entre les citoyens est favorisée par une société d'égaux et l'usage de la monnaie est révélateur. Au IVe siècle av. J.-C., un député d'Athènes, ou bouleute, recevait une drachme par jour de session à l'Assemblée (la *Boulè*). Lors de la construction de l'Acropole, le paiement d'une drachme par jour travaillé, tant pour les ouvriers que pour l'architecte, a témoigné d'une égalité des salaires journaliers liés au travail. La monnaie permet de quantifier une forme d'égalité entre tous de la valeur de la journée de travail : le drachme est une **juste rémunération du travail** de la journée.

Pourquoi, cette drachme à la chouette, cette œuvre d'art, reste-t-elle relativement si peu chère aujourd'hui (environ 400 euros en 2016) ? Parce que des

---

[30] « Le système monétaire athénien constitua le pivot d'une union monétaire imposée à partir de 450 aux cités grecques alliées contre l'empire perse par la ligue de Délos conclue en 477 B.C.». Michel Aglietta, « Monnaie et histoire. Les univers des monnaies métalliques jusqu'à la Première Guerre Mondiale », *Conférence au collège international de philosophie*, 12 octobre 2006.
[31] Gustave Klotz, *La cité grecque*, Paris, 1928, [en ligne], [http://www.mediterranee-antique.fr/Fichiers_PdF/GHI/Glotz/Cite.pdf], (5 février 2017).

millions de ces pièces ont été frappés dans une Athènes qui dominait une partie du monde antique. Les mines d'argent du Laurion furent l'un des fondements de la puissance d'Athènes, en particulier sous le règne de Périclès. Elles permirent une production massive de pièces d'argent, ces célèbres drachmes à chouettes lauriotiques. Utilisée jusqu'en Egypte, la drachme à la chouette a été une monnaie internationale jusqu'au IIIe siècle. La monnaie peut assurer la fonction de **moyen de paiement** sur un large territoire.

Le développement du commerce fut stimulant. Athènes exporta ses pièces décorées pour payer le blé qu'elle importait en grande quantité pour se nourrir. La monnaie remplit la fonction de **moyen d'échange**.

L'olivier, pour le monde méditerranéen antique, est signe de prospérité. En particulier parce qu'à la différence d'autres ressources agricoles, on peut stocker des jarres d'huile. La monnaie permet d'acheter plus tard, parfois après avoir conservé des pièces des dizaines d'années, des jarres d'huile. La monnaie assure ainsi la fonction de **moyen d'épargne**.

Dans ce monde des Grecs antiques, la **spéculation** est aussi attestée. Certains achetaient des esclaves uniquement pour les louer: « Nicias avait au Laurion mille esclaves qu'il louait au Thrace Sosias pour mille oboles par jour »[32]. L'investissement est spéculatif puisque le maitre espère que son esclave lui sera loué un prix supérieur au prix d'achat. Et le profit peut être d'autant plus grand que l'esclave travaille durement. Cette course au profit accroit la dureté du travail de l'esclave et en conséquence l'espérance de vie est faible dans les mines du Laurion. Vient se heurter à la valeur de la monnaie comme une **juste rémunération du travail** une autre fonction de cette monnaie : **la spéculation**.

Pour les Athéniens du temps de Socrate, la monnaie reflète les valeurs de la cité, les relations aux dieux, la guerre, la justice, les pratiques égalitaires de la démocratie, même si déjà, ses fonctions se heurtent parfois aux valeurs gravées.

---

[32] Xénophon, *Revenus*, IV, 14, t. I, Garnier-Flammarion, 1967.

Parmi les valeurs véhiculées par les monnaies des grecs antiques, est-il question des liens des hommes et de la nature ? Sur cette pièce, l'olivier et la chouette sont à la fois dieux et nature. Plus tardivement, comme par exemple dans la colonie grecque de Tarente en Italie du sud, la monnaie décrira l'homme dans un nouveau rapport à la nature. On y voit un homme qui chevauche cheval et dauphin : c'est l'Homme qui veut devenir maître de la nature.

Calabre - Tarente - Taras - Didrachme (302-281 av. J.-C.)
AVERS : ΔΛΙΜΑΧ. Cavalier nu galopant à droite.
REVERS : ΤΑΡΑΣ ΚΛ. Taras nu, chevauchant un dauphin à gauche et brandissant un trident.
Poids : 6.47 gr

Collection privée

Le denier des Romains : quand César devient un dieu.

La puissance grecque jusque-là dominante s'effondre en deux siècles et voit poindre un nouvel empire : celui de Rome. La présence romaine est effective en Grèce dès le IIIe siècle av. J.-C. et les Romains copient les monnaies des villes grecques du sud de l'Italie.

En 211 av. J.-C. les Romains optèrent pour le denier de 4,5 grammes. Le premier denier porte une Roma casquée sur l'avers et les Dioscures (Castor et Pollux) sur le revers. Cette pièce devint l'unité de référence et constitua la monnaie romaine par excellence pendant 5 siècles.

La tête casquée de Roma s'inspire directement de la représentation d'Athéna. Dans la mythologie grecque, Castor et Pollux étaient considérés comme les fils de Zeus et Léda. Les Spartiates puis les Romains leur rendent un culte comme protecteurs des armées. Dans l'*Odyssée*, il est raconté comment Zeus honore les Dioscures en les rendant à la vie :

> Ils restent vivants tous les deux sous la terre féconde ; cependant, même là en-bas, Zeus les comble d'honneurs ; de deux jours l'un, ils sont vivants et morts à tour de rôle et sont gratifiés des mêmes honneurs que les dieux.[33]

Comme Athéna, les Dioscures interviennent dans les situations critiques. Ils apportent outre la capacité de victoire et le courage, l'amour et la justice, et jouent le rôle de sauveurs :

> Castor et Pollux, appelés aussi Dioscures, surpassèrent de beaucoup leurs contemporains en vertu, et ils furent d'un grand secours aux Argonautes dans leur expédition ; bien souvent ils vinrent en aide aux infortunés : en un mot, leur courage, leur amour pour la justice, leur habileté dans la guerre, leur piété, leur ont acquis l'estime de presque tous les hommes : leur apparition soulageait ceux qui étaient exposés à de très grands périls.[34]

---

[33] *Odyssée*, Actes Sud, 1995, p.301.
[34] Diodore de Sicile, *Bibliothèque historique*, Les Belles Lettres, 2014, livre VI.

Denier (- 211-202 av. J.-C.)

AVERS : Anépigraphe. Tête casquée de Rome à droite, derrière X.

REVERS : ROMA en creux à l'exergue dans un cartouche en relief. Les Dioscures, Castor et Pollux (Les Gémeaux) à cheval, galopant à droite, nus avec le manteau flottant sur l'épaule, coiffés d'un bonnet surmonté d'une étoile, tenant chacun une javeline. Poids : 3.9 gr

Collection privée

Ce denier décrit, comme la drachme à la chouette, les valeurs de la cité. Dans la cité romaine importent au plus haut point la guerre et la victoire pour l'extension sans fin de l'empire.

Depuis Auguste, puis pendant au moins deux siècles, un soldat de la légion romaine reçoit une solde de l'ordre d'un denier par jour. Cette monnaie reste aussi une unité de mesure puisque le denier représente un jour de travail d'un ouvrier ou d'un soldat. Enfin, où qu'on soit dans l'Empire, le denier est moyen d'échange.

Quand Rome devient la nouvelle puissance dominante et que l'occupation romaine s'étend vers 146 av. J.-C., les références aux valeurs des cités grecques sur l'avers des monnaies s'estompent et apparaissent des gravures évoquant directement combats et victoires.

Servilia - Denier (127 av. J.-C.)

AVERS : ROMA. Tête casquée de Rome à droite, XVI sous le menton, et un *lituus* derrière la nuque.

REVERS : C.SERVEIL. Combat entre deux cavaliers.

Collection privée

Maenia - Denier (132 av. J.-C.)

AVERS : Rome casquée à droite, XVI derrière la nuque.

REVERS : R P MAE ANT // ROMA. La Victoire dans un quadrige.

Poids : 3.90 gr

Collection privée

La signature C. SERVEIL qu'on peut observer sur le denier Servilia désigne celui qui a fabriqué la monnaie. A ce moment-là, le droit et les profits sont vendus à un magistrat notable qui détient la charge de battre monnaie et en retire un seigneuriage. Il laisse sa signature comme publicité. Les bénéfices de la fabrication de la monnaie sont en quelque sorte en partie privatisés. La valeur du **seigneuriage** n'est plus alors un bien commun.

Ce n'est qu'avec Jules César et ses successeurs que le portrait d'un personnage vivant apparaît sur les deniers. On observe le changement du thème de l'avers. Le profil de la déesse (Athéna puis Roma) est remplacé par celui du dictateur du moment : Jules César puis Octave.

Entre la République et le temps de l'empire, les Romains ont vécu une crise politique et une guerre civile. Après l'assassinat de César, deux sortes d'avenirs s'ouvrent pour les Romains : la République ou le retour d'un nouveau César. En lutte contre les membres du Sénat romain favorables à la restauration de la République, les triumvirs sont victorieux des Républicains lors de la bataille de Philippes en 42 av. J.-C. Auguste, le fils adoptif de César, né sous le nom de Caius Octavius en 63 av. J.-C. à Rome, d'abord appelé Octave puis Octavien, l'emporte en s'alliant avec Marc-Antoine contre les Républicains Brutus et Cassius. Il portera le nom d'*Imperator Caesar Divi Filius Augustus*. Marc Antoine se voit remettre le pouvoir sur la partie la plus riche de l'Empire : les provinces d'Orient. Malgré leur compétition, Marc Antoine et Octave affichent alors sur la monnaie l'égalité de leur pouvoir.

Marc Antoine et Octave - Denier (41 av. J.-C.)

AVERS : M ANT IMP AVG III VIR R P C M BARBART Q P. Tête nue à droite de Marc Antoine.

REVERS : CAESAR IMP PONT III VIR R P C. Tête nue d'Octave à droite.

Poids : 3.66 gr

Monnaie d'Antan

Cependant, entre les deux empereurs, une lutte de pouvoir sans merci commence.

Marc-Antoine s'installe en Égypte pour vivre avec la reine Cléopâtre mise sur le trône d'Égypte par Jules César. Auguste, habilement, se pose alors en défenseur de la civilisation romaine contre les ambitions de Cléopâtre et de Marc-Antoine. Chacun va chercher à graver sur les monnaies son lien avec les Dieux.

Au revers de sa monnaie, Marc Antoine fait graver le visage de la reine, descendante des pharaons, Cléopâtre.

Denier : Marc Antoine et Cléopâtre			
AVERS :	*ANTONI*	*ARMENIA*	*DEVICTA*
REVERS : *CLEOPATRAE REGINAE REGVM FILIORVM REGVM*			

Auguste affiche, lui, sur sa monnaie, que son père adoptif, Jules César, est un dieu. Sur le revers de la pièce, on peut observer le temple sur le fronton duquel est inscrit DIVO JVL (divin *Julius*). En effet, en 42 av. J.-C., peu après la bataille de Philippes, le Sénat avait ordonné, à la demande des triumvirs (Marc Antoine, Octave et Lépide), la construction d'un temple dédié à Jules César qui a ainsi été divinisé. C'est le premier exemple de divinisation posthume à Rome. La monnaie tente de rappeler à tous **le lien entre les dieux et les hommes** qui gouvernent.

Octave - Denier (36-27 av. J.-C.)

AVERS : IMP. CAESAR DIVI. F. III. VIR. ITER. R. P. C. « Imperator Octave fils du divin Jules, triumvir pour la seconde fois pour la restauration de la République », Tête nue d'Octave à droite.

REVERS : COS ITER ET TER DESIG. Temple tétrastyle du divin Jules avec le fronton triangulaire, orné d'un astre sidus Julium et DIVO IVL dans l'architrave.

Poids : 3.91 gr

Collection privée

Sur l'avers de la pièce qui porte son effigie, Auguste le dictateur fait aussi figurer le mot République. L'imaginaire instituant de la République de Rome a donné à ce mot une valeur positive pour les citoyens. Il est donc récupéré et gravé sur la monnaie par celui même qui a défait les Républicains.

En édifiant un temple à la gloire de Jules César comme à un dieu, Auguste a voulu bénéficier de son aura et devenir également la représentation de dieu sur terre. Cette « divinisation » est apparue comme une solution, une sortie par le haut pour éviter une dissolution de la société, les Romains ont alors vu Auguste comme un grand sauveur. Par la suite, ce type d'effigie persiste mais personne n'y croit vraiment, Auguste n'est plus un vrai dieu.

La relation entre les dieux et les gouvernants fluctue selon les époques. Dans les Évangiles (Marc 12, 13-17; Matthieu 22,21; Luc 20, 25), Jésus affirme à propos d'une pièce d'argent : « Rendez à César ce qui est à César ». Un piège a été tendu à Jésus qui doit répondre s'il faut payer l'impôt aux romains qui occupent alors la Judée depuis 63 avant notre ère et l'ont transformée en province depuis l'an 6. Si Jésus cautionne l'impôt, il est traitre à son peuple et s'il ne le cautionne pas, il devient un criminel aux yeux des lois de l'occupant romain. Il se sort du piège en mettant la monnaie du côté du pouvoir. Il coupe par là-même la relation entre les gouvernants et Dieu. Certains analysent autrement cette histoire et en concluent que la hiérarchie au contraire est renforcée. Selon eux, le « Rendez à César...» justifierait de se soumettre à l'autorité au sens où celle-ci est bonne car nécessaire pour éviter le chaos. Tu donnes à César car ...finalement César, même s'il ne le sait pas, est institué par Dieu.

Le rapport entre les dieux et le pouvoir sur terre est fréquemment réinterrogé.

On a longtemps considéré que la pièce tendue à Jésus était à l'effigie de Tibère (appelé Tribute Penny) mais d'un point de vue numismatique, s'il s'agissait d'un denier d'argent, le denier d'Auguste semble mieux approprié. Cependant, la proportion de cette pièce est faible dans les trésors retrouvés autour du temple de Jérusalem. Le trésor du Mont Carmel, enfoui vers 54 et trouvé en 1960, contenait 4500 monnaies en argent dont seulement 160 deniers de Tibère et d'Auguste. Parmi ces derniers, presque la totalité était des deniers d'Auguste du type « Caius et Lucius ».

Auguste, souhaitant assurer sa succession à l'Empire, a adopté Caius et Lucius. Ceux-ci reçurent les titres de Princes de la Jeunesse et de Césars ainsi que la toge virile.

Octave Auguste, Caius et Lucius - Denier (-2 à 4, Lyon)

AVERS : CAESAR AVGVSTVS DIVI F PATER PATRIAE

Caesar Augustus Divi Filius Pater Patriae

César Auguste fils du divin (Jules César), père de la patrie

Buste de l'Empereur Auguste lauré et tourné à droite.

REVERS : C L CAESARES AVGVSTI F COS DESIG PRINC IVVENT

Caius et Lucius Caesares Augusti Fili Consules Designates Principes Iuventutes

Caius et Lucius Césars fils d'Auguste, consuls désignés, princes de la jeunesse

Caius et Lucius Césars debout de face, vêtus de la toge, tenant un bouclier et une haste, entre les deux à gauche le lituus et à droite le simpulum.

Toge : La toge virile marque la sortie de l'enfance et l'entrée dans la vie publique.

Bouclier et haste :   Il était habituel d'offrir un bouclier en argent et une lance aux Princes.

Simpulum : Coupe avec une anse qui servait à puiser dans un vase le vin destiné aux libations sacrificielles

Lituus :Bâton avec une crosse courbe servant aux pratiques sacrées.

Poids : 3.91 gr

Monnaie d'Antan

Les gravures portées par ces deniers témoignent de plus en plus d'une monnaie comme institution divine du pouvoir.

Le *solidus* : la nouvelle religion chrétienne soutient le pouvoir du roi

Continuation de l'empire romain, l'empire byzantin inaugure mille ans d'une nouvelle civilisation. Les dieux ne sont plus gravés sur l'avers des monnaies, ce sont les portraits des rois, représentants sur terre du Dieu unique des chrétiens. Justinien Iᵉʳ, empereur byzantin, constructeur de la basilique Sainte-Sophie à Istanbul, se donne divers titres de gloire : empereur *nomos empsychos*, « la loi vivante »[35], *philochristos* « l'ami du Christ » et *restitutor* « le restaurateur de la puissance romaine ». Il reformule le code du droit romain. Sur le *solidus*, l'empereur Justinien place son effigie tenant un globe surmonté d'une croix. Les représentations du gouvernant et de la croix des chrétiens apparaissent sur la même face de la monnaie : l'avers du *solidus* montre des liens inédits, une alliance qui s'installe entre les rois et empereurs et la nouvelle religion chrétienne.

---

[35] Pour conserver un pouvoir indiscuté, en 529, une ordonnance interdit « d'enseigner la philosophie », d' « expliquer les lois » et de « jouer aux dés ».

Justinien - Solidus (527-563, Constantinople)

AVERS : D N IVSTINIANVS PP AVG. Buste de face, casqué, tenant une haste derrière la tête.

REVERS : VICTORI AVGGGI // CONOB. Ange de face tenant un sceptre et un globe surmonté d'une croix. Une étoile dans le champ.

Poids : 4.44 gr

Collection privée

Par la suite, pour l'empire européen qui domine le monde au moyen-âge, le ducat (Venise, Espagne) devient la nouvelle unité de compte. Ces monnaies continueront à figurer la relation entre les gouvernants et l'Église chrétienne dominante.

Ce sera avec l'émergence de la puissance du Nouveau Monde et les révolutions françaises et américaines que les représentations sur les monnaies vont changer profondément.

Du franc au dollar : quand la république et la liberté remplacent les dieux.

La Révolution française conduit en 1791 à un changement complet des types de gravures monétaires. Augustin Dupré est nommé Graveur général des monnaies par décret de l'Assemblée Nationale. Il puise l'inspiration de ses compositions allégoriques dans la symbolique de l'Antiquité (Tables de la Loi, Génie de la Liberté, Hercule, bonnet phrygien, faisceaux de licteurs, balance, etc.). Sa première contribution est le Louis d'or de 24 livres, du type Au génie. Le revers représente un Génie ailé qui écrit le mot « Constitution » sur une stèle, avec comme devise « Le Règne de la Loi » et la mention « An III de la liberté ». L'avers porte le portrait de Louis XVI Roi des Français et la date 1792. Comme sur les monnaies de l'Angleterre de la même époque, l'effigie du roi sur l'avers témoigne d'un imaginaire collectif encore ambigu où coexistent monarque et Liberté.

Constitution (1791-1792) - 1/2 écu de 3 livres type FRANCOIS 1792 A (Paris) 2ᵉ sem

AVERS : Génie gravant la Constitution posée sur un autel, entre un faisceau de licteur sommé d'un bonnet phrygien à gauche et un coq à droite. L'an 4 de la Liberté à l'exergue (sous l'autel). Inscription : REGNE DE LA LOI•1792

REVERS : buste de Louis XVI de profil.

Légende circulaire commençant à 19 h. Inscription : LOUIS XVI ROI DES FRANÇOIS.

Poids : 14.7 gr

Collection privée

Un an plus tard, une fois la République proclamée, Augustin Dupré gravera les pièces à la Marianne ainsi que les derniers « louis d'or »…où le roi est remplacé par la République Française.

Convention (1792-1795) - 24 livres - 1793 W (Lille)

AVERS : Génie gravant la Constitution posée sur un autel, entre un faisceau de licteur sommé d'un bonnet phrygien à gauche et un coq à droite. Inscription : REGNE DE LA LOI. 1793

REVERS : 24 LIVRES entouré d'une couronne de chêne. République Françoise – An II

Légende circulaire commençant à 19 h. Inscription : 24 LIVRES

Poids : 7.62 gr

Dès 1793, la commune de Paris impose d'inscrire « La République une et indivisible - Liberté, Égalité, Fraternité ou la mort » sur tous les monuments publics. La devise « Liberté, Égalité, Fraternité », adoptée officiellement en 1848, apparaît au revers de la pièce de un franc en argent de1898. L'avers de cette monnaie est orné par la semeuse coiffée comme en 1790 du bonnet phrygien comme symbole de la liberté.

5 centimes Dupré grand module An 5 BB (Strasbourg)

AVERS : REPUBLIQUE - FRANÇAISE. Buste drapé de la Liberté à gauche coiffée du bonnet phrygien.

REVERS : CINQ / CENTIMES. / (millésime). / (atelier) dans une couronne de chêne très fournie.

Poids : 9.61 gr

Monnaie d'Antan

1 franc Semeuse, 1898

AVERS : REPUBLIQUE - FRANÇAISE. La Semeuse marchant et semant à gauche, derrière le soleil levant.

REVERS : .LIBERTE. EGALITE. FRATERNITE. 1 / FRANC au-dessus d'une branche d'olivier. Millésime à l'exergue.

Poids : 4.92 gr

Monnaie d'Antan

La semeuse exprime clairement que la production agricole est alors un enjeu national d'autonomie, même si on peut y lire d'autres symboles tels la paix, la prospérité, la dissémination de valeurs républicaines dans le monde. La monnaie veut symboliser la souveraineté agricole et la **résilience du territoire**.

Aux États-Unis, c'est aussi la Liberté que le dollar naissant emprunte comme emblème. Le mot « dollar » est dérivé de *Thaler*, monnaie très utilisée à partir du XVe siècle dans l'empire des Habsbourg. Par la suite, cette monnaie se répandit en Amérique latine où elle prit le nom de *dólar*. Avant la Guerre d'Indépendance, les colonies américaines utilisaient des monnaies très diverses : dollar espagnol, louis français et même des pièces fabriquées par des particuliers. En 1775, le Congrès Continental décida de créer une monnaie pour financer la Guerre d'Indépendance mais ce n'est qu'en 1794 que les premières pièces officielles de 1 dollar sont sorties des ateliers de Philadelphie : le *flowing air* dollar avec, à l'avers, le buste de la Liberté entouré de 13 étoiles surmontées du mot *Liberty* et au revers l'aigle entouré de lauriers et du groupe nominal *United States of America*.

5 dollars (type flowing hair) - Robert Scot 1795

AVERS : portrait d'une femme, les cheveux au vent, personnifiant la Liberté (symboliquement à la manière de la Marianne française).

REVERS : Aigle à l'intérieur d'une couronne de fleurs et de la légende : UNITED STATES OF AMERICA .

Poids : 27 gr

Pourtant, Dieu n'est pas bien loin et il réapparaitra au XXe siècle sur une pièce emblématique : le dollar-or à tête d'indien. Sur l'avers de cette fameuse pièce de 5 dollars-or de 1909, le buste de la Liberté a été remplacé par le profil d'un chef indien. Au revers, deux phrases témoignent des valeurs partagées alors par les Américains: « E PLURIBUS UNUM » (De plusieurs un) qui sert, depuis 1776, de slogan électoral en faveur de l'unité officielle des différents états de la fédération en une seule nation et « IN GOD WE TRUST» (Nous nous en remettons à Dieu) exprimant la croyance en Dieu. La première émission de la pièce de 10 dollars à la tête d'indien ne portait pas la devise « IN GOD WE TRUST », qui fut rajoutée dans le champ au revers à partir de 1908. Le Président américain Théodore Roosevelt plaida personnellement pour que la devise ne figure pas sur les pièces. Elle fut pourtant rétablie par un acte du Congrès en 1908. Le mot LIBERTY figure sur le devant de la coiffure indienne. Au-dessus de la tête sont disposées en demi-cercle treize étoiles représentant les premières colonies. La tranche porte quarante-six étoiles.

---

5 dollars (type monnaie à tête d'indien) – 1909

AVERS : Tête de chef indien entouré de treize étoiles (six devant et sept derrière).

REVERS : UNITED - STATES OF - AMERICA/ FIVE DOLLARS/ E/ PLURIBUS/ UNUM - IN/ GOD/ WE/ TRUST.

Poids : 8.37 gr

Collection privée

Augustus Saint-Gaudens, qui fait partie des très grands sculpteurs américains, est l'auteur du dessin de ces nouvelles pièces lancées en 1907. Deux modèles existent : tête d'indien et tête de la Liberté couronnée par une coiffure de guerre indienne. Des gens regrettèrent que la Liberté portât une coiffure indienne au lieu du traditionnel bonnet phrygien.

Le président Roosevelt dut répliquer en ces termes : « C'est un pur non-sens. Il n'y a aucune raison pour qu'un Indien soit toujours représenté par une coiffure à plumes et le Phrygien par un bonnet. L'Indien, à sa manière, symbolise la Liberté. Pourquoi le visage de la Liberté apparaîtrait-il toujours sous des formes conventionnelles ? La tête dessinée par Saint-Gaudens est la tête de la Liberté, de la Liberté américaine, et il sied parfaitement qu'elle porte une belle coiffure, purement et typiquement américaine. »

---

10 dollars (type monnaie à tête de liberté) – 1914

AVERS : Tête de Liberté coiffée d'une parure indienne entourée de treize étoiles (six devant et sept derrière).

REVERS : UNITED - STATES OF - AMERICA/ FIVE DOLLARS/ E/ PLURIBUS/ UNUM - IN/ GOD/ WE/ TRUST.

Poids : 8.37 gr

Collection privée

Le revers de la pièce est gravé du majestueux oiseau emblématique des USA, le pygargue à tête blanche. On y lit aussi les deux devises américaines: « E PLURIBUS UNUM » et « IN GOD WE TRUST ». Particularité numismatique : la tête d'indien, l'aigle, les inscriptions et les étoiles sont frappés en creux.

Le dollar-or n'a circulé que jusqu'en 1929. Après le krach boursier de New York suivi de la crise économique mondiale, le président américain D. Roosevelt interdit d'émettre des pièces en or et de posséder de l'or, parce que les réserves financières de l'État avaient besoin de métal précieux. C'est pourquoi une grande partie des pièces en or fut confisquée et fondue.

Ainsi, au cours des siècles, les monnaies ont pu témoigner de la façon dont les sociétés qui les frappaient étaient modelées par l'influence de trois pouvoirs : celui du politique, celui du religieux et celui des individus[36].

---

[36] La défense des positions individuelles peut se faire collectivement. Ainsi, aujourd'hui la défense des marchés est une des manières de défendre le pouvoir des individus par rapport aux pouvoirs de la religion ou de la société, comme collectif politique.

Enquête 2 : Qu'est-ce qu'un projet d'autonomie collective ?

Pour tenter de déterminer si une monnaie peut participer ou non à des projets d'autonomie, il nous faut définir ce qu'est un projet d'autonomie et traiter de la question du rapport de la monnaie et des projets des hommes. Pour engager notre enquête, nous écouterons ce que nous dit Thomas Moore ainsi que les Schtroumpfs[37].

Thomas Moore[38], dans son livre *Utopia* en 1516, décrit l'île d'Utopie, contrepoint égalitaire à une Angleterre qui à ce moment-là regorgeait de paysans anglais sans terres. *Utopia* décrit une société isonome, du type de la république de Platon, cherchant l'égalité parfaite de tous devant la loi. Elle repose sur la propriété collective des moyens de production et l'absence d'échanges marchands :

> Ainsi tout concourt à tenir l'or et l'argent en ignominie. [39]

> Il est une autre folie que les Utopiens détestent encore plus, et qu'ils conçoivent à peine ; c'est la folie de ceux qui rendent des honneurs presque divins à un homme parce qu'il est riche, sans être néanmoins ni ses débiteurs ni ses obligés. [40]

> Voilà ce qui me persuade invinciblement que l'unique moyen de distribuer les biens avec égalité, avec justice, et de constituer le bonheur du genre humain, c'est l'abolition de la propriété. [41]

> Les Utopiens appliquent en ceci le principe de la possession commune. Pour anéantir jusqu'à l'idée de la propriété individuelle et absolue, ils changent de maison tous les dix ans, et tirent au sort celle qui doit leur tomber en partage. [42]

---

[37] Lecteurs, si vous me permettez cette liberté peu académique.

[38] Thomas Moore, grand ami d'Erasme le « prince des humanistes », chancelier du roi Henri VIII, refuse de cautionner l'autorité que s'était arrogée celui-ci en matière religieuse. Devant la persistance de son attitude, il est décapité comme « traître ». Il devient Saint Thomas Moore, canonisé en 1935. L'Humanisme considère que le bien et le mal s'engendrent, s'imbriquent, se répondent. Pour Erasme, contrairement à Luther, l'homme est libre sous le regard de dieu. Dans son livre, *l'Éloge de la folie*, Erasme fait une critique radicale des puissants et de l'Église. Il évitera le bucher mais son œuvre sera mise à l'index pendant des siècles.

[39] Thomas More, *Utopia*, Les Classiques des Sciences Sociales, p. 49, [en ligne], [http://classiques.uqac.ca/classiques/More_thomas/l_utopie/utopie_Ed_fr_1842.doc], (2 mai 2016)

[40] *Ibid.*, p. 51.

[41] *Ibid.*, p. 31.

[42] *Ibid.*, p. 37.

Cette société vit sans monnaie, sans l'accumulation privée cause des malheurs du peuple :

En Utopie, l'avarice est impossible, puisque l'argent n'y est d'aucun usage ; et partant, quelle abondante source de chagrin n'a-t-elle pas tarie ? Quelle large moisson de crimes arrachés jusqu'à la racine ? Qui ne sait, en effet, que les fraudes, les vols, les rapines, les rixes, les tumultes, les querelles, les séditions, les meurtres, les trahisons, les empoisonnements ; qui ne sait, dis-je, que tous ces crimes dont la société se venge par des supplices permanents, sans pouvoir les prévenir, seraient anéantis le jour où l'argent aurait disparu? Alors disparaîtraient aussi la crainte, l'inquiétude, les soins, les fatigues et les veilles. La pauvreté même, qui seule parait avoir besoin d'argent, la pauvreté diminuerait à l'instant, si la monnaie était complètement abolie. En voici la preuve manifeste : Supposez qu'il vienne une année mauvaise et stérile, pendant laquelle une horrible famine enlève plusieurs milliers d'hommes. Je soutiens que si, à la fin de la disette, on fouillait les greniers des riches, l'on y trouverait d'immenses provisions de grains. En sorte que si ces provisions avaient été distribuées à temps à ceux qui sont morts d'amaigrissement et de langueur, pas un de ces malheureux n'eût senti l'inclémence du ciel et l'avarice de la terre. Vous voyez donc que, sans argent, l'existence aurait pu, pourrait être facilement garantie à chacun ; et que la clef d'or, cette bienheureuse invention qui devait nous ouvrir les portes du bonheur, nous les ferme impitoyablement. [43]

La bande dessinée des Schtroumpfs met en scène une petite communauté ou chacun a une place et participe à une vie communautaire. Certains événements internes ou externes viennent dérégler la communauté harmonieuse. Avec l'apparition de l'argent, les déséquilibres liés à l'accumulation de la richesse apparaissent rapidement chez les schtroumpfs :

---

[43] *Ibid.*, p. 83.

Libre inspiration par Marie Dupré de : Peyo, Le Schtroumpf financier, Lombard, 1992.

Pour Peyo, père des *Schtroumpfs*, la monnaie accentue le pouvoir des riches, détruisant les marges d'autonomie individuelle qu'apporte une société sans exclusion.

A des années de distance, dans des contextes historiques complètement différents, Moore et Peyo interrogent la monnaie et la perçoivent comme une folie, un danger pour la survie de leurs communautés rêvées.

Ils nous rejoignent sur le sujet de notre enquête : qu'est-ce qu'un projet d'autonomie collective ? En relation avec l'indépendance, la licence, la liberté, l'autonomie individuelle est davantage d'ordre moral.

L'autonomie collective est plutôt d'ordre politique, étant en relation avec la démocratie, la république. Notons que récemment, l'**écologie** s'est immiscée dans le **politique** parce que nos pratiques ne semblent plus pouvoir continuer de manière **soutenable**[44].

Une tension existe entre ces deux autonomies. Prenons un exemple : les marchés efficients qui doivent assurer les échanges de façon à satisfaire l'égoïsme des individus peuvent-ils assurer notre bien vivre collectif ?

Nous allons aborder ici[45] une question préalable à la possibilité de projets d'autonomie, considérée comme une question centrale par le philosophe

---

[44] On peut souligner l'émergence récente d'un courant prônant la décroissance ou la sobriété heureuse.
Lire Nicolas Georgescu-Rogen, *La décroissance. Entropie-Ecologie-Economie*, 1979, [en ligne], [http://classiques.uqac.ca/contemporains/georgescu_roegen_nicolas/decroissance/la_decroissance.pdf], (2 mai 2016). Serge Latouche, *Le pari de la décroissance*, Fayard, 2006. Pierre Rabhi, *Vers la sobriété heureuse*, Éditions Actes Sud, 2014.
[45] Ce chapitre reprend des points de vue développés lors des rencontres philosophiques d'Uriage :
Denis Dupré, « A quelles conditions les politiques économiques et écologiques peuvent-elles répondre au besoin d'éthique ? », *Communication aux 5es rencontres philosophiques d'Uriage - Besoin d'éthique ?*, Intervention à la table ronde « Société démocratique, politique et éthique »

Castoriadis : L'homme peut-il agir sur le monde ? Quelle est sa relation avec le monde qui l'environne ?

Cette interrogation traverse la philosophie depuis des millénaires : « Rappelle-toi que l'avenir n'est ni à nous ni pourtant tout à fait hors de nos prises, de telle sorte que nous ne devons ni compter sur lui comme s'il devait sûrement arriver, ni nous interdire toute espérance, comme s'il était sûr qu'il dût ne pas être. »[46] nous disait Epicure.

L'Homme pourrait n'avoir aucun moyen de choisir d'agir ou de ne pas agir, de choisir entre une pensée et une autre. Dans cette vision, l'Homme est mené par un déterminisme historique où tout est écrit par des dieux ou des lois naturelles. L'Homme ne modifie alors pas le monde et peut tout au plus en avoir l'illusion : « Telle est cette liberté humaine que tous les hommes se vantent d'avoir, et qui consiste en cela seul que les hommes sont conscients de leurs désirs et ignorants des causes qui les déterminent. »[47]

L'Homme pourrait être doté de la liberté qui engendre la possibilité d'une morale, d'une éthique de l'action et donc d'une responsabilité. « L'Homme possède le libre arbitre, ou alors, les conseils, les exhortations, les préceptes, les interdictions, les récompenses et les châtiments, seraient vains. »[48]

Il est aussi possible, comme Aristote, d'envisager l'existence d'un régime mixte où certaines actions proviendraient d'un mécanisme hors de portée des hommes (issu des dieux, des lois de l'univers, etc.) alors que d'autres seraient

---

animée par Anne Eyssidieux-Vaissermann avec Denis Dupré, Florent Guénard, Ruwen Ogien, Grenoble, 10-12 octobre 2014, Vidéo, [en ligne], [http://www.philosophies.tv/chroniques.php?id=853], (5 février 2017).

[46] Epicure, *Lettre à Ménécée,* Traduction par Octave Hamelin, Revue de Métaphysique et de Morale, 18, 1910, p. 397-440.

[47] Baruch Spinoza, *Ethique*. III, 2, [en ligne], [http://classiques.uqac.ca/classiques/spinoza/ethique/ethique_de_Spinoza.doc], (2 mai 2016).

[48] Thomas d'aquin, *Somme théologique*, traduction par l'abbé George Mallé, 1857, I, question 83, [en ligne], [http://gallica.bnf.fr/ark:/12148/bpt6k279298.r=somme%20theologique?rk=21459;2], (5 février 2017).

dues à la volonté des hommes : « C'est qu'en effet semble-t-il les causes des événements sont la nature et la nécessité le hasard à quoi il faut ajouter l'esprit humain et tous les actes de l'Homme. »[49]

C'est la « part des hommes », celle du politique sur laquelle Aristote propose de délibérer collectivement :

> Sur les entités éternelles, il n'y a jamais objet de délibération : par exemple, l'ordre du monde ou l'incommensurabilité de la diagonale avec le côté du carré. Il n'y a pas davantage de délibération sur les choses qui sont en mouvement mais se produisent toujours de la même façon, soit par nécessité, soit par nature, soit par quelque autre cause : tels sont par exemple, les solstices et le lever des astres. Il n'existe pas non plus de délibération sur les choses qui arrivent tantôt d'une façon tantôt d'une autre, par exemple, les sécheresses et les pluies, ni sur les choses qui arrivent par fortune, par exemple la découverte d'un trésor. Bien plus, la délibération ne porte pas sur toutes les affaires humaines sans exception : ainsi un Lacédémonien ne délibère pas sur la meilleure forme de gouvernement pour les Scythes. C'est qu'en effet, rien de tout ce que nous venons d'énumérer ne pourrait être produit par nous. Mais nous délibérons sur les choses qui dépendent de nous et que nous pouvons réaliser.[50]

Les Grecs anciens nous ont livré leur vision du monde dans ce régime mixte. L'Homme est agité par le monde. Mais il est également agissant aussi sur le monde de sa propre décision, et conserve une dimension de liberté. Tel est un des messages de la tragédie grecque chez Eschyle où « l'origine de l'action se situe à la fois dans l'Homme et hors de lui, le même personnage apparaît tantôt agent, cause et source de ses actes, tantôt agi, immergé dans une force qui le dépasse et l'entraine »[51].

Mais ce mélange est le plus souvent indémêlable pour l'humain qui peut se croire libre quand il ne le serait pas ou se sentir contraint alors qu'un choix serait possible. Sur la possibilité pour ces humains de « piloter le monde », les Grecs antiques étaient donc prudents comme le souligne Myriam Revault d'Allonnes :

---

[49] Aristote, *Ethique à Nicomaque*, III, 3.
[50] Aristote, *Ethique à Nicomaque*, III, 5.
[51] Jean-Pierre Vernant et Paul Vidal-Naquet, *Mythe et tragédie en Grèce ancienne*, La Découverte, 2004, Tome 1, p. 68.

Eu égard au *bios politikos*, au mode de vie politique, la tragédie enseigne donc que le principe d'ordre et d'harmonie, c'est-à-dire l'institution raisonnable du vivre-ensemble, n'est pas sans affinité avec la fureur et le chaos dont il procède et que le risque de l'inhumain entraîne une irrémédiable vocation à l'incertitude. [52]

La sagesse pratique (la *phronesis*) consiste plutôt à avoir peur du possible retour du *chaos* :

> Par exemple, dans la trilogie de l'Orestie, tragédie d'Eschyle, Athéna, s'adressant au peuple – autrement dit au public –, conseillera aux citoyens de ne pas chasser le *deînon* de la ville : « Que toute crainte surtout ne soit pas chassée hors de ses murailles ; s'il n'a rien à redouter, quel mortel fait ce qu'il doit ? »[53]

La philosophie des Lumières, en opposition, décrit l'Homme comme un *cogito* qui surplombe le réel, qui pourrait voir le monde luire (*aufleuchten*) et l'Homme enfin rationnel « piloter la nature » en maitrisant ses lois.

Quelle est la part de « pilotage » par l'Homme ? Une grande partie des mécanismes, pour Husserl, est hors de notre contrôle, car le réel est là avant les consciences. Un courant déterministe reste influent en philosophie des sciences et considère notre volonté comme un jeu complexe de mécanismes physico-chimiques. Dans ce cas, notre liberté de pensée et donc d'agir serait une illusion : « la complète irresponsabilité de l'Homme à l'égard de ses actions et de son être est la goutte la plus amère que doive avaler le chercheur, lorsqu'il a été habitué à voir les lettres de noblesse de son humanité dans la responsabilité et le devoir. »[54] Les règles sociales sont omniprésentes et, comme le dit Wittgenstein, les certitudes de sens commun font cadres de référence.

Un autre courant affirme une marge de liberté qui ouvre une place pour une action et même une « éthique de l'action ». Le pari que l'Homme peut agir sur

---

[52]Aristote, *Les Politiques*, trad. Jean Aubonnet et Marie-Laurence Desclos, Paris, Classique, Belles Lettres, 2012, p 32.

[53]Mireille Revault D'Allonnes, « De l'utilité de la tragédie pour la vie », *Esprit*, Novembre 2013, p.79.

[54] Friedrich Nietzsche, *Humain, trop humain*. Paris, Gallimard, Folio/Essais, 1988, p. 107.

le monde est une option. C'est dans ce cadre que nous inscrirons notre réflexion intégrant une possibilité d'action avec l'outil monnaie. Elle rejoint l'intuition de la plupart des hommes qui considèrent que la monnaie est dotée d'une capacité économique facilitant des projets tant individuels que collectifs.

Quel est le moyen de « pilotage » par l'Homme ? L'« agir langagier » serait, pour certains philosophes du langage, l'outil premier de cette possible action collective délibérée. Nommer et discuter le monde le co-construisent dans sa représentation par le dialogue.

Autonomie (*auto-nomos* : faire ses propres lois) s'oppose à l'hétéronomie (*heteros* et *nomos* : lois par d'autres). Pour Kant, l'hétéronomie est le caractère de la volonté quand elle se détermine en fonction de principes extérieurs à elle-même. Il l'oppose à l'autonomie qui est la capacité de se donner à soi-même ses propres lois. Mais, comme l'a souligné le philosophe Castoriadis, on peut facilement être conduit par l'inconscient et donc croire faire ses propres lois :

> Si à l'autonomie, la législation ou la régulation par soi-même, on oppose l'hétéronomie, la législation ou la régulation par un autre, l'autonomie, c'est ma loi, est opposée à la régulation par l'inconscient qui est une loi autre, la loi d'un autre que moi.[55]

Il convient de passer de la définition de l'autonomie à celle du projet d'autonomie. Nous utiliserons ici le concept « projet d'autonomie » développé par Cornélius Castoriadis. Ce projet selon lui, après son importance capitale pour les humanistes de la Renaissance et les philosophes des Lumières, connait « une éclipse prolongée. [...] Un nouveau type anthropologique d'individu émerge, défini par l'avidité, la frustration, le consensus généralisé. »[56] Il oppose projet d'autonomie et projet d'hétéronomie pour une collectivité, selon qu'une société, est capable, ou non, de redéfinir en permanence ses propres règles de vie collective. En effet, selon lui, la plupart des sociétés imposent traditionnellement des règles

---

[55] Cornélius Castoriadis, *L'institution imaginaire de la société*, Paris, Seuil, 1975, p. 151.
[56] Cornélius Castoriadis, *Les carrefours du labyrinthe : Fait et à faire*, Paris, Seuil, 1997, p. 75.

externes, non évolutives, de type religieux ou autres. Mais il arrive que certaines sociétés prennent pour habitude de casser les filtres de compréhension du monde pour redéfinir en permanence leurs règles. La cité athénienne démocratique, et la création de la philosophie n'y serait pas pour rien, aurait permis l'une des aventures humaines les plus connues de ce type. Faire ses lois serait au cœur du projet d'autonomie collectif. Un projet, dans le sens d'un processus en constante reconstruction pour redéfinir des valeurs collectives, les principes que l'on veut accepter de suivre un moment pour atteindre un « bien vivre ensemble » que l'on redéfinit si le collectif le souhaite. Un projet marqué par son inachèvement. Un projet d'imagination dans la mesure où le rapport au réel est un rapport d'invention et non de soumission qui signe le vouloir politique. Le projet d'autonomie collectif est une manière de voir sa relation aux autres et une conception de la possibilité de créer ensemble des règles pour bâtir un avenir commun. C'est un projet révolutionnaire[57] qui, par l'éducation et la sociabilisation, la *paideia*, vise à « l'auto-institution explicite de la société par l'activité collective, lucide et démocratique »[58].

Par ailleurs, un projet d'action peut se situer dans un cadre individuel ou/et dans un cadre collectif. Quel que soit le positionnement éthique des uns et des autres, la question de l'agir des individus se pose parce que nous sommes concernés, parfois pour notre survie, par les biens communs et leur gestion. Dans le cadre de projets d'autonomie collectifs, pour chaque action, se mélangent l'individuel et le collectif, à la fois dans l'intention et dans la réalisation.

Enfin, nos systèmes de production et nos institutions de plus en plus interdépendants nécessitent de penser la gestion de la complexité.

---

[57] « Un véritable devenir public de la sphère publique/publique (*ecclésia*), une réappropriation du pouvoir par la collectivité, l'abolition de la division du travail politique, la circulation sans entraves de l'information politiquement pertinente, l'abolition de la bureaucratie, la décentralisation la plus extrême des décisions, le principe: pas d'exécution des décisions sans participation à la prise des décisions, la souveraineté des consommateurs, l'auto-gouvernement des producteurs — accompagnés d'une participation universelle aux décisions engageant la collectivité, et d'une auto-limitation. »
Cornélius Castoriadis, *Les carrefours du labyrinthe : Fait et à faire, op. cit.*, p. 74.
[58] Cornélius Castoriadis, *Le contenu du socialisme*, Paris, UGE, 1979, p.331.

La gestion des biens communs

Faire des projets d'autonomie concerne l'organisation des relations entre les hommes mais aussi les relations avec les autres êtres vivants et les objets. Se pose donc la question de l'appropriation, de la privatisation de certains biens.

De fait, afin d'assurer sa préservation, toute société se doit de définir les biens qu'elle souhaite « gérer » collectivement [59] : ses « biens communs ».

Le bien commun le plus précieux du temps de Socrate, c'est probablement la liberté pour chaque citoyen de la cité. Seule la puissance guerrière des Athéniens assurait alors que les ennemis ne prendraient pas la ville et que l'on ne finirait pas esclave. La violence surplombe alors comme une nécessité puisque c'est une lutte permanente pour se maintenir en cité libre. Les Athéniens qui ont oscillé en permanence d'un régime à l'autre, d'une oligarchie à une tyrannie, avec une courte fenêtre démocratique, ont eu, quels que soient les régimes, un bien commun à défendre. Aristote défendait que le but de la politique est le bien commun d'un territoire. Il affirmait qu'« il est en premier lieu nécessaire de partager un territoire commun »[60].

Le terme de bien commun a été repris par les économistes contemporains sous un autre angle. Le bien commun est un partage de ressources ou d'intérêts qui soude les membres d'une communauté et permet son existence.

---

[59] De nombreuses sociétés ont disparu comme celle des Incas. Nous n'avons pas tiré la leçon de ces expériences et nombre de causes de disparition sont présentes aujourd'hui. Jared Diamond a identifié ces problématiques à travers l'étude de civilisations anciennes ou de sociétés contemporaines. Au cœur de son analyse, la tragédie, dite « tragédie des biens communs », apparaît comme le fruit d'une absence de gestion collective (des écosystèmes principalement) par surexploitation et parfois lors de difficultés climatiques. Les civilisations qui survivent ont le plus souvent su gérer collectivement, et parfois de façon autoritaire, les biens communs et réussi dans certains cas à limiter les naissances pour alléger la pression des sociétés sur leur environnement.
Lire : Jared Diamond, *Effondrement: comment les sociétés décident de leur disparition ou de leur survie*, Gallimard, 2009.
[60] Aristote, *Les Politiques*, *op. cit.*, p 56.

Pour Elinor Ostrom[61], prix Nobel d'économie en 2009, la coutume et l'usage entourent en effet les « biens communs » de règles qui, en général, permettent de les entretenir, de les reproduire. Ce type de propriété diffère de la traditionnelle propriété privée ou publique.

Selon Paranque et Lagoarde[62] un commun est une « activité pratique des hommes »[63] qui se définit par un collectif, un projet, une ressource ainsi que l'unité de prélèvement de cette ressource (un poisson, un flux, …), des droits de propriété distribués et un système de gouvernement assurant la soutenabilité du projet. Un « commun » renvoie par ailleurs à un régime de propriété spécifique avec une distribution de droits d'usage : à chaque système localisé de ressources correspond un système de droits de propriété avec leur système de gouvernement spécifique[64]. Il s'agit d'un « système de règles régissant des actions collectives, des modes d'existence et d'activités de communautés »[65]. La décomposition des droits de propriété en faisceaux de droits, *bundle of rights,* permet alors de définir le rôle et les capacités d'action de chacun selon son accès à ces droits[66].

Un bien peut donc être privatisé ou géré en commun. Prenons comme exemple la terre. Ce bien est convoité. Selon le lieu et le temps, la terre est tantôt bien commun, tantôt un bien privé. Nous prendrons deux exemples historiques, l'un de transformation de la terre de bien privé en bien commun, l'autre de privatisation d'un bien commun. Le passage de bien privé à bien commun nécessite souvent une révolution. Lors de la Révolution de 1917 et la guerre civile russe qui s'ensuivit jusqu'en 1921, a eu lieu un partage des terres prises à la noblesse et à l'Église. En

[61] Lire Elinor Ostrom, *Governing the commons: the evolution of institutions for collective action*, Cambridge university press, 1990.
[62] Thomas Lagoarde-Segot et Bernard Paranque, « Une Finance soutenable : quelle utopie ? », *Revue de philosophie économique*, décembre 2018, volume 19, numéro 2, p. 157-199.
[63] Pierre Dardot et Christian Laval, Commun, Paris, La Découverte, 2014, p.49.
[64] Benjamin Coriat, *Le retour des communs. La crise de l'idéologie propriétaire.* Les Liens Qui Libèrent, 2015.
[65] Gaël Giraud, *Illusion financière* (3e édition), Editions de l'Atelier, 2014, p.142.
[66] Charlotte Hess et Elinor Ostrom, *Understanding knowledge as a commons: from theory to practice*, Cambridge, Mit Press, 2007, p. 52.

1921, on répertoriait 24 millions d'exploitations, de toutes petites propriétés. De 1928 à 1933, une période de collectivisation a privé les paysans de leurs terres. Mais la trajectoire de loin la plus fréquente depuis maintenant plusieurs siècles, c'est la privatisation des biens communs. Spoliant les paysans, l'Angleterre au XVIe siècle a privatisé les terres de vaine pâture pour introduire l'élevage massif de moutons par les landlords. Le mouvement des *enclosures* a transformé un système de communauté d'administration des terres en système de propriété privée. Les pâturages communs ont été convertis par de riches propriétaires fonciers en pâturages privés pour des troupeaux de moutons pour le commerce de la laine alors en pleine expansion. Thomas Moore le signalait dès 1516 dans *Utopia* : « Vos moutons, que vous dites d'un naturel doux et d'un tempérament docile, dévorent pourtant les hommes ». Le fort appauvrissement de la population rurale a entraîné les mouvements de révolte des Midlands en 1607. Et ce mouvement dit d'*enclosure* s'est poursuivi jusqu'au XVIIIe siècle, Marx y consacrant un chapitre magistral dans le livre premier du Capital.

Le bien commun (certains, comme l'économiste Benjamin Coriat, préféreront le terme de commun) correspondra aux projets d'autonomie d'une collectivité plus naturellement que ne le fera le bien privé.

Il est à noter que le droit de propriété privée[67] est plus susceptible que la gestion en commun de détériorer la terre par surexploitation. Il est basé sur *usus* (l'usage), *fructus* (la récolte des fruits) et *abusus* (la pleine propriété). Imaginons un terrain avec un olivier. Le propriétaire de l'*usus* de ce terrain peut y installer son transat sous l'ombre de l'olivier. Le propriétaire du *fructus* peut récolter les olives. Ces droits sont limités par l'obligation de conserver la substance de la chose. Reste

---

[67] Ce droit de propriété est intégré dans le *Code civil* français en 1804 par l'article 544 «le droit de jouir et disposer des choses de la manière la plus absolue pourvu qu'on n'en fasse pas un usage prohibé par la loi ou les règlements». Sa limitation est prévue cependant par l'article 545 : «Nul ne peut être contraint de céder sa propriété, si ce n'est pour cause d'utilité publique, et moyennant une juste et préalable indemnité.». Il provient de la *Déclaration des Droits de l'Homme* : «La propriété étant un droit inviolable et sacré, nul ne peut en être privé, si ce n'est lorsque la nécessité publique, légalement constatée, l'exige évidemment, et sous la condition d'une juste et préalable indemnité.».

un droit : l'*abusus*, c'est-à-dire la capacité de vendre, de donner ou de détruire le bien. L'*abusus* permet donc d'abuser d'un bien et nombre de peuplades dans leur sagesse n'accordent ce droit à personne.

Les biens communs sont pillés avec d'autant plus de frénésie qu'ils deviennent rapidement des raretés[68]. Aujourd'hui, nous avons à regarder en face les raretés qui se multiplient. Rareté des terres disponibles alors que la production agricole plafonne. Rareté des ressources halieutiques[69]. Rareté des mines où l'extraction à moindre coût conduit à des dégâts écologiques majeurs. Rareté de l'eau potable. Des groupes humains qui, il y a peu, étaient autonomes et vivaient en quasi autarcie, sont condamnés à l'exode ou forcés à l'esclavage-salariat par disparition de leurs ressources. Un exemple : celui du Sénégal où les navires de nombreux pays ont acheté le droit sur les ressources en poissons des côtes. Et les exemples se multiplient à l'infini.

Ces dernières années, l'appropriation de millions d'hectares par des groupes qui disposent de moyens financiers colossaux et s'appuient sur la corruption des gouvernements locaux, s'accélère. Ainsi, en quinze ans, le dixième des terres mondiales a été acheté par des investisseurs étrangers, le plus souvent dans des pays où la sous-alimentation frappe déjà la population.

La privatisation de biens communs empêche le développement de projets d'autonomie collectifs et a des impacts sur les projets d'autonomie individuels en conduisant à la perte d'autonomie des humains, qui devront bien souvent se louer à ceux-là même qui ont fait disparaître leur autonomie.

Or la monnaie participe à préserver ou non les biens communs.

L'histoire montre cependant que, par le passé, des sociétés ont su résister grâce à la gestion avisée de leurs biens communs. Illustrons ceci par

---

[68] Lire Denis Dupré et Michel Griffon, *La planète, ses crises et nous*, Atlantica, 2008.
[69] Il faut gérer les flux dont dépend notre vie quotidienne. 2/3 des espèces sont surexploitées dans le monde. 7 des 10 plus importantes espèces de poisson sont au bord du dépeuplement total.

quelques exemples. Par trois fois, la prudence a permis aux Islandais de protéger leurs biens communs menacés[70] : au XIe siècle, ils gèrent collectivement leurs pâturages et évitent la famine ; au XIXe siècle, ils évitent la disparition des ressources halieutiques en refusant la pêche industrielle ; au XXIe siècle, lors de la crise de 2008, ils refusent de nationaliser les banques privées et de privatiser et vendre à des compagnies étrangères leurs biens communs. Le préambule de la constitution qu'ils ont tenté de réécrire en 2010 mettait en avant leur projet d'autonomie : « Nous, peuple d'Islande, souhaitons créer une société juste offrant les mêmes opportunités à tous. Nos origines différentes sont une richesse commune, et ensemble nous sommes responsables de l'héritage des générations : la terre, l'histoire, la nature, la langue et la culture. » Dans ce sens, le projet de loi constitutionnel islandais de 2013 stipulait l'appropriation nationale des ressources naturelles.

Ailleurs, on a tenté aussi de protéger les biens communs afin qu'ils ne soient ni accaparés, ni privatisés par un petit groupe d'individus. En Bolivie en 2006, les principaux gisements d'hydrocarbures ont été nationalisés. Le président bolivien a fait inscrire en 2009 le droit à l'eau dans la Constitution[71].

En août 2015, 21 Américains de 9 à 19 ans ont porté plainte contre le Président Barack Obama et son gouvernement pour manquement à leur devoir de les protéger du changement climatique. Ils ont invoqué la doctrine dite de *public trust* selon laquelle le gouvernement est garant des ressources naturelles qui forment le bien commun de tous les Américains. Le 8 avril 2016, le juge Thomas Coffin, du district fédéral de l'Oregon, a déclaré leur plainte recevable[72].

---

[70] Lire Jared Diamond, *Collapse: How societies choose to fail or succeed*, Penguin, 2005.
[71] Dans son article 20 qui stipule :
« El acceso al agua y alcantarillado constituyen derechos humanos, no son objeto de concesión ni privatización y están sujetos a régimen de licencias y registros, conforme a ley. ».
« L'accès à l'eau et aux égouts constituent des droits de l'homme, ils ne peuvent être l'objet ni de concession ni de privatisation et sont soumis à un régime de permissions et de contrôles, conformément à la loi ».
[72] Corine Lesnes, « Aux Etats-Unis, des jeunes poursuivent Barack Obama sur le climat », *Le monde*, 24 mai 2016, [en ligne], [http://www.lemonde.fr/planete/article/2016/05/24/aux-etats-unis-

Les biens communs sont variés. L'intérêt pour certains est reconnue depuis des siècles comme pour la nourriture ou bien n'est parfois établie que depuis peu comme c'est le cas dans les régions tempérées pour l'eau.

La monnaie peut elle-même être considérée comme un bien commun :

> Le rapprochement entre monnaie et commun peut sembler un oxymore tant la monnaie est généralement pensée uniquement à travers ses deux faces : d'un côté l'État, et de l'autre le marché (entendons propriété privée et concurrence). Or il existe une troisième face de la monnaie, si l'on poursuit la métaphore de Keith Hart et sa relecture par Bruno Théret évoquant la tranche des pièces pour percevoir une troisième dimension dans la monnaie. Ici, son caractère de commun. Mais, celui-ci est quasi invisible car aujourd'hui sous-développé, notamment à la suite de la captation de la création monétaire par les banques commerciales.[73]

Déjà en 1944, Karl Polanyi considérait que la monnaie, la terre et le travail devaient être des « biens communs » puisqu'ils n'ont pas été le fruit d'un effort de l'Homme. Relations sociales (travail), politiques (monnaies) et écologiques (terre) devaient selon lui ne pas être des marchandises banales.

Considérant la marchandisation, Polanyi a souligné le premier les dangers d'une inversion hiérarchique entre société et marché. Selon lui, la société de marché devient généralisée, quand toutes les marchandises sont soumises à la logique marchande, et en particulier le travail, la terre et la monnaie. Il a critiqué radicalement le dogme qui porte le marché :

> Inversant la relation, jusque-là universelle, selon laquelle les marchés étaient *encastrés* dans les institutions sociales et soumis à des normes morales et éthiques, les partisans du « marché autorégulateur » cherchaient à bâtir un monde dans lequel la société, la morale et l'éthique étaient subordonnées aux marchés et modelées par eux.[74]

> Notre thèse est l'idée qu'un marché s'ajustant lui-même était purement utopique. Une telle institution ne pouvait exister de façon suivie sans anéantir la substance humaine et naturelle de la société, sans détruire l'homme et sans transformer son milieu en désert.[75]

---

des-jeunes-poursuivent-barack-obama-sur-le-climat_4925414_3244.html], (24 juin 2016).
[73] Jean-Michel Servet, Institution monétaire et commun, working paper, février 2017.
[74] Karl Polanyi, *La Grande Transformation*, Gallimard, 1983 (première édition 1944), p. 22.
[75] *Id.*, p. 121.

Vivre ensemble, c'est toujours partager du temps, des idées, des projets et des choses matérielles. Vivre ensemble, c'est inventer du monde commun et gérer les biens communs et donc établir des règles, explicites ou non, de gestion. Ces biens communs peuvent être très abondants comme ils peuvent être en petite quantité. Alors qu'est-ce qui pousse à mettre par exemple une source d'eau en gestion commune plutôt que de lui définir un propriétaire ?

Si le bien est commun, alors il participe à l'autonomie de la collectivité, s'il est privé et appartient à un individu, il participe à son projet personnel d'autonomie. Il s'agit donc de penser l'articulation entre l'autonomie des individus et l'autonomie de la communauté.

Articulations des projets d'autonomie des individus et de la communauté

L'inspiration des règles de gouvernement mises en œuvre par les hommes distingue un premier clivage : hétéronomie ou autonomie. Le terme *autonomia* s'applique aussi bien au collectif qu'à l'individu puisque ce terme n'était d'abord appliqué qu'aux cités grecques quand elles étaient en capacité de faire leurs propres lois avant d'être étendu par Aristote et les stoïciens à l'individu. Le second clivage réside plutôt dans la croyance en la manière pour obtenir une vie bonne : individuelle quand la vie bonne est pensée être atteinte par soi et pour soi, qui s'oppose à collective quand la vie bonne est pensée être atteinte par et avec la collectivité à laquelle on appartient.

Ainsi nous parlerons de projets d'hétéronomie individuelle, d'hétéronomie collective, d'autonomie individuelle ou d'autonomie collective. Certains exemples envisagent différentes articulations.

La mort d'Ananias, Reliquaire de Brescia, 4ᵉ siècle.

La première Église chrétienne d'Ananias présente un type de projet d'hétéronomie collective. Pour les premières communautés chrétiennes se pose la problématique de l'argent et la domination du collectif sur l'individu est au cœur des questions de survie de l'Église naissante. En l'an 85, tel est rapporté dans les *Actes des apôtres* ce système communautaire où le collectif était la règle absolue :

> La multitude de ceux qui étaient devenus croyants était un seul cœur et une seule âme. Personne ne disait que ses biens lui appartenaient en propre, mais tout était commun entre eux. Avec une grande puissance, les apôtres rendaient témoignage de la résurrection du Seigneur Jésus, et une grande grâce était sur eux tous. Parmi eux, en effet, personne n'était dans le dénuement ; car tous ceux qui possédaient des champs ou des maisons les vendaient, apportaient le prix de ce qu'ils avaient vendu et le déposaient aux pieds des apôtres. (*Actes* 4,32-35)

Cette première Église chrétienne a cherché à préciser un projet collectif pour définir la vie bonne telle que commandée par les enseignements du Christ. La monnaie est bien au cœur de la communauté religieuse pour lui permettre de réaliser ses projets et son unité et les lois sont hétéronomes. Hétéronomie puisque c'est bien la loi divine qui va s'appliquer sur terre instantanément pour décider de la mort d'Ananias puis de sa femme :

> Et l'on distribuait à chacun selon ses besoins. « Un homme du nom d'Ananias vendit une propriété, d'accord avec Saphira sa femme ; puis, de connivence avec elle, il retint une partie du prix, apporta le reste et le déposa aux pieds des apôtres. Mais Pierre dit : « Ananias, pourquoi Satan a-t-il rempli ton cœur ? Tu as menti à l'Esprit Saint et tu as retenu une partie du prix du terrain. Ne pouvais-tu pas le garder sans le vendre, ou, si tu le vendais, disposer du prix à ton gré ? Comment ce projet a-t-il pu te venir au cœur ? Ce n'est pas aux hommes que tu as menti, c'est à Dieu. » Quand il entendit ces mots, Ananias tomba et expira. Une grande crainte saisit tous ceux qui l'apprenaient. (*Actes* 5,1-11)

L'exemple d'Ananias montre que l'hétéronomie collective ne s'accommode pas de l'autonomie individuelle.

L'Homme, selon Castoriadis, est un être « social-historique », étroitement dépendant de son milieu mais il possède aussi une capacité d'auto-altération du moi, en relation avec les transformations de la collectivité. L'individu et la société ne peuvent être séparés car l'Homme développe et institue la société, la transforme et est aussi transformé par elle dans un processus historique où le nouveau peut jaillir.

Ainsi, Castoriadis a souligné que l'autonomie collective nécessite un type d'homme particulier car certaines valeurs collectives dépendent de vertus individuelles :

> Cette création [la démocratie] est inséparable d'un certain nombre de valeurs, qui étaient à la fois condition de la vie politique des Grecs et les fins que cette vie visait à atteindre. Il faut rappeler d'ailleurs que pour l'essentiel, ces valeurs avaient trait à l'homme individuel : ce qui était visé, c'était l'homme vertueux, l'*arété* (vertu), l'individu *kalos kagathos* (beau et bon), etc.[76]

---

[76] Cornélius Castoriadis et Daniel Cohn-Bendit, *De l'écologie à l'autonomie*, 1981, p. 107.

Pour Castoriadis, le projet d'autonomie correspond à une dynamique des liens entre l'individu et le collectif.

Les projets d'autonomie collective peuvent revêtir de nombreuses nuances. Certains projets d'autonomie collective sont ainsi développés par des communautés qui redoutent l'individualisme. Par exemple, dans la démocratie de la cité grecque antique, la communauté cherchait à limiter et dénonçait tout intérêt personnel qui pouvait se faire au détriment de l'intérêt collectif. Pour cette raison, les citoyens habitants limitrophes des territoires contre lesquels une guerre pouvait être décidée, ne pouvaient participer au vote de la décision de faire la guerre. Dans le même esprit, Aristote blâmait la vénalité des charges à Carthage :

> Il est naturel que ceux qui ont acheté leurs charges cherchent à s'indemniser par elles, quand, à force d'argent, ils ont atteint le pouvoir. L'absurde est de supposer qu'un homme pauvre, mais honnête, veuille s'enrichir, et qu'un homme dépravé, qui a chèrement payé son emploi, ne le veuille pas. [77]

Dans ces projets d'autonomie collective se méfiant de l'individualisme, la liberté individuelle doit être sous contrôle de la loi pour tous. Comme Socrate acceptant sa condamnation à mort, il s'agit tout d'abord de savoir obéir aux lois et aux citoyens en position de commander, condition pour que l'habitant de la cité se transforme en citoyen dans la cité. « On loue le fait d'être capable aussi bien de commander que d'obéir, et il semble que d'une certaine manière l'excellence d'un bon citoyen soit d'être capable de bien commander et de bien obéir »[78].

Pour l'époque contemporaine, certains considèrent que notre société basée sur les désirs et la corruption qu'ils peuvent induire, risque de détruire le collectif fondé sur les besoins. Héritiers d'Aristote et de Saint Thomas d'Acquin, ils affirment que l'individu ne préexiste pas à la société dont il est issu. Par exemple, le philosophe Paul Ricœur associe « vie bonne », communauté et justice et selon lui, l'éthique est « la visée de la vie bonne, avec et pour autrui, dans des institutions

---

[77] Aristote, *Les Politiques, op. cit.,* p 195.
[78] *Id.,* p 132.

justes ».[79] Le philosophe américain contemporain Michael Sandel est aussi un représentant de ce courant de pensée. L'autonomie est, dans ce courant de pensée, une forme collective d'intelligence permettant de répondre aux questions, toujours renouvelées, qui nous sont posées par les circonstances ou que nous nous posons et dont les réponses conduisent à coordonner des formes plus ou moins sophistiquées d'« agir ensemble ».

D'autres types de projet d'autonomie qui favorisent l'autonomie individuelle sont développés par le courant de pensée économique libéral qui, dans sa pensée extrême, peut même viser à ne plus vouloir faire société et rejeter tout pouvoir du collectif. La maximisation des intérêts individuels permet de refuser que soient décidés collectivement quels projets individuels seront réalisés ou non. Le plus souvent une forme minimale de projet d'autonomie collectif est cependant conservée. Par exemple, Hobbes trouve nécessaire de remettre à l'État un pouvoir de coercition sur l'individu pour que puissent exister la propriété privée et le marché, sur lequel se passent « librement » les échanges entre individus. Selon lui, seul un État peut limiter la violence du plus fort. Cette violence empêcherait la propriété privée. La propriété privée nécessite donc des concessions minimales à un État minimal. Or, même minimal, ce contrat social d'un État reste de fait un projet d'autonomie collectif. Par ailleurs, Hobbes relie le Mien et le Tien à ce qu'il nomme le *Commonwealth*, la richesse commune, engendrée par le concours de tous les signataires du *Covenant* [80] (contrat). Le Mien n'a de sens que par contrat avec les autres. Par la mise en avant de la défense de l'individu, ce type de courant de pensée peut proposer une certaine justice comme la défense des intérêts des plus pauvres. Mais pour une tout autre raison : elle peut assurer la maximisation de la somme des intérêts individuels[81]. Mais existent aussi des versions radicalement opposées comme celle qui a été défendue par Ayn Rand, version extrême du

[79] Paul Ricœur, *Soi-même comme un autre,* Seuil, 1990, p. 202.
[80] Thomas Hobbes, *Leviathan: Or the Matter, Forme and Power of a Commonwealth,* Yale University Press, 1900.
[81] Lire John Rawls, *Théorie de la justice,* Paris, Le Seuil, 1987.

courant libéral libertarien qui prône égoïsme radical et disparition de l'État. Quelles que soient ces différences, pour tous ceux qui se rattachent au courant néolibéral, jamais ne sont remises en question ni la liberté individuelle (notamment de propriété), ni l'économie de marché alors que l'État est constamment tenu à distance comme une source de nuisance.

Autonomie du collectif et autonomie individuelle sont donc liées. Certains penseurs, comme Kant, semblent vouloir faire le lien entre l'autonomie individuelle et collective en postulant qu'un individu autonome a la capacité à se donner à lui-même une loi dans un rapport « rationnel » avec lui-même. L'Homme pour Kant, comme pour Descartes, va s'émanciper des désirs et de l'arbitraire en se centrant sur les motifs raisonnables d'agir. Mais contrairement à Descartes, Kant pense que l'Homme garde des valeurs et le désir d'une société juste, sous-jacents à son concept d'impératif catégorique :

> Tout comme Paul Ricœur opposait un « *cogito* brisé » au *cogito* triomphant de Descartes, on objecte à la toute-puissance du sujet kantien le relevé patient de ce qui, dans nos vies, nous afflige et nous contraint. [...] l'autonomie peut elle-même devenir l'emblème du consentement à la servitude. Il suffit pour cela de la présenter comme un devoir absolu et indifférent aux conditions de sa réalisation. [...] Bien loin de légitimer des pouvoirs établis ou de méconnaître des contraintes sociales, l'idée d'autonomie permet d'élaborer un point de vue à partir duquel agir prend un sens. [...] C'est pourquoi l'autonomie est d'abord un projet : elle consiste à choisir librement la liberté en s'émancipant de l'arbitraire des désirs. [...] En plaçant dans le même sujet le pouvoir de commander et celui d'obéir, Kant oppose l'autonomie à la soumission aux autres. [...] c'est le sujet qui choisit (librement) d'élever certaines causes au rang de motifs ou de raisons d'agir [...] La philosophie kantienne est autant une pensée de la libération qu'une exaltation de la liberté. Elle nous invite simplement à rechercher en nous-mêmes les raisons d'une aliénation que nous sommes tentés de trouver au dehors. [...] La liberté ne se négocie pas : on apprend à être libre par l'usage de sa volonté. [...] Loin d'être synonyme de l'indépendance abstraite de l'individu, l'autonomie est une capacité. Selon Kant, celle-ci ne se démontre pas théoriquement : elle se prouve en s'éprouvant. L'exigence d'autonomie rappelle qu'une action n'est légitime que si elle peut devenir, sans contradiction, celle de tous. [...] A mille lieux de la fausse indépendance de l'esthète et de l'individualisme militant de l'entrepreneur, le sujet moral poursuit ses fins en se demandant si elles demeurent compatibles avec l'édification d'un monde que l'on puisse habiter. [82]

[82] Mickaël Foessel, « Kant ou les vertus de l'autonomie », *Études*, 414, mars 2011, p. 341-351, [en ligne], [www.cairn.info/revue-etudes-2011-3-page-341.htm], (24 juin 2016).

Aujourd'hui, une nouvelle problématique surgit avec l'apparition brutale des limites matérielles des ressources naturelles. Elles viennent questionner l'extension infinie de nos désirs. Ainsi avec la référence de la vision de l'autonomie de Castoriadis, le groupe activiste qui se nomme « Lieux Communs » articule décroissance[83] et démocratie réelle cette complémentarité entre autonomie individuelle et collective en conjuguant:

> Le mythe de l'individualisme contemporain a été analysé depuis longtemps comme masquant des situations d'isolement, d'égoïsme et d'indifférence débouchant sur une précarité existentielle et un conformisme massif inconnus des sociétés traditionnelles. Bien entendu, il ne peut être question de prendre ces dernières comme modèles, tant leur socialité se place sous le régime de l'hétéronomie et de l'inquestionnabilité des hiérarchies sociales. Mais socialité et individualité ne s'excluent pas : c'est bien le rapport entre l'individu et sa société qui est à transformer. Il y a à reconnaître que l'inscription dans une collectivité ne vaut pas aliénation ou assujettissement à la communauté parce que penser, agir ou vivre par soi-même n'a jamais voulu dire penser, agir ou vivre seul : aucune pensée, aucune action ni aucune vie humaine n'existent en dehors de l'humanité comme histoire et comme matrice. Il faut donc envisager le lien social en démocratie directe comme éminemment conflictuel, seul capable de forger des individus autonomes. Tout projet de démocratie directe se heurte donc à cette nécessité première, la réinvention d'une socialité populaire qui pose d'emblée sa dimension auto-instituante : rien ni personne ne décrétera jamais les formes fondamentales de la vie sociale, elles sont l'expression même, le mode d'existence élémentaire, d'une population. [84]

Tenir les deux bouts de la corde qui sont l'autonomie collective et l'autonomie individuelle est un travail d'équilibre.

Si nous commençons à situer le cadre des projets d'autonomie collectifs, il reste à décrire les conditions permettant l'épanouissement de ce cadre de pensée et notamment le rôle du dialogue.

---

[83] « Plutôt que de décroissance, nous préférons parler de redéfinition collective des besoins, et son cortège de questions fertiles : qui redéfinit ? Comment ? Pourquoi ? Quels besoins ? Et en fonction de quoi ? Elles impliquent d'emblée la démocratie directe. Tout cela se rapporte pour nous à la notion d'autonomie, terme largement piégé que nous entendons dans le sens de Cornélius Castoriadis ; la capacité individuelle et collective à inventer, à proposer, à instituer, à tenir et à changer nos valeurs, nos principes, nos règles, nos lois, donc forcément nos limites. Et pas celle de Dieu, de la nature ou de la Science. ».
Collectif Lieux communs, « La liberté et l'égalité exigent d'affronter la finitude », *La décroissance*, n°130, juin 2016, p. 8.
[84] Voir leur site internet qui propose une auto-transformation radicale de la société, « Collectif lieux communs », Site internet, [en ligne], [https://collectiflieuxcommuns.fr], (24 juin 2016).

Le rôle du dialogue dans les projets collectifs

L'agir communicationnel, défini par Habermas, par lequel on cherche à s'entendre avec l'autre, de façon à interpréter ensemble la situation et à s'accorder mutuellement sur la conduite à tenir est souvent dominé par *l'agir stratégique* par lequel on cherche à exercer une certaine influence sur l'autre. Le dialogue peut éviter cet écueil si les désaccords sont précisés et les hiérarchies de valeurs affirmées.

Prenons le cas de l'accumulation de monnaie, considérée comme un excès de désir dangereux (au détriment de soi pour Ellul ou des autres chez Aristote) ou à l'inverse, perçue comme possibilité des libertés futures toujours créatrices (Hayek). La clarification des positions des différents experts peut éclairer notre choix de citoyen. Ce type de dialogue est indispensable pour qu'une autonomie collective soit possible sur la décision de permettre ou non cette accumulation, de la contrôler ou non par la régulation.

Il importe donc de penser les conditions matérielles qui rendent possible la vie de la collectivité, la discussion des projets à mener et leurs réalisations concrètes.

Parler de projet d'autonomie collectif suppose de définir ses acteurs. Nous pouvons penser aux citoyens. Mais qui sont les citoyens ? Et qui n'est pas citoyen ? Qui est donc exclu du pouvoir de décider des projets de la communauté ? Epineux problème. De fait, une collectivité est définie quand elle a nommé ceux qui en font partie. Par ailleurs, l'économiste Elinor Ostrom a montré deux points clefs qui caractérisent les collectifs qui parviennent à gérer des biens communs. Selon elle, une collectivité gère durablement ses ressources d'une part lorsqu'elle veut les transmettre à ses enfants et d'autre part, quand elle tient éloignés les autres groupes de l'accès à la ressource.

Dans un projet d'autonomie, une société commencerait donc par répondre à la question de « qui fait partie de la collectivité et qui en est exclu ». Cette définition est bien souvent implicite. Ainsi, nous savons que le « nous » qui réunissait les Athéniens, n'incluait ni les femmes ni les métèques ni les esclaves. C'est ce « nous » qui était autonome quand les Athéniens faisaient graver dans le marbre d'une stèle la loi de leur cité qu'ils venaient de voter et qui commençait par la phrase rituelle : « Nous nous sommes réunis et nous avons décidé qu'il était bon pour nous de ….». L'acceptation d'un « nous » est préalable à la valeur de la loi décidée par ce « nous ».

Le dialogue peut permettre de définir des objectifs communs. Les objectifs ne manquent pas et leur variété peut créer une diversité de préoccupations. On peut chercher à développer une armée puissante pour résister aux crises et aux troubles des communautés extérieures. On peut chercher à répondre aux besoins de tous en limitant les désirs exagérés de certains. On peut chercher à préparer l'avenir de ses enfants. On peut vouloir améliorer le sort des plus pauvres, etc. Il y a donc une première sélection, bien souvent implicite, dans le choix des sujets abordés collectivement, choix qui par lui-même est soit issu d'un rapport de force, soit résultat du dialogue.

Des discussions naissent les projets d'autonomie collectifs. Ils sont issus de l'imagination[85], ils sont œuvre de création et assurent la cohésion de la communauté. Mais comment cette création commune opère-t-elle ? Le plus souvent, la maturation, le mode d'acceptation et de mise en œuvre sont débattus dans un espace privé-public. Pour fonctionner, le projet d'autonomie collectif a besoin d'*agoras* où tous se retrouvent pour débattre, et d'institutions fabriquées

---

[85] Castoriadis souligne que de la reconnaissance de significations communes (seraient-elles à nos yeux absurdes et irrationnelles d'où le terme « imaginaire ») est issue une cohésion sociale.

pour organiser la vie en communauté. Il y a en permanence besoin d'*agoras* parce que les questions du bien vivre ensemble se renouvellent ou demandent confirmation et pour que des citoyens osent de nouvelles questions, réinterrogent les pratiques et les institutions.

Avant de décider, il convient de confronter, même avec véhémence, des points de vue différents. Selon Héraclite, l'ordre de la cité (la justice) procède de la tension dans un système, dès lors que deux entités peuvent être distinguées : « tout devenir naît de la lutte des contraires » (fragment 135) et « Ce qui est contraire est utile et c'est de ce qui est en lutte que naît la plus belle harmonie ; tout se fait par discorde. » (fragment 8).

Une société de projets d'autonomie fabrique des membres qui se frottent les uns aux autres par le dialogue et modifient les institutions dans un processus socio-historique ouvert et dynamique cherchant de nouvelles réponses à de nouvelles questions collectives. Il est donc fondamental de trouver des lieux pour débattre et la manière de gérer le processus de mise en œuvre des projets d'autonomie est cruciale pour dompter la possible violence des contraires.

Le dialogue à Athènes au Ve siècle avant J.-C.

Cette fructueuse lutte des contraires se pratiquait dans la cité athénienne au siècle de Périclès. Tout d'abord quotidiennement sur le marché. L'imaginaire du grec athénien est qu'il est bon de gérer ensemble les affaires communes. La liberté est la possibilité d'aller à l'*agora* pour débattre. Puis régulièrement cette lutte se traduit dans le vote car la liberté c'est aussi une obligation d'aller voter à l'*ekklesia* sur la colline du Pnyx. Des rabatteurs sont utilisés pour pousser les retardataires à venir. Mais plus largement c'est l'imaginaire instituant[86] de l'époque (qui est alors

---

[86] Toute société institue un monde de significations : « Rien n'entre dans une société sans la

de jeter l'opprobre sur le citoyen qui n'irait pas voter avec les autres) qui conduit à donner un rituel pacificateur à cette pratique collective du dialogue conduite comme une lutte.

Les lois de la cité athénienne sont ainsi faites par tous les citoyens, pour tous, quitte à prendre de mauvaises décisions (et condamner Socrate). La démocratie se donne aussi la possibilité de désigner des boucs émissaires ou de suivre un Alcibiade[87] dans l'expédition hasardeuse en Sicile. Et chacun partage la responsabilité si les lois ou les décisions prises collectivement ne font pas le bien vivre ensemble.

Le dialogue porte alors sur les lois, les décisions de la cité et les peines à appliquer. Mais ce ne sont pas les mêmes qui doivent échanger sur ces trois questions au risque de sortir d'une pratique démocratique du pouvoir. Il y a donc des séparations à faire pour que les mêmes personnes ne participent pas aux dialogues sur les trois types de questions. La question de la séparation des pouvoirs est prioritaire pour Aristote dans *Les politiques*. Aristote pousse le législateur à attacher une attention toute particulière aux trois pouvoirs qu'il précise : pouvoir législatif, pouvoir exécutif et pouvoir judiciaire. Il traite séparément de chacun d'eux, et affirme que ces pouvoirs doivent être distincts, et ne doivent jamais être réunis dans les mêmes mains. Le pouvoir législatif est l'assemblée générale des citoyens. Elle assure la confection des lois et l'élection des magistrats, ainsi que l'apurement des comptes de l'État. Les attributions et la composition du pouvoir exécutif varient suivant les diverses espèces de gouvernements. Pour les tribunaux, trois points sont définis : leur personnel, leur juridiction, et leur mode d'établissement, soit à l'élection, soit au sort.

---

médiation de significations déjà instituées ». Celles-ci ne sont ni rationnelles (on ne peut les reconstruire logiquement), ni réelles (ne correspondent pas à des objets naturels). Les significations imaginaires sociales instituent ce qui est juste et injuste. Lire : Cornélius Castoriadis, *L'institution imaginaire de la société*, Paris, Seuil, 1975.

[87] Lire Jacqueline De Romilly, *Alcibiade*, Éditions de Fallois, Texto, 1995.

Mais chacun doit participer dans une certaine forme d'égalité. Aussi les formes d'égalité qui sont le fondement de la société démocratique athénienne comprennent l'*isonomia*, l'égalité devant la loi, et l'*isokratia*, l'égalité des pouvoirs. S'y ajoute une troisième composante d'égalité qui permet la participation de tous : l'*isêgoria*, l'égalité dans la prise de parole

Pour qu'un système de décision fonctionne, il faut, comme l'a si bien décrit Aristote, des experts qui maîtrisent la *techne* (pour l'action de l'Homme sur le monde), et la décision par la *doxa*. Si, sur le plan technique, l'expert dans la cité athénienne domine le citoyen, sur le plan politique, cet expert doit être au service du citoyen. Dans le dialogue, chaque expert pose en amont son diagnostic avant que les citoyens décident de l'action.

Le dialogue dans nos sociétés modernes

Le dialogue dans nos sociétés modernes est aujourd'hui profondément différent. Nos agoras, nos experts et notre vision de ce qu'est pour nous une « vie bonne » sont tout autres. Même nos concepts de liberté n'ont plus rien à voir. La liberté est même peut-être pensée par le citoyen moderne de manière contraire à celle du citoyen athénien. Pour le moderne, la liberté c'est de pouvoir choisir de ne pas aller débattre ou de pouvoir se désintéresser de la gestion des affaires communes et des biens communs. Des imaginaires différents orientent les peuples. Par exemple, aujourd'hui, le système suisse des votations s'affaiblit car la participation des citoyens est déclinante alors que les Islandais se mobilisent et réécrivent leur constitution pour protéger leurs biens communs.

Dialogue et démocratie sont fortement liés. Comment, hors d'un régime oligarchique ou dictatorial, peut-on imaginer fabriquer des lois qui seraient appliquées par tous et pour tous sans débattre ni confronter ses idées ? Il faut tout d'abord, comme nous l'avons vu, des lieux pour discuter avant de décider, condition nécessaire pour que d'éventuels représentants, dans une démocratie élective, représentent la volonté des citoyens ordinaires. Les télévisions et journaux constituent l'*agora* moderne. Or ils permettent mal à chacun d'apporter son grain de sel et de pouvoir exprimer des idées éventuellement absentes des débats développés. Pourtant un réel dialogue pose la question préalable de savoir qui propose les questions débattues. D'autres média, notamment les diverses formes de blogs, font émerger des communautés d'échanges et pallient sur ce point le mauvais fonctionnement des grandes agoras institutionnelles. Des petites communautés désirant dialoguer sur les usages de leur monnaie existent et par exemple le *crowdfunding* permet à des porteurs de projet de trouver les investisseurs souhaitant financer leur projet. Dans le même esprit, se multiplient des systèmes d'échanges où le dialogue est une base : le covoiturage, les sites de trocs ou de dons, les cafés de réparation, etc.

Pour agir sur le monde d'aujourd'hui, les citoyens sont entourés d'experts. Pourtant, les scientifiques peuvent développer la connaissance des mécanismes du monde sans se préoccuper de ce que les membres de la communauté souhaitent étudier. Le financement de leurs recherches les lie parfois étroitement à des intérêts privés. C'est pourquoi certains citoyens ne veulent pas leur déléguer le pouvoir d'orienter la vie de la communauté.

Pourtant, la participation des experts au dialogue peut nous éclairer et permettre de construire ensemble un morceau de monde commun en analysant les impacts possibles de nos actions. Par exemple, cela peut participer à combler le décalage entre notre capacité de produire, de créer, et notre incapacité à nous représenter, à imaginer les effets de nos fabrications. L'expert peut, s'il n'a pas carte blanche, établir un pont entre connaissances et choix politiques. Pour permettre cette collaboration entre science et politique, le scientifique, l'expert et le citoyen doivent trouver le moyen de communiquer. Aujourd'hui par exemple, sont expérimentées en France les Conventions de Citoyens. Elles sont un lieu d'échange, voulues « hors pression », où le scientifique focalisé sur la recherche de la vérité, et aussi expert au service du citoyen, peut informer des citoyens et répondre à leurs interrogations.

Les Conventions de Citoyens (CdC) proposées par Jacques Testard[88]

Il s'agit de constituer des groupes temporaires (*panels*) de personnes indépendantes auxquels on confie la mission ponctuelle de s'informer, délibérer et d'aviser sur un sujet controversé. Ces conventions de citoyens sont basées sur « le pouvoir du peuple », lequel est susceptible d'apprendre et de comprendre pourvu qu'on en produise les conditions.

Ces panels sont issus des listes électorales (tirage au sort d'environ 200 personnes) puis se réduisent par le refus de certains d'assumer cette lourde tâche, ou par leur exclusion (en particulier si certains sont en conflit d'intérêt avec la thématique). Le membre du panel d'une CdC doit consacrer à cette mission beaucoup de temps (3 weekends en général) et d'énergie (réunions, lectures, échanges,…).

Les pressions externes sur le panel sont réduites pourvu qu'un protocole précis soit respecté à chaque étape. Les citoyens sont anonymes et leur contact avec les formateurs (exposés, questions) se réduit strictement au temps décidé par le comité de pilotage. La procédure est entièrement filmée pour vérification ultérieure. Les citoyens rédigent eux-mêmes l'avis final.

L'avis émis par une Convention doit recevoir une réponse législative pour en finir avec les leurres démocratiques. L'élu est seul habilité à légiférer mais il doit engager clairement sa responsabilité devant l'avenir s'il s'oppose aux propositions de ces citoyens indépendants et avertis. De plus, les citoyens ayant contribué à la CdC, et le public en général, doivent être tenus informés régulièrement des effets de leurs avis.

Pour établir un réel dialogue dans nos sociétés modernes, des obstacles sont à surmonter, mais des outils sont déjà disponibles et d'autres à inventer.

---

[88] Jacques Testard, « Le retour du tirage au sort », [En ligne], [http://jacques.testart.free.fr/pdf/texte894.pdf], (décembre 2011).

Projet d'autonomie dans une société de la complexité

Nouvelles technologies, mondialisation, font apparaître des problèmes inédits, des enjeux nouveaux, dans un système qui se révèle d'une incroyable complexité. Or une bonne intention d'action peut se pervertir dans un système qui se complexifie et aboutir à des résultats contraires aux objectifs recherchés.

Dans cette complexité du monde réside un enjeu supplémentaire quant à la possibilité d'un dialogue fructueux, alors qu'une forte spécialisation contraint la plupart des experts à avoir une vision « éclairée » mais seulement d'un petit bout d'un vaste monde. Or ces experts ont un rôle crucial puisqu'ils participent à analyser les conséquences de certaines décisions. Autant il convient que ces experts se sentent « responsables » du devenir de la cité, autant la complexité est source de déresponsabilisation puisque les tâches sont segmentées à l'infini[89].

Des risques guettent. La possibilité que plus personne n'ait une intelligibilité du monde, ou bien que l'intelligence artificielle des robots prenne le contrôle de notre capacité de décider. Alors, collectivement, nous ne serons plus capables de lier des scénarios d'actions avec les changements sur le monde que chaque scénario induirait. Devant ce danger, une autre proposition s'ouvre encore pour garder possible les projets d'autonomie : « dé-complexifier » le monde en refusant les outils qui s'opposeraient à la possibilité de projets d'autonomie.

L'homme est-il capable de piloter les systèmes techniques complexes ?

---

[89] Aujourd'hui, notre propre travail en vient à n'être plus lisible. Nous ne savons plus quel monde nous construisons par notre travail où nous ne sommes plus qu'un sous maillon d'une chaine infinie hyper complexe. Hannah Arendt a bien documenté dans *Les origines du totalitarisme* la perte de responsabilité liée à cette fragmentation des tâches.

Le positivisme en science, par son approche mécaniste, a facilité la vision de la technique comme un outil parfaitement contrôlable. Pour certains, la technique peut soigner les maux apportés par d'autres techniques. Par exemple, le prix Nobel de Chimie Paul Crutzen, suite aux échecs répétés des sommets sur le climat, justifiait dès 2006, la prise en compte d'un nouveau type de réponse au changement climatique : la géo-ingénierie. Selon lui, un ensemble de dispositifs technologiques permettrait de réduire le réchauffement global de la planète comme par exemple l'épandage à large échelle de sulfate de fer dans les océans. Des philosophes contemporains ont cependant mis en garde sur ce qu'induit la complexité comme source de chaos :

> La complexité est dans l'enchevêtrement qui fait que l'on ne peut pas traiter les choses partie à partie, cela coupe ce qui lie les parties, et produit une connaissance mutilée. Le problème de la complexité apparaît encore parce que nous sommes dans un monde où il n'y a pas que des déterminations, des stabilités, des répétitions, des cycles, mais aussi des perturbations, des tamponnements, des surgissements, du nouveau. Dans toute complexité, il y a présence d'incertitude, soit empirique, soit théorique, et le plus souvent à la fois empirique et théorique.[90]

Dans bien des cas, il existe une dégénérescence quand un système grossit et se complexifie. A partir d'un certain seuil, c'est la malédiction des rendements décroissants : à partir d'une taille critique, il faut de plus en plus d'argent pour progresser de moins en moins rapidement vers le but. Ainsi, les milliards d'euros déversés ces dernières années dans le système de soins bénéficient aux laboratoires et aux fabricants de technologie haut de gamme. Un tiers des médicaments vendus sont aujourd'hui considérés comme au mieux inutiles et, au pire, nuisibles à la santé. Les hôpitaux ont du mal, à partir d'une certaine taille, à lutter contre des maladies que provoque l'hospitalisation.

De plus, avec la complexité des systèmes, se développent la corruption et l'inefficacité, qui participent à faire disparaitre le but collectif de bien construire la cité. Il devient de plus en plus difficile d'empêcher que le système ne soit perverti

---

[90] Edgar Morin, Interview, *Magazine Littéraire*, 312, juillet-août 1993.

par certains maillons du système complexe qui visent d'autres buts et parfois même un but contraire à celui du système. Comment ne pas penser aux 600 000 milliards de produits financiers qui, utilisés pour parier, déstabilisent l'économie alors qu'ils avaient été créés, non pour la spéculation, mais pour la couverture des risques. Or, ces produits financiers, sont maintenant utilisés à plus de 90% pour la pure spéculation.

Il n'est pas nouveau de dire que les systèmes complexes sont déraisonnables, dangereux et captivants, voire qu'ils nous aveuglent.

Déraisonnables… si nous étions grecs du siècle de Périclès, nous nous méfierions de la démesure (l'*hubris*) qui nous conduit à notre perte. Nous douterions probablement de notre capacité à gérer la complexité qui est du ressort des dieux. Le toujours possible retour du chaos nous conduirait à envisager comme omniprésent le scénario catastrophe. La tragédie jouée chaque année rappellerait à tous qu'il ne faut pas s'écarter de l'ordre naturel pour ne pas déclencher les fureurs du monde,

Captivants… car nous serions entrainés par la démesure de la technique comme l'envisageait dès 1904 le sociologue Max Weber :

> L'ordre lié aux conditions techniques et économiques de la production mécanique et machiniste (…) détermine, avec une force irrésistible, le style de vie de l'ensemble des individus nés dans ce mécanisme – et pas seulement ceux que concernent directement l'acquisition économique (…) peut-être le déterminera-t-il jusqu'à ce que la dernière tonne de carburant fossile ait achevé de se consumer.[91]

Dangereux …comme l'évoquait l'historien et sociologue Jacques Ellul qui, dès 1954, nous mettait en garde contre le pouvoir dévorant de la technique qui fait la loi : « Il n'y a pas d'autonomie de l'Homme possible en face de l'autonomie de la technique » [92]. Ellul soulignait que c'est l'autonomie de la technique qui conduit aux développements de systèmes de plus en plus complexes et de moins en

[91] Max Weber, *L'éthique protestante et l'esprit du capitalisme.* Paris, Plon, 1964.
[92] Jacques Ellul, *La technique ou l'enjeu du siècle*, Paris, Armand Colin, 1954.

moins contrôlable. Pour piloter les systèmes complexes, l'Homme risque d'être transformé en une machine devant répondre à d'autres hommes-machines de l'adaptation de sa vie à une norme qu'il n'a pas décidée, exprimée en fonction d'indicateurs qu'il n'a pas choisis. L'idéologie de la maitrise illimitée des risques se transforme en une maitrise illimitée des hommes par les techniques. La notion d'auto-propulsivité de la technique décrite par Ellul s'accompagne d'une perversion de la technologie.

Aveuglants… comme en témoigne le modèle de scénarios prospectifs jusqu'en 2050 développé par le *Club de Rome* en 1972. La perception humaine des risques ne considère pas les conséquences lointaines des actions présentes et nous sommes aveugles face à la dynamique propre des systèmes complexes qui nécessiteraient d'anticiper longtemps à l'avance les crises :

> On s'aperçoit en particulier que le sentiment d'un niveau de crise arrive en général trop tard et qu'est très floue – ou même non perçue – cette notion de crise et de l'échelle de temps pour que ce niveau soit atteint et que la crise se produise ; surtout que la capacité d'un système à maîtriser une crise s'effondre lorsque le phénomène s'amplifie… : ainsi de la lutte contre la pollution, contre la famine ou les destructions irréparables de l'environnement. [93]

Quelle expertise permettrait de gérer la complexité ?

Prenons le temps d'un petit détour mythologique : Epiméthée, « celui qui réfléchit après » a été chargé de doter toutes les créatures afin d'assurer la conservation de leur espèce. Mais Prométhée « celui qui réfléchit avant », constate que l'Homme, arrivant en dernier, se trouve démuni de protections. Prométhée va voler pour les humains les arts et le feu et leur fait ainsi don de l'habileté technique et de la créativité. Cependant les hommes, dépourvus de la science politique, s'autodétruisent. Zeus charge alors Hermès d'intervenir :

---

[93] Dennis Meadows, Donella Meadows et Jorgen Randers, *Halte à la croissance*, rapport du Club de Rome, Fayard, 1972, p. 11 et p 251.

Zeus, inquiet pour l'espèce humaine, envoie alors Hermès porter aux hommes *aidôs* et *dikê*, Respect et Justice, (littéralement la pudeur et la règle ou la norme), « pour unir les cités par des principes d'ordre et des liens d'amitié ». Zeus ordonne à Hermès de répartir ces qualités entre tous de façon à ce que chacun ait sa part, car les villes ne pourraient subsister si quelques hommes seulement en étaient pourvus comme il arrive pour les autres arts. Il précise que tout homme incapable de participer « à la Justice et au Respect » doit être mis à mort. [94]

A l'image de Prométhée, l'Homme doit aussi être rusé. Pour dérober aux dieux les talents qu'il remettra aux hommes, Prométhée a eu cette puissance de tromperie que les grecs désignaient du nom de *Métis* car il est « le prodigieux malin capable même à l'inextricable de trouver une issue »[95].

Face à la complexité, les humains dans le monde moderne demandent une réponse à la science. L'expert est celui à qui tous demandent de repérer les choix et leurs conséquences. L'expert peut s'inspirer des figures de Prométhée et d'Hermès.

L'expert peut ne pas se cantonner à décrire nos avenirs possibles comme Cassandre[96]. Il peut nous convaincre que des options sont possibles, des outils utilisables dans les périodes de *kairos*[97]. Pour exemple, j'évoquerais des chercheurs tels Jared Diamond[98] ou Joseph Tainter[99] qui ont repéré dans notre histoire les mécanismes de disparition des sociétés et les actions collectives qui ont permis ou auraient permis de sortir des impasses.

---

[94] Antoine Bevort, « Le Paradigme de Protagoras », *Socio-logos. Revue de l'association française de sociologie* [en ligne], [http://socio-logos.revues.org/110], (27 avril 2015

[95] Jean-Pierre Vernant, « *Métis* et les mythes de souveraineté », *Revue de l'histoire des religions*, 180, 1, 1971, p. 31.

[96] Cassandre s'était promise à Apollon, le dieu qui connait passé et avenir et les fait connaître aux hommes. Mais une fois instruite, elle n'accorda à Apollon qu'un simple baiser. Alors Apollon, qui ne pouvait reprendre son don, lui retira le pouvoir de persuader et malgré l'exactitude de ses prédictions, personne n'a jamais cru Cassandre.

[97] *Kairos* est le dieu de l'occasion opportune. Frère de *Chronos*, il a été maudit par ce dernier. Il est obligé de se réincarner sans cesse en tant que mortel. Quand il passe à notre proximité, il y a trois possibilités : on ne le voit pas ; on le voit et on ne fait rien ; on le voit et, au moment où il passe, on tend la main pour attraper sa touffe de cheveux et on saisit ainsi l'opportunité. Le *kairos* grec évoque le moment critique de la décision quand la vie est en jeu. Le temps est compté, avant il est trop tôt car nous n'avons pas encore assez d'éléments pour décider au mieux, après il est trop tard car les conditions rendent alors inopérantes les actions.

[98] John Diamond, *Collapse: How Societies Choose to Fail or Succeed*, Penguin books, 2005.

[99] John Tainter, *The collapse of complex societies*, Cambridge University Press, 2007.

Les démarches dites pragmatistes[100], orientées vers la résolution de problèmes, peuvent permettre d'échapper à l'aporie de la dualité positiviste/constructiviste. Dewey[101] puis Putnam[102] postulent ainsi que les faits et les valeurs sont toujours imbriqués dans la démarche scientifique et son évaluation même. Dewey a proposé un modèle pragmatiste[103] basé sur des « enquêtes sociales » qui visent à résoudre des problèmes avec l'aide des experts. Ce modèle a été repris en 2015 par Edenhofer et Kowarsch sur la question du changement climatique. Ces auteurs ont mis en évidence la nécessité du débat public après que les chercheurs et parties prenantes aient démêlé la difficile imbrication des moyens et des fins et avant qu'une évaluation permette à nouveau de saisir le nouveau problème tel qu'il pourra se présenter demain dans d'autres conditions et avec d'autres informations. Leur travail peut être représenté par le schéma ci–dessous :

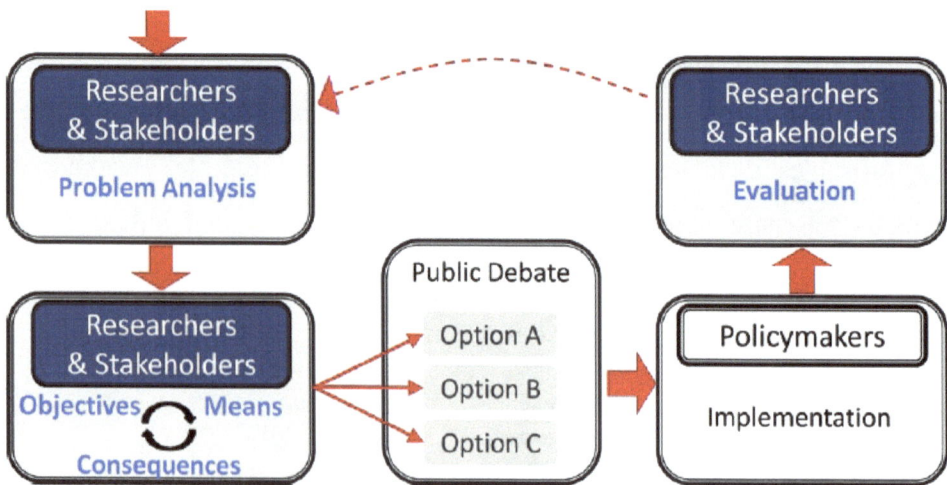

---

[100] Initié par Peirce en 1879 qui écrit « la pensée est excitée à l'action par l'irritation du doute, et cesse quand on atteint la croyance »
Charles Sanders Peirce, *La logique de la science*, Revue Philosophique de la France et de L'Étranger, 1879, p. 39-57.
[101] John Dewey, *Logic: The Theory of Inquiry*, Henry Holt & Co, New-York, 1938, [en ligne], [https://archive.org/stream/JohnDeweyLogicTheTheoryOfInquiry/%5BJohn_Dewey%5D_Logic_-_The_Theory_of_Inquiry_djvu.txt], (24 juin 2016).
[102] Henry Putnam, *The Collapse of the Fact/Value Dichotomy and Other Essays*. Harvard University Press, Cambridge, 2004.
[103] Basé sur un cycle : problématiques sociétales, données et faits observés, solutions, évaluations.

Source : EDENHOFER, Ottmar Edenhofer et Martin Kowarsch, Cartography of pathways: A new model for environmental policy assessments. *Environmental Science & Policy*, 2015, vol. 51, p. 61.

L'expert, participe probablement, qu'il le veuille ou non, à faire que des outils soient utilisés ou non, par la manière dont il communique avec les non experts[104]. Un dilemme éthique, c'est le cas en politique, se pose lorsque la possibilité existe de prendre un chemin ou un autre. Poussent alors à un choix collectif les valeurs qui « font sens ». Les hommes d'aujourd'hui, comme hier, pour savoir vivre ensemble et faire des projets d'autonomie, ont aussi besoin de l'art politique. Les experts peuvent être alors au service de l'art politique.

L'homme peut penser « faire avec » la complexité, mais une autre voie peut être explorée : refuser la complexité. Il nous est possible de refuser la complexité ou de la favoriser à travers le choix de nos outils. Et ceci à l'aune de l'autonomie qu'ils nous apportent. Ainsi, pour permettre l'autonomie de tous dans notre système, Ivan Illich propose que nous nous limitions aux seuls outils dont la définition est la suivante :

> L'outil juste répond à trois exigences : il est générateur d'efficience sans dégrader l'autonomie personnelle, il ne suscite ni esclave ni maître, il élargit le rayon d'action personnel. [105]

Ces outils, il les appelle outils conviviaux. Ivan Illich nous invite implicitement à refuser ce que l'on ne comprend pas. Or la complexité échappe à nos entendements et à nos projections dans notre avenir. Et y échappant, elle nous prive de l'exercice possible de notre autonomie. Il s'agit donc bien dans un projet d'autonomie de refuser ce que l'on ne comprend pas. La compréhension de tous, tout comme la transparence sont nécessaires à une discussion sérieuse avant de

---

[104] Denis Dupré, « Les hommes maitres du chaos climatique ? Citoyens et institutions face à la simulation scientifique », *Communication aux journées scientifiques de l'INRIA*, session « Enjeux climatiques », avec Laurent Debreu, Denis Dupré, Hervé Le Treut, Nancy, 18 juin 2015, Vidéo et texte, [en ligne], [https://hal.archives-ouvertes.fr/hal-01158237/document], [https://videos.univ-lorraine.fr/index.php?act=view&id=2438], (5 février 2017).

[105] Ivan Illich, *La convivialité*, Seuil, Paris, 1973, p. 26.

trancher sur l'usage collectif et individuel des outils. Une communauté visant le bien vivre ensemble devrait faire le choix de n'utiliser que les outils conviviaux, à savoir des outils qui doivent rendre les communautés plus autonomes et non plus dépendantes des outils eux-mêmes.

Face à la catastrophe : le pari de la non-complexité et de la mesure

Dans un monde toujours plus complexe, certains développent des techniques de résistance en étant dans la légitimité mais aussi parfois, de plus en plus souvent, à la limite de la légalité[106]. D'autres se focalisent sur les projets à échelle locale, faciles à bouturer[107] partout dans le monde et économes en énergie comme l'agro-écologie, les AMAP (Associations de Maintien de l'Agriculture Paysanne), les échanges de semences, le covoiturage, les SEL (Systèmes d'Echanges Locaux), les monnaies locales, etc.

Dans ce même esprit de ne pas se soumettre à ce que l'on ne comprend pas, par exemple en matière de monnaie, certains discutent sur l'acceptation, le refus ou la régulation des puissants outils complexes que sont les paris financiers, les monnaies virtuelles telles le *bitcoin*, la création monétaire de la BCE ou le marché du carbone.

Pour d'autres encore, ce n'est plus seulement à la complexité et à la démesure qu'il faut faire face, mais aussi au risque d'effondrement de nos sociétés industrielles :

---

[106] Voir pour la limite entre légalité et légitimité : Gérard Verna, « Les ennemis de l'éthique », in Denis Dupré, *Ethique et capitalisme*, 2002, p. 175-201.

[107] Faciles à bouturer ce qui permet un effet multiplicateur en évitant les effets négatifs de la trop grande taille. Il convient de noter que certaines entreprises ont la sagesse de refuser de grandir suite à l'afflux de commandes renouant ainsi avec la méfiance à l'encontre de la démesure.

> Il ne suffit pas de mesurer pour comprendre et l'on ne saurait compter sur l'accumulation des données scientifiques pour engager les révolutions/involutions nécessaires. C'est déjouer le récit officiel dans ses variantes gestionnaires ou iréniques et forger de nouveaux récits et donc de nouveaux imaginaires pour l'anthropocène. Repenser le passé pour ouvrir l'avenir. […] Enfin tenir l'anthropocène pour un événement, c'est acter que nous avons passé un point de non-retour. Il va falloir apprendre à y vivre. Quels récits historiques pouvons-nous donner du dernier quart de millénaire qui puissent nous aider à vivre l'anthropocène lucidement, respectueusement, équitablement ?[108]

La « crise de *l'anthropocène* », terme inventé en 2000 par Crutzen pour ses travaux sur la couche d'ozone, a été provoquée par les hommes qui ont rivalisé pour la première fois avec les forces de la Nature, comme le présageait le philosophe Hans Jonas :

> Il est indéniable que nous devenons progressivement les prisonniers des processus que nous avons déclenchés nous-mêmes…Ce n'est plus désormais la Nature, mais justement notre pouvoir sur elle qui désormais nous angoisse. [109]

Interprétant les signaux foisonnants de l'évolution rapide du monde et percevant la catastrophe, apparaissent deux attitudes des chercheurs.

D'un côté, ceux qui font confiance à la technique pour sortir des impasses où nous a conduit la technique elle-même. Nous serions au moment de la crise. Le *kairos* grec évoque le moment critique de la décision quand la vie est en jeu. Le temps est compté, avant il est trop tôt car nous n'avons pas encore assez d'éléments pour décider au mieux, après il est trop tard car les conditions rendent alors inopérantes les actions.

De l'autre côté, des lanceurs d'alerte[110] affirment la menace sur la survie et sur nos valeurs en se reconnaissant très démunis. Noam Chomsky, philosophe et professeur au MIT, dans une interview du 7 février 2016 affirme : « Je le dis clairement. Nous n'allons pas tous mourir, mais ce qui est certain c'est que

---

[108] Christophe Bonneuil et Jean-Baptiste Fressoz, *L'événement anthropocène : la Terre, l'histoire et nous*, Seuil, 2013.
[109] Hans Jonas, *Pour une éthique du futur*, Paris, Payot-Rivages, 1998.
[110] Alerte du changement climatique en 2006 avec des publications comme le rapport britannique du financier Stern ou le film *La vérité qui dérange* du vice-président américain Al Gore.

nous sommes en train de détruire les possibilités d'avoir une vie digne. ». L'économiste et philosophe Jean-Pierre Dupuy[111] propose, puisqu'il lui parait qu'il est désormais certain que l'Homme puisse anéantir l'Homme, d'admettre la possibilité de la catastrophe pour trouver les moyens de faire que cette possibilité ne devienne inéluctable :

> Le catastrophisme éclairé est une ruse qui consiste à faire comme si nous étions la victime d'un destin tout en gardant à l'esprit que nous sommes la cause unique de notre malheur.[112].

Hans Jonas, historien et philosophe, propose quatre principes de responsabilité individuelle confrontée à la possibilité d'un scénario catastrophe :

> Agis de façon que les effets de ton action soient compatibles avec la permanence d'une vie authentiquement humaine sur terre ; Agis de façon que les effets de ton action ne soient pas destructeurs pour la possibilité future d'une telle vie ; Ne compromets pas les conditions de la survie indéfinie de l'humanité sur terre ; Inclus dans ton choix actuel l'intégrité future de l'homme comme objet secondaire de ton vouloir. »[113]

Les projets d'autonomie pourraient être des réponses d'aujourd'hui face au péril que représente l'effondrement écologique et sociétal.

La réconciliation du projet collectif et du désir individuel

Pourtant si un projet d'autonomie collective est aujourd'hui un objectif désiré, il reste difficile à intégrer dans nos imaginaires comme une possibilité.

Les causes sont multiples. Parce que le nombre d'habitants s'accroit rapidement, que notre empreinte écologique grandit constamment. Parce que

---

[111] Jean-Pierre Dupuy, *Pour un catastrophisme éclairé : quand l'impossible est certain*. Seuil, 2009.
[112] Jean-Pierre Dupuy, « D'Ivan Illich aux nanotechnologies. Prévenir la catastrophe? », *Esprit*, 2007, 2, p. 29-46.
[113] Hans Jonas, *Le principe responsabilité*, Le Cerf, 1990, p.30.

l'individualisme et le refus de la politique ne nous projettent pas dans l'avenir de notre collectivité humaine. Parce qu'il faut être capable de se défendre pour vivre un « nous », doté de la puissance d'agir, qui définit un projet d'autonomie et s'occupe des biens communs et les protègent du pillage. Parce qu'il faut se permettre de croire qu'un autre imaginaire instituera un autre monde. Parce qu'il faut prendre le risque de s'opposer à ceux qui affirment le TINA (*There Is No Alternative*) ou ceux qui font l'éloge de la démesure et de la complexité.

Un projet politique véritablement collectif est fait de nombreux projets d'autonomie. Ces projets d'autonomie demandent de retrouver le chemin de l'*agora* et le sens du dialogue[114] où, comme le dit le philosophe Denis Vernant, « je » est un « je » parce qu' « autrui » est un « je ». Le dialogue peut nous permettre de construire ensemble un morceau de monde commun.

Quel moteur est assez puissant pour changer nos imaginaires et modifier nos institutions qui porteront alors nos projets d'autonomie ? Ce n'est peut-être pas celui sur lequel on compte d'abord : la rationalité des hommes. Il faut probablement compter aussi, encore et toujours, sur le moteur le plus puissant en l'Homme : le désir. Face à la catastrophe, le désir poussé alors par l'instinct de survie collective. D'abord le désir des plus visionnaires, relayé auprès du grand nombre grâce au le désir mimétique décrit par René Girard. Ce désir mimétique qui a tant servi, d'abord à contenir la violence d'implosion sociale, ensuite à l'essor de l'individualisme, pourrait alors aussi, par une pirouette historique, servir l'intérêt collectif.

Un projet d'autonomie collectif repose sur la croyance en la possibilité par les humains de diriger leurs actions même s'ils doivent repérer les limites de leur maitrise du monde. Les hommes peuvent communiquer pour agir ensemble et gérer certains biens collectivement. Des experts peuvent fabriquer des outils en

---

[114] Denis Vernant, « La dialectique indisciplinaire en " sciences humaines " », *Bulletin du centre d'études médiévales d'Auxerre,* 13 décembre 2013, [En ligne], [http://cem.revues.org/13187].

vérifiant qu'ils permettent l'autonomie de chacun. Mais il n'y a pas de projets collectifs sans désir de faire société. Ce désir émerge parfois brusquement : Qui en 1942 pouvait penser que le Conseil National de la Résistance allait écrire un projet collectif qui allait formater la société française pendant cinquante ans ? De même, dans notre société complexe où les projets individuels dominent bien souvent, le retour des projets collectifs n'est ni impensable ni irréaliste :

> Si notre société est close, l'histoire ne l'est pas – et l'extérieur de l'histoire moins encore. Pour chacun restent devant lui le vouloir et le faire.[115]

Certaines communautés d'aujourd'hui veulent penser autrement, gérer les biens communs, impliquer chacun pour trouver sa dignité, sa fierté, sa responsabilité de citoyen, et forger des outils conviviaux au sens d'Ivan Illich. Elles réfléchissent à qui doit édicter les lois et refont des formes modernes d'*agora*. Par suite, en identifiant ce qui et ceux qui menacent la « vie bonne », elles pourront exiger de ceux à qui sont confiées les responsabilités, qu'ils défendent avant tout l'intérêt collectif et les biens communs.

Le projet collectif de monnaie comme outil convivial est un pari. Le dialogue sur l'outil monnaie revient aujourd'hui à rêver de nouvelles significations et à travailler à sa transformation en outil convivial. Ce pari est encouragé par les traces sur l'avers et le revers des monnaies frappées depuis plus de deux millénaires et qui nous montrent des sociétés de projets collectifs variés. Or la valeur économique est fondée par notre politique a affirmé Cornelius Castoriadis :

> La valeur (« même économique »), l'égalité, la justice ne sont pas des « concepts » que l'on pourrait fonder, construire [...] dans et par la théorie. Ce sont des idées/significations politiques concernant l'institution de la société telle qu'elle pourrait être et que nous voudrions qu'elle soit – institution qui n'est pas ancrée dans un ordre

---

[115] Jacques Ellul, *De la Révolution aux révoltes*, Calmann-Lévy, 1972, p. 132.

naturel, logique ou transcendant. Les hommes ne naissent ni libres, ni non-libres, ni
égaux, ni non-égaux. Nous les voulons (nous nous voulons) libres et égaux dans une
société juste et autonome.[116]

La monnaie participe aussi à un agir sur le monde car la monnaie est un outil ayant une capacité politique, une capacité économique et une capacité écologique.

Un questionnement éthique sur les usages de la monnaie comme institution sociale conduit à poser les conditions d'une monnaie comme institution juste ainsi que sa participation à rendre notre vie bonne. Notre question va dans ce sens ; à quelles conditions la monnaie pourrait aider à réaliser des projets d'autonomie ?

---

[116] Cornelius Castoriadis, *Les carrefours du labyrinthe*, Tome I, Points essais, 1978, p. 411-412.

Enquête 3 : En quoi la monnaie est, comme le langage, un outil d'action politique ?

On appelle langage un code qui transmet une information d'un émetteur vers un récepteur. Le dialogue est une forme d'échange qui crée un terrain « commun » en partage, une compréhension provisoire, un lien dans le but bien souvent de construire ensemble. Le dialogue permet de s'exprimer, commander, agir sur les autres et sur le monde, séduire, lier, exclure, etc. Il peut entrainer l'action, il est performatif. Un locuteur vise à agir sur le récepteur, voir à exercer un pouvoir sur lui. Le dialogue peut aussi permettre un affinement de nos compréhensions de la vision du monde des autres.

On ne dialogue pas avec autrui pour parler, mais pour agir ensemble sur un monde partagé :

> Les sciences de l'information et de la communication se constituèrent sur le présupposé d'une autonomie du verbe, du discours et de la communication. Ce n'est que récemment que l'on a fait un pas de plus en subordonnant ces « communications » à leurs *finalités praxéologiques* au nom du précepte tout simple selon lequel l'on parle généralement pour agir ensemble sur un monde partagé. [117]

Lévi-Strauss affirme qu'une société est fondée sur l'échange des femmes (social), l'échange des biens (économique), et l'échange des paroles (linguistique). Une société suppose donc une circulation d'êtres, d'objets ou de paroles. Parole et monnaie sont tous deux objets d'échange. Tout comme le dialogue, la monnaie peut permettre une stratégie commune d'action.

L'action politique, et tout particulièrement dans le cadre d'un projet d'autonomie, peut chercher à limiter la violence, souder la communauté et éviter de fragiliser la démocratie. Dans cette enquête nous allons voir si, comme le dialogue, la monnaie peut permettre d'éviter la violence, si elle impacte le lien social et dans

---

[117]Denis Vernant, « La dialectique indisciplinaire en "sciences humaines" », *op. cit.*

quelle mesure elle peut être déterminante pour asseoir la démocratie ou bien au contraire la fragiliser. A ces conditions, nous pourrons affirmer que la monnaie est un outil d'action politique.

Langage et monnaie peuvent permettre de limiter la violence

Quand le « je » reconnait le « tu »

Euclide est peut-être un des lointains ancêtres des philosophes du langage. Il fait partie des logiciens philosophes présocratiques de l'école dite de Mégare. Euclide le Socratique est célèbre dans les écoles pour le dialogue suivant : Entendant son frère lui tenir ce propos irréfléchi et brutal : « Que je périsse, si je ne me venge de toi », il répliqua : « Et moi, si je ne te persuade de renoncer à ta colère et de m'aimer comme tu m'aimais auparavant » [118]. Plutarque rapporte que, sur le champ, Euclide dissuada son frère et le fit changer d'attitude (*De ira cohibenda*, 14, 462 c).

Si Muller souligne que cette anecdote semble bien appartenir originellement à un Euclide socratique avant tout préoccupé de morale, Euclide, celui de l'école Mégarique, prouve ici sa profonde connaissance des mécanismes du dialogue et de la force du langage.

La première phrase semble un assertif violent. Deux issues semblent possibles au locuteur : le frère d'Euclide tue Euclide ou Euclide tue son frère.

Cependant, dans un modèle projectif du dialogue informatif, il faut envisager une troisième hypothèse, hautement improbable car hors du champ des possibles pour le frère d'Euclide, le projet de réconciliation. Cette hypothèse d'un accord possible est celle compatible avec un dialogue et non une agression physique directe, alors que le meurtre serait la fermeture radicale au dialogue par l'élimination physique du « tu ».

On peut donc inverser l'analyse en considérant que cette entrée en matière phatique est surtout une reconnaissance de son frère par l'agresseur. De fait, le frère n'est pas entré

---

[118] Robert Müller, *Les Mégariques*, Fragments et témoignages, Vrin, 1985, p 21.

directement dans l'action de vengeance, mais dans le dialogue. Que souhaite-t-il ? Une ouverture, toujours possible dans un dialogue, par rapport à la logique implacable qu'il énonce.

On ne sait le différend, mais il y a, dans le mot même de vengeance, la référence à une offense. Cette offense, pour le locuteur, ne peut venir que de son frère qui ne l'a pas aimé. Il y a divergence dans un dialogue qui devrait s'arrêter sans avoir commencé puisque la mise en question est brutale et que l'acte de tuer parait devoir suivre immédiatement le discours. Ainsi la possibilité même d'une réconciliation n'est pas un présupposé commun du dialogue car le frère offensé ne l'envisage pas. Le sang froid de la réponse semble, à première vue, correspondre à la réponse adaptée d'un bon citoyen athénien de cette époque :

> Le citoyen athénien est celui qui est capable de contrôler ses impulsions et de ne pas céder à la colère, dans la phalange hoplitique comme dans l'arène publique où l'on est capable d'essuyer un outrage dans l'*hic et nunc* et de déplacer sa colère dans l'espace civique du tribunal [119].

Mais l'agression n'est pas ordinaire car elle vient du frère avec lequel le « je » est probablement le plus proche du « tu ». Cette symétrie est issue de l'expérience la plus émotive qui soit : celle de la relation commune avec la mère. Pour cette raison, la réponse va étonner même les philosophes de l'époque puisqu'elle sera enseignée dans les écoles de philosophie.

La réponse d'Euclide est cette ouverture improbable mais désirée par le frère.

Et moi,

Dans un premier temps, Euclide accepte de périr. Ne prépare-t-il pas ici l'ouverture par la reconnaissance de la douleur du frère qu'il ne nie pas ? La seule requête consiste à accepter sa propre mort et ne pas envisager celle de son frère. N'est-ce pas le point d'accord et la clôture du dialogue par le choix de celui qui va mourir ?

si je ne te persuade de renoncer à ta colère et de m'aimer comme tu m'aimais auparavant.

Deuxième temps : le mot « si » suggère l'ouverture en redistribuant l'univers des possibles en réintroduisant la perspective d'un accord : la réconciliation. Euclide ne se justifie pas en disant « tu as mal compris, je ne t'ai pas fait tort et je t'ai toujours aimé

---

[119]Manuela Giodano, « Injure, honneur et vengeance en Grèce ancienne », *Cahiers « Mondes anciens », 2014,* p. 21, [En ligne], [: http://mondesanciens.revues.org/1238], (14 février 2014).

comme un frère ». Il inverse la charge de la preuve : m'aimes-tu aujourd'hui ? Mais en soulignant que son meurtre serait une preuve que son frère ne l'aime pas, état pour lui pire que sa propre mort, il souligne, en laissant entrevoir de nouveau la possibilité, normale, de l'amour fraternel, que lui, Euclide, a toujours aimé son frère. Un principe est énoncé indirectement par Euclide : le « je » et le « tu » sont interchangeables dans la relation d'amour entre Euclide et son frère. Euclide affirme ainsi que sa mort n'a pas d'importance par rapport à la ruine de ce principe.

La conclusion, laissée implicite, qu'en tire le frère est que l'offense est un malentendu sur le sens des actes qu'il reproche à Euclide. Il peut donc lui attribuer une maladresse mais non une brèche dans la relation d'amour. Réparé par le dialogue et par l'énonciation de la vérité d'Euclide, le « mal-entendu » (de fait il n'y a pas eu d'explications orales sur le différend) qui aurait conduit au meurtre devient un « bien entendu » qui conduit à un renouvellement du dire de l'amour fraternel.

Dans l'histoire d'Euclide ci-dessus, le fait de parler à son ennemi est déjà une preuve de reconnaissance puisque l'on attend une réponse par le langage et non par les armes. Le dialogue peut faire tomber les raisons de l'incompréhension, du désaccord, voire de la haine. Cette histoire d'Euclide fait écho à une histoire personnelle où la monnaie a joué le rôle du langage. Nous habitons un petit village où nos deux boulangers sont des copains. Depuis que nos enfants ont quitté la maison pour faire leurs études, le besoin en pain a été divisé par trois et seul l'un des deux boulangers nous livre maintenant notre pain. J'ai continué à saluer mon copain sur le marché, mais j'ai senti un froid s'installer. J'ai alors pris l'habitude de lui acheter de temps en temps un petit sablé ce qui a renoué l'amitié. La pièce pour payer le sablé était langage et disait : « Je ne t'achète plus de pain. Mais bien sûr que tu es un bon boulanger. ».

La monnaie est une institution qui par les règles qu'on lui choisit peut permettre une forme de dialogue entre les membres d'une société et assurer un rôle pacificateur.

La guerre ou la paix : un choix radical

L'histoire d'Euclide montre que l'usage rationnel du langage par un locuteur a pu avoir pour effet immédiat de suspendre l'exécution de violence, voire de meurtre, par l'allocutaire.

Il apparait que les sociétés stables sur une longue période l'ont été parce qu'elles avaient trouvé un équilibre entre pouvoir politique, pouvoir religieux et pouvoir de l'individu, chaque pouvoir assurant sa part dans la stabilité. Le religieux soude la communauté. Le politique gère la communauté. L'individu cherche son bonheur.

La monnaie est le reflet de l'imaginaire développé par une société selon l'importance accordée aux trois pouvoirs que sont le politique, le religieux et l'individu. Dans une vision de monnaie pacificatrice, il convient de lutter contre une tendance de l'Homme de vouloir se soumettre ou commander les autres :

> L'argent ne fut pas primitivement employé à l'acquisition des moyens de consommation, mais à l'acquisition de choses de luxe, et à celle de l'autorité sur les hommes. Le pouvoir d'achat de la monnaie primitive c'est avant tout, selon nous, le prestige que le talisman confère à celui qui le possède et qui s'en sert pour commander aux autres. [120]

Cependant, chaque pouvoir tend au déséquilibre et les usages de la monnaie trahissent ces déséquilibres. Quand il arrive que le politique s'impose par la violence, la monnaie sert la propagande (comme dans le roman *1984* d'Orwell où la monnaie de *Big Brother* rappelle à tous ses pouvoirs) et les outils financiers contrôlent les individus.

---

[120] Marcel Mauss, 1914, *Les origines de la notion de monnaie, Représentations collectives et diversité des civilisations*, Paris, Les Éditions de Minuit, 1969, p. 112.

Aussi quand les individus ont du pouvoir, ils peuvent faire preuve de cupidité et la chaine de la monnaie-dette soumet d'autres individus à l'esclavage. La monnaie « dette » est historiquement la première monnaie recensée[121]. De fait, une dette avant-hier matérialisée sur une tablette d'argile, hier sur des bons du trésor en format papier et aujourd'hui dématérialisée sur un support électronique, peut être cédée à un tiers. Elle devient monnaie du fait que le débiteur accepte que sa dette soit réclamée ultérieurement par toute autre personne que son premier créancier.

De la Mésopotamie du roi Hammourabi[122] au décret de 1848[123] qui abolit l'esclavage, des réglementations sur la dette ont cherché à préserver au plus faible sa liberté et les outils qui la permettent. Car bien souvent cette violence de la dette a pu détruire les relations sociales et les possibilités de décider ensemble, et conduire à la guerre ou la violence. L'économiste Michel Aglietta décrit comment la dette renforce le pouvoir des plus puissants :

> Les dettes et les créances inégalement réparties nourrissent la rivalité et la lutte pour l'appropriation privée de la richesse de la société.[124]

La spéculation, la chrématistique, l'accumulation, en devenant des fonctions importantes de la monnaie, renforcent le pouvoir prépondérant de l'individu au risque de troubler la cohésion de la cité :

> Il est important de remarquer que dans l'*Éthique à Nicomaque*, Aristote, traitant des pièces, saisit la société dans sa totalité (le besoin des uns et des autres) en insistant sur la justice et l'amitié. Commercer est aussi un acte politique et la médiation numismatique dans ces relations n'a rien de surprenant. Toutefois, les pièces qui ont

---

[121] Jean-Michel Servet soutient, lui, que c'est plutôt dans le partage qu'on trouve la forme la plus archaïque de la monnaie comme rapport social.

[122] Il y a 4000 ans, pour tenter d'enrayer la mise en esclavage, le plus vieux texte de loi du monde, le code du roi Hammourabi, énonçait clairement des limites pour empêcher les créanciers de transformer les autres sujets du roi en esclaves.

[123] Le Décret de 1848, dans son article 8, abolit l'esclavage et toute participation indirecte à l'exploitation : « Même en pays étranger, il est interdit à tout Français de posséder, d'acheter ou de vendre des esclaves, et de participer, soit directement, soit indirectement, à tout trafic ou exploitation de ce genre. Toute infraction à ces dispositions, entraînera la perte de la qualité de citoyen français. »

[124] Michel Aglietta, « Monnaie et histoire. Les univers des monnaies métalliques jusqu'à la Première Guerre Mondiale », *Conférence au collège international de philosophie*, 12 octobre 2006.

sans doute été conçues comme instrument d'équilibre des rapports de la cité sont devenues un puissant agent de déséquilibre avec ce qu'Aristote dénonce comme le développement de la chrématistique. L'ordre civique se dénature sous la pression de l'essor du commerce spéculatif contraire à l'idée d'autarcie et sous celle de l'opposition croissante entre ceux qui s'enrichissent et la masse des pauvres. [125]

Aristote se préoccupe de l'ambivalence de la monnaie. La monnaie préserve la cohésion de la cité. Mais cette vertu publique est menacée par le vice privé qui consiste à accaparer la monnaie comme richesse.[126]

Pourtant l'usage de la monnaie peut aussi pacifier les relations comme le soulignait Montesquieu quand il parlait du doux commerce. L'usage politique de la monnaie pour financer la guerre[127] peut même paradoxalement diminuer la violence.

Le langage comme la monnaie ont une force performative

Dire et payer, c'est faire

Le langage peut modifier les valeurs partagées et peut bouleverser alors les institutions. Ceux qui liront l'histoire du *verbum* d'Erasme ci-dessous, découvriront que la nouvelle traduction par Erasme du mot *logos* dans l'Évangile de Jean a fait basculer la représentation d'un Dieu tout puissant chez ses lecteurs chrétiens. Ce simple mot, traduit différemment, offre une autre vision de Dieu, ce qui impliquera de profondes conséquences pour l'institution religieuse et l'organisation de la société.

---

[125] Jean-Michel Servet, *Nomismata : Etat et origines de la monnaie, op. cit.*, p. 147.
[126] Michel Aglietta, *op. cit.*
[127] La monnaie permet aussi de limiter la violence de la guerre. En effet, payer les mercenaires et les soldats pour le financement de la guerre est source de limitation de la violence. La solde du soldat plutôt que la réquisition et le pillage permet le respect des territoires conquis. Les ennemis peuvent être « assujettis » et les populations conquises condamnées à verser un tribut annuel en monnaie.

Erasme et le *logos*

Il est une traduction d'un mot qui a changé en partie la face du monde. Une question apparemment anodine aujourd'hui : quelle traduction latine *Verbum* ou *Sermo* choisir pour le mot grec *logos* ? La question a enflammé l'Europe.

En 1516, la parution du *Nouveau Testament* d'Érasme met en lumière que la Vulgate était une mauvaise traduction de la source grecque. En lieu et place de l'*In principio erat Verbum* (Au commencement était le Verbe) du prologue de l'*Évangile selon Jean*, Érasme propose *In principio erat sermo*.

Verbum, c'est le Verbe divin, inaccessible au profane, inintelligible, sauf pour les théologiens bien sûr, qui, instruits par le Saint-Esprit, se chargent de sa vulgarisation auprès des fidèles. *Sermo*, c'est la langue de tous les jours, c'est la langue qui parle au cœur, à tous les cœurs. Cette langue-là n'appartient à personne, elle vit et surtout se passe volontiers d'intercesseur :

> On sait qu'Erasme, dans sa traduction des évangiles en latin à partir du grec, avait traduit logos, non par *verbum*, comme le faisait la *Vulgate* mais par *sermo* qui implique une dimension à la fois orale et oratoire, de discours vivant, adressé à un auditeur présent [...] Il faut lire aussi l'ensemble des significations auxquelles renvoie *logos* ; la faculté de parler, le langage articulé, mais aussi la pensée rationnelle (souvent appelée discours au XVIe) [128]

Sa traduction publiée un an avant que Martin Luther n'affichât ses thèses, on doit à Erasme peut-être un fondement théologique à l'essor du protestantisme. C'est en tout cas ce que certains semblent reconnaitre aujourd'hui :

> À la fois séisme et succès éditorial, le *Nouveau Testament* d'Érasme suscite des réactions de vive hostilité et nombreux sont les docteurs de la Faculté théologique de Paris, mais aussi de Louvain, qui s'acharnent sur l'humaniste. La situation devient périlleuse pour ce dernier au cours des années 1521-1524 car les catholiques zélés font d'Érasme un hérétique, l'inspirateur de Luther. [129]

---

[128] Philippe Guérin, *Le dialogue : ou les enjeux d'un choix d'écriture*, Presses universitaires de Rennes, 2016.
[129] Musée Protestant, Site Internet, [En ligne], [https://www.museeprotestant.org/notice/erasme-1469-1536].

Mais au-delà du terme grec *logos*, il y a un contexte d'arrière-plan de son utilisation par Jean. En effet, les écrits de Jean bouleversent la pensée grecque où l'effet précède les causes et où rien de neuf ne peut advenir :

> Le choix de Jean a été de penser qu'il existe un advenir ouvrant un avenir qui n'est pas déjà contenu dans ce qui l'a précédé : n'est pas déjà lié et enchaîné. De l'inédit est possible. Chaque matin peut être un nouveau monde du monde en décollant de la nuit passée …. Pour établir qu'une telle catégorie de l'advenir n'est pas illusoire ou fallacieuse, qu'un événement peut arriver, un avènement advenir, il a ainsi nommé Christ (« *logos* ») dans son prologue, celui « à travers » qui est rendu possible cet advenir effectif. [130]

Mais la mystique de Jean est encore moins grecque quand elle lie, par le Christ, le *logos* à une forme particulière de vie. Jean fait la différence entre la *psuché*, condition d'être en vie (ne pas être mort), qui est le souffle vital que perdent en mourant les guerriers grecs assiégeant Troie et la *zôé* (vie jaillissante en surabondance ayant vocation à ne pas disparaitre), le but et l'absolue valeur, la source de vie. La question de Jean est de passer de la persévérance à « être-en-vie » à ce qui fait que « la vie est la vie » :

> Qui haït sa vie en ce monde » (*psuché*), c'est-à-dire sait s'en détacher, ne pas y coller, « la gardera pour en faire une vie (zôé) qui ne meurt pas (12,25) [131]

> « Les premiers mots de Jean : « Au commencement était le *logos* / et le *logos* était face à Dieu / et le *logos* était Dieu. […] c'est-à-dire que Dieu, s'il coïncidait avec lui-même, autrement dit s'il adhérait à son être-en-vie, perdrait de ce fait sa capacité de « créer la vie » (*zôo-poiein*). Il faut donc que Dieu s'écarte de soi pour advenir effectivement en soi vivant. » [132]

Sous un mot, *logos*, deux représentations du monde chrétien s'affrontent :

> Le Christ d'Erasme, comme celui de la dévotion moderne et de l'humanisme chrétien en pays néerlandais, n'est pas le Christ-Roi ou le Christ en Majesté des portails gothiques ou des absides néo-byzantines ; il n'est pas davantage le Christ en Croix, ou

---

130 François Jullien, *Ressources du christianisme*, Paris, L'Herme, 2018, p. 45.
[131] *Ibid.*, p. 57.
[132] *Ibid.*, p. 73.

l'homme de douleur, si souvent représenté dans l'iconographie contemporaine, de Metsys à Dürer : c'est le Médiateur tourné vers ses « frères humains » et s'entretenant familièrement avec eux, comme un Maître doux et compatissant. [133]

Un mot peut donc être fondement d'une nouvelle perception du Dieu unique[134].

La monnaie est langage. Or au fil du temps, différentes définitions du mot monnaie ont pu voir le jour. La monnaie c'était l'or, puis, plus tard, un papier garanti par un État. Récemment, des inconnus, conservant l'anonymat le plus total, ont dit « ma clef électronique, c'est de la monnaie ». Et les créateurs du *bitcoin* décidèrent de fabriquer progressivement dans le temps 21 millions d'unités de *bitcoin*. Et la bataille pour en posséder sera si intense que la valeur de ces « presque-rien » atteindra des centaines de milliards d'euros en 2018. Ainsi, ces « interprétations » de la monnaie auront eu un fort impact sur les valeurs partagées de la société et sur les institutions.

Ne pas faire circuler le langage ou la monnaie, c'est ne pas faire

Le philosophe du langage Austin affirme que « dire, c'est faire ». Nous pourrions ajouter que « ne pas pouvoir dire » est parfois « ne pas pouvoir faire ».

---

[133] Jean Claude Margolin, *Recherches érasmiennes*. Librairie Droz, 1969, p.36.
[134] Lors du Concile de Trente, l'œuvre entière d'Erasme, taxée d'hérésie, fut interdite de lecture pour les catholiques et mise à l'Index en 1559 où elle restera jusqu'en 1900 alors que la Vulgate restera source des offices jusqu'en 1942.

La tour de Babel, Heures du duc de Bedford, British Library.

La *Bible* nous en fournit un exemple dans un écrit qui date, selon une hypothèse, de la période où le peuple d'Israël était en esclavage chez les babyloniens. Le mythe de la Tour de Babel s'appuie probablement sur la grande «

maison du fondement du ciel et de la terre » de Babylone qui devait permettre au dieu Marduk de descendre sur terre[135]. Le texte biblique raconte :

> Dieu dit : « Voici que tous font un seul peuple et parlent une seule langue, et tel est le début de leurs entreprises ! Maintenant, aucun dessein ne les arrêtera. Allons ! Descendons ! Et là, confondons leur langage pour qu'ils ne s'entendent plus les uns les autres. » Dieu les dispersa de là sur toute la surface de la terre et ils cessèrent de bâtir la ville. (Gn 11, 1-9).

Pour le peuple d'Israël, « ne pas dire », semble bien aboutir à ne pas pouvoir construire ensemble. Quand il n'y a plus d'échange par le langage, rien ne peut se bâtir. L'analogie entre monnaie et langage est frappante.

En effet, l'absence de circulation de la monnaie, par la thésaurisation excessive de certains, bloque la circulation des biens entre tous et l'activité de tous. L'apport de capital pour développer des activités, lui, participe à la circulation de richesses. Ne pas faire circuler la monnaie, c'est engendrer de la violence entre les pauvres et les riches. Certains affirment que ne pas faire circuler la monnaie conduit à construire un monde où les pauvres sont au service des riches et n'ont plus intérêt à construire leur monde. Ne pas faire circuler la monnaie, c'est imposer de ne pas vouloir construire avec l'autre…

Faire circuler la monnaie, c'est une trace de co-construction, donc de dialogue, donc de possible maitrise de la violence. Car dans un dialogue, il faut s'entendre, il faut écouter l'autre, ses besoins, ses désirs et reconnaitre ses possibilités de construire avec nous.

---

[135] Selon Uehlinger, l'origine de ce mythe a un contexte historique précis : l'arrêt abrupt de la construction de la nouvelle capitale du roi assyrien Sargon II, Dur-Sarrukin, en 705 après la mort dans la bataille de ce roi.
Ecouter, à partir de la minute 20, la conférence au collège de France de Thomas Römer :
Thomas Römer, « La diversité des cultures et des langues - La condition humaine : Proche-Orient ancien et Bible hébraïque », *conférence au collège de France*, [en ligne], [https://www.college-de-france.fr/site/thomas-romer/course-2013-02-28-14h00.htm], (28 février 2013).

Le langage et la monnaie peuvent être asservis à la propagande

La liberté d'expression, de dialogue est l'un des critères souvent cité pour définir la démocratie. Et à ce titre, il parait bien évident, pour nombre d'entre nous, que nous échappons à la propagande. Pourtant est-ce bien sûr ? La monnaie s'accommode à toutes les formes de pouvoir, à tous les modes de gouvernements. Qu'en est-il dans nos régimes démocratiques ?

De quelle démocratie parlons-nous ?

Nous parlons ici des démocraties d'aujourd'hui. La démocratie est souvent considérée comme une forme d'autonomie. Or nos démocraties ne reposent bien souvent que sur la seule élection. Cette version reste, pour Noam Chomsky[136], une notion restreinte de démocratie. Que ce soit un gouvernement qui confie la conduite des affaires aux experts ou que ce soit une forme d'oligarchie libérale[137], une élite guide le peuple et use discrètement de propagande. Cet exercice du pouvoir, en délégitimant toute opposition, met en danger la démocratie.

Il est possible que ce choix d'organisation ait sa logique propre. Le monde pourrait avoir un fonctionnement « naturel » optimal et il faudrait que la société s'y adapte. Quelques visionnaires, seuls aptes à comprendre le fonctionnement du monde, se devraient de guider le troupeau des « habitants de la cité ». C'est bien par ce type de démocratie restreinte, comme Chomsky l'explique,

---

[136] « Je propose donc, pour commencer, de mettre en parallèle deux conceptions distinctes de la démocratie. La première veut que l'ensemble des citoyens dispose des moyens de participer efficacement à la gestion des affaires qui le concernent et que les moyens d'information soient accessibles et indépendants. Selon la seconde conception, le peuple doit être exclu de la gestion des affaires qui le concernent et les moyens d'information doivent être étroitement et rigoureusement contrôlés. Bien que cette conception puisse sembler bizarre, il est important de comprendre que c'est celle qui prédomine. »
Noam Chomsky et Robert Mcchesney, *Propagande, médias et démocratie*, Ecosociété, 2000.
[137] « Dans ces sociétés [occidentales contemporaines] tout philosophe politique des temps classiques aurait reconnu des régimes d'oligarchie libérale : oligarchie, car une couche définie domine la société ; libérale, car cette couche laisse aux citoyens un certain nombre de libertés. »
Cornélius Castoriadis, *Les carrefours du labyrinthe, VI, Le monde morcelé*, Paris, Seuil, 1990.

que la propagande a été conçue. En effet, elle consiste à faire intérioriser des choix politiques comme des nécessités évidentes et incontestables. La propagande doit aider à être « pragmatique » et à se méfier des « idéologies » qui désignent tous les autres choix politiques.

Ellul, juste après-guerre, avait finement analysé cette perversion dont la menace reste terriblement actuelle :

> L'état démocratique justement parce qu'il suppose l'expression de l'opinion publique et ne la bâillonne pas, doit si l'on tient compte de la réalité et non pas du rêve idéologique, endiguer et former cette opinion [...] Mais il y a plus : dans une démocratie, il faut associer les citoyens aux décisions de l'État. C'est là le grand rôle de la propagande. [138]

Ellul, précisait même que « devenue objet de propagande, la démocratie devient aussi totalitaire, aussi autoritaire et exclusive que la dictature. » [139]

La propagande et ses conséquences

La propagande rassure l'homme dans son quotidien face à son travail et un monde complexe en rejoignant les mythes fondamentaux du travail, du bonheur et du progrès :

> Il faut répondre à la question de l'homme qui travaille qui est soumis au régime de l'efficience : « l'efficience pour quoi ? ». Et cela sera affaire de propagande. [140]

> Plus les phénomènes politiques et économiques deviennent complexes, universels et accélérés, plus les individus se sentent et se veulent concernés (plus la démocratie dans un certain sens gagne), et par conséquent plus la propagande est nécessaire. [141]

> En propagande la vérité est payante... l'exactitude qui paie se situe au niveau des faits. Le mensonge nécessaire, et qui paie aussi, se situe au niveau des intentions et des interprétations. [142]

---

[138] Jacques Ellul, *Propagandes*, Colin, 1962, p. 143.
[139] *Ibid.*, p. 271.
[140] *Ibid.*, p. 165.
[141] *Ibid.*, p. 157.

Le public est en réalité prodigieusement sensible à l'actualité immédiate. Il se fixe immédiatement sur l'évènement spectaculaire qui exprime ses mythes (trois mythes fondamentaux de la société actuelle : les mythes du travail, du bonheur, du progrès). [143]

La propagande vise, non à faire penser, mais à faire agir :

Le but de la propagande moderne n'est plus de modifier les idées mais de provoquer une action [...] un acte de l'individu [144]

L'action rend l'effet de la propagande irréversible. Celui qui agit en fonction de la propagande ne peut plus revenir en arrière. Il est maintenant obligé de croire à la propagande en fonction de son action passée [145]

Quand le neveu de Freud introduit la propagande dans la démocratie.

Edward Bernays, neveu de Freud, a théorisé en 1928 la propagande dans une vision de la démocratie :

Notre démocratie ayant pour vocation de tracer la voie, elle doit être pilotée par la minorité intelligente qui sait enrégimenter les masses pour mieux les guider. [146]

La voix du peuple n'est que l'expression de l'esprit populaire, lui-même forgé pour le peuple par les leaders en qui il a confiance et par ceux qui savent manipuler l'opinion publique. [147]

Il a su utiliser la théorie freudienne du désir et l'analyse du langage pour l'appliquer au *marketing* d'entreprise et à la propagande politique qui deviennent, avec lui, une science :

Quand la foule ne peut calquer sa conduite sur celle d'un leader et doit se déterminer seule, elle procède au moyen de clichés, de slogans ou d'images symbolisant tout un ensemble d'idées ou d'expériences. Il y a quelques années, il suffisait d'accoler au nom d'un candidat politique le mot intérêts pour qu'instinctivement des millions de

---

[142] *Ibid.*, p. 66.
[143] *Ibid.*, p. 57.
[144] *Ibid.*, p. 37.
[145] *Ibid.*, p. 41.
[146] Edward Bernays, *Propaganda*, Zones (réédition 2017), p. 108.
[147] *Ibid.*, p. 92.

gens lui refusent leurs votes, tant ce qu'évoquait ce terme « intérêts » était associé à la corruption. Plus près de nous, le mot « bolchévique » a rendu un service du même ordre à ceux qui voulaient effrayer le grand public pour le détourner d'une ligne d'action. [148]

Travaillant, entre autres, au service d'entreprises comme celle qui allait devenir une des premières multinationales : *United Fruit Company*, il a convaincu les américains, par la publicité, de manger des bananes. Pour assurer les approvisionnements, il importait de contrôler les lieux de plantations... et, par des films de propagande, il a convaincu les citoyens américains qu'il était légitime de participer au Guatemala en 1954 au renversement d'un président pourtant démocratiquement élu.

Les effets de la propagande sont de détruire les communautés et la pensée autonome. La propagande prospère de ce délabrement :

La propagande ne peut pas grand-chose lorsque le groupe social n'est pas désintégré [149]

La propagande ne peut agir que dans une société individualiste.... On place cet individu dans une situation concrète déprimante et minorante et on le charge en même temps d'une responsabilité totale, écrasante. C'est dans ces conditions qu'une société individualiste est le lieu d'élection de la propagande. [150]

La propagande supprime le dialogue, celui qui est en face n'est plus un interlocuteur, c'est un adversaire. [151]

Comme l'a si précisément décrit Ellul dans les larges extraits que je me suis permis de reproduire, ainsi est la force de la propagande, qui insidieusement parvient à toucher ceux qui la servent comme ceux qui la subissent, transformant les seconds pour qu'ils finissent aussi par la servir.

---

[148] *Ibid.*, p. 62.
[149] Jacques Ellul, *Propagandes*, *op. cit.*, p. 22.
[150] *Ibid.*, p. 107.
[151] *Ibid.*, p. 236.

La propagande touche toutes les classes sociales.

La propagande n'est pas destinée aux moins cultivés d'entre nous. Tous peuvent être touchés. Le philosophe Paul Ricoeur a été séduit, dans le camp de travail en Allemagne où il a passé la guerre, par la propagande du maréchal Pétain :

> Je dois à la vérité de dire que, jusqu'en 1941, j'avais été séduit, avec d'autres — la propagande était massive —, par certains aspects du pétainisme. Probablement ai-je retourné contre la République le sentiment d'avoir participé à sa faiblesse.[152]

Ricœur, dans le cadre du cercle Pétain prononce ses premières conférences, au camp de travail. A partir de ces conférences, parait un texte, *Propagande et culture*, attribué à Paul Ricœur dans le premier numéro de la nouvelle série de *L'Unité française,* paru en avril-juin 1941, et qui commence par la publication d'un texte de Pétain, *De l'union nationale à l'unité française.* Le soutien de Ricoeur à Pétain s'effondrera en mai 1942. Le texte *Propagande et culture* est instructif en lui-même. Il est violent dans sa volonté de détruire toute critique : « C'est à l'État de promouvoir une éducation virile où les valeurs de caractère auront une place égale aux valeurs d'intelligence, où l'enthousiasme ne sera plus sacrifié à l'esprit dissolvant de la critique. ». Francois Dosse en résume ainsi l'essentiel :

> Celui-ci [Ricœur] plaide pour un « État fort » et fait l'éloge d'une culture dirigée, d'une propagande d'État qui doit se renforcer comme pouvoir pyramidal où tout vient d'en haut. Il défend en revanche une culture libre au sommet, mais réservée à l'élite sociale. À la base de la démonstration se situe donc une vision dualiste de la société, prise entre une culture populaire à encadrer et une culture d'élite marquée par la compétence et dont la mission est « d'orienter l'opinion. »[153]

---

[152] Paul Ricœur, *La Critique et la Conviction*, 1995, p. 31.
[153] François Dosse, *Paul Ricoeur*, La Découverte, 2008, p. 105.

Démocratie et bonheur matériel

Un des objets de propagande de nos démocraties libérales est le bonheur des individus. Or celui-ci semble étroitement lié aux biens matériels et à l'argent. La propagande défend que le but de conserver un gouvernement démocratique et le but du bonheur individuel sont compatibles et même se renforcent mutuellement. Pourtant certains affirment l'incompatibilité de la maximisation du bonheur individuel matériel, où l'argent tient une place centrale, avec la possibilité de conserver un mode de gouvernement véritablement démocratique :

> La liberté individuelle a-t-elle été vraiment le principe de la société libérale ? A voir les faits, on pourrait se demander si cette affirmation formelle de l'autonomie individuelle n'a pas eu pour fonction de justifier auprès des hommes une évolution qui tendait à la détruire.
> Le libéralisme a cru que le progrès de la liberté était lié à la volonté d'un bonheur qu'il ramenait à l'amélioration des conditions matérielles par le progrès technique. Mais un bonheur réduit au bien-être n'est pas une force de liberté ; le luxe a corrompu l'aristocratie des républiques antiques, le confort autant que la misère risque de corrompre les masses de la démocratie moderne. Le souci exclusif de leur bien-être enferme les individus dans un égoïsme qui livre les affaires publiques à une minorité d'ambitieux. L'obsession des intérêts matériels, voici la perte de la démocratie et l'état d'esprit que cultive la dictature. Le culte bourgeois du confort et de l'argent a préparé les masses à accepter l'État totalitaire. [154]

La propagande pour Ellul est le plus grand danger du gouvernement démocratique :

> Si la démocratie est une manière d'être fait de tolérance, de respect, de mesure, de choix, de diversité, etc., alors la propagande qui agit sur le comportement et sur les sentiments, qui les transforme en profondeur, fait de l'homme quelqu'un qui ne supporte plus la démocratie. [155]

---

[154] Bernard Charbonneau, *L'État*, Economica, 1949.
[155] Jacques Ellul, *op. cit.*, p. 272.

La démocratie et sa propagande sur la monnaie

Cette compréhension de la propagande trouve écho, selon moi, dans les pressions faites aujourd'hui pour que les citoyens acceptent que les marchés les dirigent et qu'ils leur abandonnent tout contrôle politique. Et ceci, grâce à un terme de propagande : les « marchés efficients ». Derrière cette expression se cachent les trois grands mythes de l'Homme que décrivait Ellul : le travail, le bonheur et le progrès. Les marchés permettent une nouvelle organisation du travail où l'Homme et la production sont orientés par les désirs de consommation. Ils sont supposés pouvoir maximiser le bonheur de tous. Ils permettraient que, par la concurrence, le progrès soit rapide et illimité. L'impact des marchés fait l'objet d'une controverse entre économistes du courant dominant et ceux de la théorie de la régulation. La propagande du marché efficient sera analysée en détail dans une de nos enquêtes ultérieures.

La monnaie est au cœur de ce discours de propagande des marchés efficients pour deux raisons. La première raison est que la monnaie doit permettre librement de tout acheter et tout vendre. La deuxième raison est qu'une monnaie elle-même est un objet comme un autre, vendu sur un marché libre. Pour ces raisons, les monnaies privées comme le *bitcoin* sont légitimes. Nous en verrons les conséquences sur les valeurs et fonctions de la monnaie à l'occasion d'une autre enquête sur le bitcoin.

L'usage de propagande du langage, comme de la monnaie, peut donc menacer l'autonomie qu'elle soit individuelle ou collective et cela au sein même de nos démocraties.

De quoi parle la monnaie et qui parle à qui ?

La monnaie parle du monde que l'homme qui l'utilise pour un échange veut construire.

Quand elle est largement acceptée, elle est puissante. La monnaie est écoutée parce que chacun sait qu'elle offre certaines **fonctions**.

Mais il arrive que certains refusent de faire affaire avec d'autres, comme dans le cadre du commerce équitable. La monnaie dans ce cas ne sert à dialoguer qu'avec ceux avec lesquels on partage des **valeurs**. Or, ces valeurs renforcent ou détruisent certains **modes de gouvernement**.

C'est pourquoi, pour préciser le langage de la monnaie, je propose une taxinomie décrivant les fonctions, valeurs et modes de gouvernement qu'on peut associer à certaines monnaies.

Résultat d'enquêtes : un besoin de taxinomie de la monnaie

De nos premières enquêtes apparait que notre interrogation initiale, apparemment simple, nous mène à de multiples questions sur la monnaie. La diversité des monnaies multiplie les analyses et la variété des points de vue montre que les hommes n'ont pas le même sentiment pour une même réalité observée. Pourtant, ne serait-il pas possible de procéder à une analyse systématique d'un ensemble de fonctions de la monnaie et de leurs effets sur les valeurs d'une société ?

Les économistes libéraux ont un schéma-type qui part d'une vision fonctionnelle de la monnaie. Ils lui reconnaissent trois fonctions économiques. **Réserve de valeur** qui permet de faire un achat ultérieur et de conserver la propriété privée, **unité de compte** qui permet d'exprimer la valeur de tous les biens et services et **intermédiaire des échanges** pour dépasser le troc.

L'origine du terme dans différentes langues témoigne de ces différentes fonctions. Les Romains emploient le mot *pecunia* (de *pecus*, richesse mobile qui donne aussi le bétail). L'hébreu *keseph* désigne à la fois le mouton et l'argent. Les Allemands font référence à la valeur de métaux rares[156] (l'allemand *Geld*, argent) alors que les Anglais, coutumiers de commerce de navigation, font référence à la circulation (l'anglais *currency* et aussi encore plus explicite chez David Ricardo le mot *circulation*).

---

[156] La monnaie « valeur » contient en elle-même un matériau « rare », « difficile à obtenir », « nécessitant du travail ». Les premières monnaies grecques sont fabriquées par des esclaves dans les mines d'argent du Laurion. L'espérance de vie des esclaves y est de quelques années. La drachme est alors une unité de temps de travail : 1 journée de travail.

Marcel Mauss reliait le fait que les fonctions de la monnaie puissent opérer à la confiance dans les marchés :

> Mais n'y a-t-il pas là un sentiment encore très vivace chez nous ? Et la vraie foi que nous nourrissons vis-à-vis de l'or et de toutes les valeurs qui découlent de son estimation, n'est-elle pas en grande partie la confiance que nous avons dans son pouvoir ? L'essence de la foi en la valeur de l'or ne réside-t-elle pas dans la croyance que nous pourrons obtenir, grâce à lui, de nos contemporains les prestations - en nature ou en services - que l'État de marché nous permettra d'exiger ?

Pourtant, la monnaie n'est pas qu'une somme de fonctions, elle est aussi un lien social et un instrument politique et religieux. Outre des fonctions, elle véhicule et permet de faire s'épanouir des valeurs.

Reconnaissant cette fonction politique, les Romains employaient aussi le mot *nomisma* (du grec νόμισμα, ce qui est « consacré par la loi »… la norme). La monnaie doit retranscrire les règles communes :

> L'étalon universel mesure toute forme de service rendu à son juste prix, c'est-à-dire la contribution de chaque citoyen au bien commun. Seul le juste prix protège la cohésion sociale. Il faut donc s'opposer aux changements de valeur dans les marchés. Car les dettes réciproques des citoyens et les dettes des citoyens vis-à-vis de la cité sont fixées par les statuts politiques et déterminées par le débat démocratique. La politique doit donc diriger la vie civile, ce qui implique de se garder de tout pouvoir arbitraire, dont celui de l'argent.[157]

Dans mon exploration des quelques monnaies dans notre première enquête, j'ai pu aborder ces monnaies dans leur contexte historique et leurs spécificités, tant selon leur usage que sur l'imaginaire qu'elles ont véhiculé.

La monnaie a des impacts qui paraissent plus directs et d'autres que nous qualifierons d'indirects. Elle a des impacts directs par ses fonctions d'échange, d'accumulation et des impacts indirects, car la monnaie instaure un dialogue entre les hommes grâce auquel ils opèrent sur et dans le monde. La monnaie est

---

[157] Michel Aglietta, *Monnaie et histoire. Les univers des monnaies métalliques jusqu'à la Première Guerre Mondiale*, op. cit.

réglementée quant à la place qu'elle prend et les limites qui lui sont imposées dans la société. A ce titre, l'institution-monnaie prend des colorations variées.

L'institution de la monnaie fixe certains modes de vie pour les hommes. Ces derniers peuvent cependant modifier, à tout moment, les règles de cette institution. La monnaie, dans ses usages, participe à modifier les valeurs partagées par la société qui finit par transformer ses institutions. L'institution qu'est la monnaie peut imposer des valeurs et formater les institutions et les individus jusqu'à ce que du « nouveau » fasse irruption dans la société, brise nos barrières mentales, change nos imaginaires et nos pratiques. Comprendre une monnaie passe par comprendre les usages qu'institue cette monnaie.

Au cours de trois années de thèse de philosophie[158], j'ai pu creuser l'analogie entre le langage et la monnaie. Dans une transaction où la monnaie apparait, il convient d'appréhender le contexte d'arrière-plan. Qui échange ? Quels sont les vécus et imaginaires de chacun ? Dans quel but échangent-ils ?

Qui parle avec le langage, dans quelle société et dans quel but ? Qui échange par la monnaie, dans quelle société et dans quel but ?

Le contexte d'arrière-plan est une dynamique puisqu'il préexiste mais peut être modifié. Le philosophe Castoriadis souligne qu'à la fois les institutions façonnent nos imaginaires, mais que nos imaginaires façonnent les institutions. Par exemple, nous avons vu que traduisant *logos* le mot *sermo* a bouleversé les « imaginaires » de certains chrétiens jusqu'à impacter l'institution de l'Église catholique.

Les imaginaires collectifs peuvent viser à modifier le monde. J'appellerai ci-dessous idéologie leurs énonciations sous forme de langage rationnel. Elle peut rester sans visées pragmatiques, et est souvent alors qualifiée d'utopie. Mais, lorsque les groupes sont suffisamment nombreux, décidés et actifs,

---

[158] Je me suis inscrit en thèse de philosophie de 2014 à 2017 et ce livre reprend certaines de mes recherches pour établir un concept de monnaie.

ils peuvent tenter d'opérer les modifications des institutions pour mettre en adéquation leurs imaginaires et le monde réel. Il y a alors tentative de faire coïncider le monde des imaginaires et le monde réel. Le résultat peut être un échec, que ce soit par impossibilité d'opérer tels ou tels changements dans le monde ou par manque de puissance des institutions.

Un changement collectif d'idéologie a agi sur le monde en bouleversant des institutions. Or, la monnaie est une institution. Il conviendra de repérer, dans les monnaies, en quoi ce double courant dynamique, de l'institution vers les imaginaires et des imaginaires vers les institutions, peut modifier les monnaies, voire même faire coexister des formes de monnaies contradictoires.

Pour mieux comprendre les transactions variées pour différentes monnaies dans des sociétés différentes, j'ai construit une taxinomie de la monnaie.

Une classification permet de comprendre les variétés existantes. Aristote, en faisant les premiers pas d'une classification du monde animal, généralisée au XIXᵉ siècle, a permis d'établir un classement rigoureux des espèces, et ainsi de mieux les connaître. J'ai pratiqué de même pour établir des caractéristiques permettant de classer les monnaies.

Cette classification a pour but de mieux comprendre les usages des différentes monnaies dans un large contexte d'arrière-plan qui précise l'organisation des pouvoirs de la société dans laquelle elle opère et les objectifs de monde à construire que les hommes partagent (valeurs). Ma taxinomie est le fruit d'une approche philosophique de type pragmatique[159] suite aux enquêtes présentées dans

---

[159] Le philosophe John Dewey appartient au courant dit pragmatisme attentif aux effets par l'action de nos idées et aux résultats observables. Il propose d'établir un lien entre les idées et les actions, fondé à la fois sur l'intuition et sur l'étude et la vérification de cette idée. Il croit que les hommes doivent se doter d'une unité de buts et d'intérêts. Dans cette fin du XIXᵉ siècle, il se préoccupe de vivifier la démocratie américaine, et conçoit une méthode d'enquête pour que les citoyens se saisissent à nouveau de questions collectives : l'enquête est un combat auquel participe le chercheur avec les citoyens pour résoudre nos problèmes de société.

ce livre. Au fil des enquêtes suivantes, le lecteur pourra valider l'apport de cette classification et en mesurer les limites.

Le même échange peut être réalisé par le biais de différentes monnaies, comme une même monnaie peut générer des échanges profondément différents. Le classement des monnaies doit permettre de les comparer et d'en spécifier les caractéristiques majeures. Il doit permettre une intelligibilité de toutes les formes de monnaie, « alternatives » ou non, qui existent aujourd'hui. Les hommes qui échangent des *bitcoins* et ceux qui échangent à Toulouse la monnaie locale, le Sol, ont des modes de vie, des façons de penser et de voir le monde profondément différents.

Ma première tentative de taxinomie date de mon mémoire de master de philosophie sur les concepts de monnaie et de risque[160]. Depuis elle a été remaniée plusieurs fois[161] en particulier au fil de mes collaborations avec Pierre-Yves Longaretti et avec Jean-Michel Servet, spécialiste des monnaies alternatives.

Les fonctions et valeurs se retrouvent, sans être toujours explicites, dans la littérature économique et philosophique. Par exemple, les fonctions de la monnaie ont déjà été étudiées par Aristote, et notamment le conflit entre la fonction d'échange et la fonction d'accumulation. Les valeurs sont interrogées régulièrement en focalisant sur celles qui semblent poser question dans les sociétés. Nous pouvons citer Simmel qui a considéré que l'argent détruit les communautés puisque la relation entre les hommes devient une relation entre les choses conduisant à

---

[160] Denis Dupré, « Les concepts de monnaie et de risque *», mémoire de mastère de philosophie*, Université de Grenoble, 2014.

[161] Denis Dupré et Pierre-Yves Longaretti, « Fonctions, valeurs et leviers d'une monnaie complémentaire pour une transition à la durabilité territoriale », *communication à la Journée d'études Innovations monétaires*, Grenoble, CREG, Université Pierre Mendès-France, 19 mars 2014.
Denis Dupré, Pierre-Yves Longaretti et Jean-Michel Servet, « Fonctions valeurs et leviers d'une monnaie alternative pour une transition à la durabilité territoriale », 5e congrès de l'Association Françoise d'Economie Politique (AFEP) - L'économie politique de l'entreprise: nouveaux enjeux, nouvelles perspectives, Lyon, 1 au 3 juillet 2015, [en ligne], [https://hal.archives-ouvertes.fr/hal-01163553v2], (5 février 2015).

l'aliénation. La valeur est au cœur de son analyse puisque « l'argent n'est rien d'autre que la relativité des objets économiques, incarnée dans une figure spéciale et signifiant leur valeur »[162]. Mais Marx a été plus loin[163] : en analysant le processus de production, il a observé qu'à la part du travail dans la valeur s'ajoute, pour former le prix, une part injustifiée pour le capital. Cette part injustifiée est celle qui excède l'investissement nécessaire à la prolongation du processus de production.

Certains économistes cependant évacuent la nécessité de lier monnaie et valeurs. Les valeurs ne sont pas prises en compte par ceux qui croient en la monnaie comme en un « voile neutre ». Dans cette perspective, la monnaie n'influe pas sur les valeurs que défendent les individus et la société. Seul existerait un lien « monnaie-objet ». Ceci est un point de contestation pour des économistes hétérodoxes[164] qui considèrent, eux un double lien, celui « valeur-monnaie » et celui « objet-monnaie ». Selon eux, les valeurs affectent la monnaie comme la monnaie affecte les valeurs (nous verrons plus loin la position du philosophe Sandel qui souligne ce phénomène). Le marché d'échange se consacre au lien « monnaie-objet ». Le politique se consacre au lien « valeur-monnaie ». Ceci explique que pour certains, il ne doit pas y avoir de politique dans le monde des affaires.

Il existe cependant, quand nous parlons de valeurs, une subtilité à souligner. Les valeurs sont neutres contrairement à ce que l'on pense généralement. Mais elles peuvent être valorisées positivement ou négativement suivant les individus ou les sociétés : « Les valeurs sont des "perspectives" nous a appris Nietzsche, et comme telles dépendantes du jugement. » [165] C'est la valorisation des valeurs qui indique les positions idéologiques.

---

[162] Georges Simmel, *Philosophie de l'argent*, PUF, 1987, p. 113.

[163] Marx ajoute une valeur oubliée par Aristote dans sa société grecque où les esclaves font la grande part des tâches : la valeur **juste rémunération du travail** cristallise le motif de la lutte des classes. En effet, le travail n'est pas rémunéré entièrement puisqu'une fraction de la valeur est prélevée, non pour le réinvestissement dans l'outil production, mais à la discrétion d'utilisation par les détenteurs du capital.

[164] Au-delà de l'utilité des objets, c'est la puissance collective de la société qui guide les désirs individuels. Lire : André Orléan, *L'empire de la valeur. Refonder l'économie*, Le Seuil, 2011.

Aussi, chaque critère de ma taxinomie peut exister ou non. Par exemple, l'utilisation de la monnaie pour des jeux et des paris (la spéculation) est possible pour le *bitcoin*, mais impossible pour une monnaie locale comme le Sol de Toulouse.

Aussi, chaque critère de ma taxinomie peut être valorisé positivement ou négativement selon la monnaie. Ainsi, la possibilité de parier est valorisée positivement par les utilisateurs du *bitcoin* et négativement par les utilisateurs de monnaies locales.

Ma taxinomie fait apparaitre les fonctions traditionnelles des économistes concernant la monnaie : **échange**, **épargne**, **moyen de paiement**. Nous ajoutons à ces fonctions traditionnelles, celle d'être un support de spéculation. Il parait logique que soit prise en compte cette fonction qui représente, pour les produits financiers dont c'est la vocation, aujourd'hui 700 000 milliards de dollars[166], soit des engagements bien supérieurs à la valeur des actifs eux-mêmes.

Ma taxinomie fait apparaitre des valeurs collectives et des valeurs individuelles. Les valeurs sont politiques, sociales et écologiques.

La valeur de **rémunération juste du travail** apparait quand l'utilité sociale du travail rendu est estimée par les citoyens et non uniquement par l'offre et la demande de compétences sur un marché du travail.

La valeur de **liberté de propriété** est une question largement abordée par toute la tradition philosophique depuis l'Antiquité, en passant par les Pères de l'Église et les philosophes du Moyen Âge comme par exemple saint Thomas d'Aquin, jusqu'aux philosophes modernes comme Hobbes ou Spinoza. Pour le

---

[165] François Jullien, *Ressources du christianisme, op. cit.*, p. 26.
[166] Les paris financiers utilisent des produits comme les *Credit Default Swaps* (CDS) ou les options, de fait tous les produits appelés « dérivés » puisqu'ils ne sont plus des actifs mais des engagements spéculatifs qui prennent comme référence de leur pari le prix de l'actif, sans que jamais aucun des parieurs ne détienne l'actif.
Voir : Denis Dupré et Emmanuel Raufflet, « L'enseignement de l'éthique en finance six ans après la crise : constats et perspectives françaises ». *Ethique Publique*, vol. 16, n°2, décembre 2014, p.11-30.

protestant Locke, la liberté de propriété ne peut être dissociée des devoirs réciproques d'assistance de chacun envers autrui ce qui conduit le « capitaliste frugal » à employer le travailleur sans terre en lui donnant le juste fruit de son travail. Mais, sans cette contrainte, le droit de propriété véhicule la possibilité de chrématistique et d'exploitation. Si le « capitaliste frugal » assure un droit de propriété avec des limites pour garantir la **rémunération juste du travail**, le « propriétaire dépensier », selon les termes de Locke lui-même, est un exploiteur en puissance.

La valeur **sociabilité** peut être favorisée par la communauté lors de l'utilisation de la monnaie. Une monnaie d'échange peut être créatrice de lien social. L'échange de biens peut avoir une composante de relation sociale et la monnaie peut en être un facilitateur. Certaines monnaies peuvent chercher à ce que les plus pauvres ne soient pas exclus de la société où ils vivent. Une monnaie tournée vers la spéculation peut au contraire détruire des liens dans une société.

La valeur d'**empathie entre le créancier et le débiteur** correspond à des remises de dette adaptées aux aléas de fortune du débiteur et des projets qu'il a financés en s'endettant[167]. Il ne faut pas oublier que 90% de la monnaie est une créance de dette sur un débiteur qui passe de la main d'un créancier à un autre sous forme de monnaie.

La valeur **création monétaire comme bien commun**. Plus généralement, c'est la valeur « bien commun » de la monnaie qui peut être posée

---

[167] A cet égard, le mot "empathie" est parfois insupportable à propos de la dette. A propos de l'enquête qui concerne cette question, celui qui était directeur de la thèse que j'avais entreprise, m'avait souligné qu'il avait été victime lui-même de problème de non remboursement de dette et qu'il jugeait aussi intolérable que la dette grecque ne soit pas remboursée à la France. Deux commentaires, rédigés par lui à propos de ce chapitre, révèlent la sensibilité sur cette question. « Il me semble utopique de vouloir inscrire l'empathie dans une relation contractuelle d'intérêts réciproques, relevant du régime moral de la promesse et par conséquent d'un engagement ferme sur l'avenir qui exclut (autant que possible) la non-exécution de la promesse ». « Mais enfin, un endettement est un contrat entre deux parties. L'empathie n'est pas essentielle au contrat. Et elle peut s'ajouter pour chacune des parties les mauvais payeurs rincent leurs créanciers : lisez Balzac, par ex ! Le pauvre père Goriot ».

par certaines monnaies. Une monnaie locale peut être pensée dans ses implications locales et ses règles édictées par la communauté. Formuler la volonté d'un groupe d'égaux de se gouverner soi-même y compris par la gestion de la monnaie, c'est aussi affirmer cette volonté, en groupe, de mettre une monnaie au service d'un territoire et de ceux qui y vivent. La décision de création monétaire comme bien commun est par exemple le fait que le crédit soit décidé par la communauté. Dans ce sens, Gaël Giraud affirme la nécessité des deux leviers financiers principaux de la monnaie : « la liquidité et le crédit devraient être organisés à la manière de communs »[168].

La valeur de **seigneuriage comme bien commun**. Lors de l'émission de monnaie, c'est celui qui frappe monnaie qui bénéficie de services contre la monnaie qu'il vient de fabriquer. Lorsque la monnaie est fabriquée par une personne privée, comme pour le *bitcoin*, c'est cette personne privée et non la communauté qui s'approprie le seigneuriage.

La valeur d'**autonomie individuelle**. Certaines monnaies favorisent, d'autres non, les projets individuels d'autonomie.

La monnaie et la valeur **autonomie collective**. Certaines monnaies favorisent, d'autres non, les projets collectifs d'autonomie.

La valeur de **résilience du territoire** consiste à favoriser l'autonomie des territoires. Un territoire trop dépendant du reste du monde est fragile pour la communauté qui y vit si le système mondial dont il est un maillon se grippe. Or, la spécialisation des pays est prônée depuis l'époque de Ricardo[169] pour assurer un enrichissement maximal. Les économistes hétérodoxes[170] soulignent les dégâts, tout particulièrement du côté des pays pauvres, auxquels a conduit la généralisation de

---

[168] Gaël Giraud, *Illusion financière, op. cit.*, p. 143.

[169] David Ricardo et Jean-Baptiste Say, *Des principes de l'économie politique et de l'impôt*, H. Dumont, 1835.

[170] Lire John Galbraith, *Economie hétérodoxe*. Seuil, 2007.

telles pratiques. La résilience vise un degré d'indépendance alimentaire et énergétique suffisant pour assurer les besoins élémentaires des populations. Cela peut être un objectif d'une monnaie locale.

La valeur de **production responsable**. Certaines monnaies favorisent une production écologiquement et socialement responsable. Certaines monnaies favorisent une écologie territoriale qui vise le développement de filières écologiques et la préservation des écosystèmes.

La valeur de **consommation responsable.** Certaines monnaies favorisent une consommation écologiquement et socialement responsable.

Mais l'originalité de ma taxinomie est d'ajouter une troisième dimension aux deux premières dimensions (fonctions et valeurs) : le mode de gouvernement. En effet, le gouvernement de la société est une institution qui soutient, et est soutenue par, les imaginaires des gouvernés. Le lien entre gouvernement et valeur est fondamental à étudier. Et puisque notre question est de comprendre comment la monnaie favorise ou détruit les projets d'autonomie, nous classerons les gouvernements suivant deux régimes qui les favorisent ou les empêchent : un mode appelé « autonomie » et un mode appelé « hétéronomie ». Ils doivent répondre à la question : Qui sont ceux qui font les lois ? Ainsi, dans ma taxinomie, dans le mode de gouvernement en autonomie, tous doivent participer à faire les lois. En mode hétéronomie, cela peut être la loi des dieux, la loi d'un seul, la loi de quelques hommes ou la loi du marché.

Ma taxinomie de la monnaie

	Critères	
FONCTIONS	Echange	
	Accumulation / Epargne / Financement	
	Moyen de paiement	
	Spéculation	
FORME DE GOUVERNEMENT	hétéronome	Un ou des Dieux
		Marché libre
		Un homme
		Quelques hommes
	autonome	Tous
VALEURS Politiques. Sociales. Ecologiques.	Liens entre les dieux et le pouvoir sur terre	
	Rémunération juste du travail	
	Liberté de propriété	
	Sociabilité	
	Empathie créancier-débiteur	
	Création monétaire comme bien commun	
	Seigneuriage comme bien commun	
	Autonomie individuelle	
	Autonomie collective	
	Résilience du territoire	
	Production responsable	
	Consommation responsable	
	Cupidité	

La classification d'Aristote des modes de gouvernement m'a été fort précieuse. Mais dans cet ouvrage, nous n'étudierons la monnaie que dans deux formes de gouvernement.

Dans la partie 2, nous envisagerons de la forme de gouvernement autonome dans laquelle certains, comme moi, souhaiteraient vivre.

Dans la partie 3, nous traiterons de la forme de gouvernement du marché libre dans lequel nous vivons.

Partie 2

-

La monnaie de l'autonomie collective

Nous venons d'enquêter sur quelques monnaies anciennes. Nous avons cherché à préciser ce que peut bien vouloir dire autonomie collective.

Enfin, la monnaie comme langage nous a permis de proposer une taxinomie des monnaies en adéquation avec les premières monnaies étudiées.

Nous nous interrogeons maintenant sur la possibilité d'autonomie d'une collectivité et de son lien avec la monnaie. A quelles conditions les dettes participent-t-elles à gêner ou favoriser l'autonomie d'une collectivité ? Quelles règles doivent adopter des monnaies locales qui visent à faciliter l'autonomie collective ?

Enquêtons.

Enquête 4 : Quel est l'impact de la monnaie dette sur l'autonomie ?

L'enquête 4 reprend un certain nombre de points d'une précédente enquête menée collectivement. En 2012, un groupe de protestants d'Orange[171] m'avait invité pour participer à un cycle de conférences intitulé *L'économie pour l'homme ou l'homme pour l'économie*. J'ai par la suite rejoint le groupe *Bible et Economie* à l'initiative de ces réflexions et nous avons en 2013 réfléchi à question de la dette. Nous avons enquêté pendant deux ans en nous retrouvant par la magie d'internet et de façon bien conviviale à l'occasion de deux week-ends. Il est intéressant d'observer l'effet de l'enquête collective. Au début, les avis de chacun étaient tranchés et allaient de « il faut payer la dette, un point c'est tout » à la question ouverte « Faut-il toujours payer la dette ? ». Puis au fil de nos lectures et échanges, nous avons peu à peu convergé vers une position partagée que nous avons publiée dans la revue *Économie et Sociétés*.[172]

Lorsque l'on étudie la monnaie et ce qu'en disent les spécialistes, il apparait vite que, quand elle est une dette, la monnaie peut être problématique. L'argent-dette[173] (*Money as Debt*) est un documentaire du canadien Paul Grignon qui traite du crédit et de la création monétaire. Fin 2009, il avait été vu par plus de deux millions de spectateurs et traduit en au moins 14 langues. L'histoire simple qui y est racontée est la raison de son succès. La différence de taux entre rémunération des dépôts et des prêts a commencé à faire la rémunération du banquier privé. Puis, le banquier privé a commencé à prêter plus que le montant d'or qu'il avait en dépôt.

---

[171] Annick Blanc, René Blanc, Denis Dupré, Véronique Dupré, Dominique de France, Alain Granier, Martine Kentzinger, Francis Marchal, Caspar Visser 't Hooft, dans le cadre du groupe de réflexion « Bible et économie ». Site : http://www.bible-et-economie.com/.

[172] Denis Dupré, Caspar Visser't. Réflexions sur la gestion de la dette : Des textes fondateurs à la crise actuelle. *Entreprise & société*, Classiques Garnier, 2017, 2017-1 (n° 1), pp.223-243.

[173] Voir sur https://www.youtube.com/watch?v=kgA2-bWXSN4

Le phénomène de retrait massif, appelé panique bancaire, a conduit à limiter les montants prêtés (réserve fractionnelle) : le banquier devait conserver au moins un dollar en or pour dix dollars prêtés.

Aujourd'hui c'est majoritairement la dette qui crée le dépôt. Quand un client vient voir son banquier pour se faire prêter de l'argent, ce dernier, sans nécessité d'avoir de l'argent disponible, crédite son compte du montant du crédit et ainsi le client peut émettre un chèque. Ce chèque est de l'argent dette. Si le client rembourse le crédit, la banque gagne les intérêts ; sinon la banque perd un montant qu'elle n'avait pas et qu'elle va devoir trouver soit dans ses bénéfices, soit en empruntant elle-même ce montant. Si elle ne peut le faire, elle fait faillite car cet argent prêté n'avait pas été apporté préalablement par les actionnaires.

En 2017, l'économiste Michel Aglietta[174] précisait que la monnaie n'est pas une marchandise et, contrairement à la théorie dominante standard, il affirmait « la caractéristique de la monnaie est un lien social fondamental […] Une grande partie des échanges sont des échanges par dette […] et il faut une confiance dans une entité qui permet au système des dettes dans le temps de ne pas s'effondrer. [..] Toute monnaie est une dette. ».

Cependant toute monnaie n'est pas une dette. La monnaie matière, même si sa valeur est attachée soit au désir mimétique soit à une confiance fétichiste … n'est pas de l'ordre de la dette. Prenons le cas de la drachme antique athénienne, qui était produite dans les mines du Laurion. Lorsqu'a été décidée collectivement son utilisation pour financer les navires de guerre, personne ne s'était retrouvé ultérieurement endetté pour financer cette guerre. La drachme était alors le meilleur substitut universellement accepté des échanges. Son acceptation et sa valeur résistaient au temps. Cet attachement était aussi religieux puisque dans les

---

[174] Money, money, money (4/4), Dettes, fonds vautours, crises financières : La monnaie, mère de tous nos maux, Cultures-Monde, Florian Delorme, *France Culture*, 4 avril 2017.

périodes fastes les Athéniens recouvraient la statue de leur déesse Athéna de cette noble matière qu'était à leurs yeux l'argent.

Les monnaies papiers et virtuelles sont de l'ordre de la dette. Aujourd'hui, la monnaie papier, vaut au moins le prix de sa matière : le papier. La monnaie électronique, elle a une valeur matière nulle.

La création de monnaie est réalisée par les banques centrales et par les banques privées puisque ces dernières n'ont à avoir en dépôt de clients qu'une faible fraction de l'argent qu'elles prêtent. Quand les banques centrales appartiennent aux états, la création de monnaie n'est pas une dette mais un acte de souveraineté : « Nous avons décidé de fabriquer de la monnaie et l'avons prêtée ou dépensée ». Mais si les banques centrales sont privées, ce qui est le cas de la FED, la banque centrale des Etats-Unis, alors la monnaie créée a un tout autre statut puisque son usage n'a pas obligation à viser le bien commun.

Nous pouvons donc convenir, qu'aujourd'hui, 90% de la monnaie est de la monnaie-dette. Qu'implique cette notion de monnaie-dette dans les valeurs et les fonctions de la monnaie ?

Le rapport créancier-débiteur est historiquement source de nombreux conflits. Les textes anciens, du code d'Hammourabi aux textes de l'ancien testament dans la Bible, rapportent des tentatives de pacification de ces relations et tentent de proposer des principes de bonne conduite. Ces textes peuvent-ils encore nous aider dans une finance moderne ? L'emprunteur est aujourd'hui soit un particulier, soit une entreprise soit un état. Lors de mauvaise fortune du débiteur, comment définir les bonnes pratiques modernes de ce rapport créancier-débiteur ? Pour les particuliers, ce pourrait être un juste remboursement sans esclavage. Pour les entreprises, ce serait éviter le taux fixe et l'abus d'effet de levier conduisant aux mises en faillite économiquement inefficaces et injustifiées. Enfin, pour les états, il importerait d'assurer la protection des biens communs.

Le cycle dette-violence

La dette est un rapport, une relation, un face-à-face entre créancier et débiteur. L'exigence éthique n'est peut-être pas une nécessité ontologique bien qu'Aristote, Spinoza, Hume et Nietzsche le contestent. Cependant l'éthique peut poindre du face-à-face de la rencontre des visages. Pour éviter ce face-à-face, des intermédiaires, comme les huissiers par exemple ou les modernes financiers gestionnaires de « fonds vautours », font souvent la besogne d'exiger la dette pour éviter au créancier une confrontation directe avec son débiteur car « voir un visage, c'est déjà entendre : "Tu ne tueras point." »[175]

La monnaie-dette est apparue, il y a 5000 ans en Mésopotamie, sur des « tablettes d'argile où l'on inscrivait une obligation de paiement futur, puis que l'on scellait à l'intérieur d'enveloppes d'argiles marquées du sceau de l'emprunteur. Le créancier conservait l'enveloppe en garantie ; au moment du remboursement, on l'ouvrait en brisant le sceau. » [176]. Puis ces tablettes, reconnaissances de dette, ont circulé, devenant instruments négociables. Quand le premier créancier a donné sa tablette pour acheter un bien et quand le nouveau détenteur de la créance a mis son sceau sur l'enveloppe, l'enveloppe d'argile est devenue monnaie. La "dette" devient "monnaie" du fait que le débiteur accepte que sa dette soit réclamée ultérieurement par toute autre personne que son premier créancier.

La monnaie aujourd'hui est à 90% de la dette fabriquée par les banques privées. Cela étonne toujours car on pense que la banque compte sur nos dépôts pour prêter de l'argent : « les dépôts feraient les crédits ». Ce n'est vrai que dans 1 cas sur 10. Dans les autres cas, « les crédits font les dépôts ». En pratique, la banque dit à son client : « *Je vous prête 100 et je les dépose sur votre compte de dépôt. Vous pouvez utiliser un chéquier, plus pratique qu'un billet, qui permet de payer*

[175] Emmanuel Levinas, *Difficile liberté*, 1951, p21.
[176] David Graeber, *Dette: 5000 ans d'histoire*, Éditions Les Liens qui libèrent, 2013, p 263.

n'importe qui pour des montants jusqu'à 100 ». Si tous les clients venaient demander leur dépôt en espèces, la banque ne pourrait en honorer qu'un montant de l'ordre de 5%. Elle devrait alors se tourner vers la banque centrale qui pourrait lui fournirait les billets en faisant tourner « la planche à billets ».

Réfléchir sur la monnaie c'est donc réfléchir sur la dette, sur les dettes.[177]

Dans cette réflexion, nous pouvons suivre deux pistes. D'une part, différencier les emprunteurs : les particuliers, les entreprises (prêts commerciaux) et les États. D'autre part, nous pouvons nous interroger sur les buts avoués ou inavoués du créancier : un but d'aide ou un but de domination, et ceci que l'emprunteur soit un particulier, une entreprise ou un État. C'est pourquoi nous questionnerons le crédit sur la valeur d'empathie entre le créancier et le débiteur.

Empathie ou égoïsme des créanciers envers les emprunteurs

	Particuliers	Entreprises	États
Empathie du créancier	Le crédit est consenti tout d'abord pour « aider ». Le créancier remet éventuelle une partie de la dette en cas de mauvaise fortune pour le débiteur.	Le crédit est réalisé pour partager les éventuels profits avec celui qui apporte son travail.	Un taux majoré prend en compte le risque de faillite. Le crédit est en adéquation avec les possibilités futures de remboursement de l'État. Une remise d'une partie de la dette assure à l'État défaillant un service minimal des citoyens.
Egoïsme du créancier	Le crédit est consenti tout d'abord pour « s'enrichir ». Si le remboursement n'est pas possible, la saisie des biens et l'esclavage sont les conséquences.	Le crédit est réalisé en exigeant un taux fixe indépendant des profits générés par l'activité. L'arrêt de l'activité par la faillite est exigé lorsque ce taux de rendement n'est pas atteint.	Un taux majoré prend en compte le risque de faillite. Le crédit peut dépasser les possibilités futures de remboursement de l'État. Il n'y a pas de remise de dette mais privatisation des biens communs et suppression des dépenses de l'État défaillant pour rembourser les créanciers

---

[177] Lire : Michel Aglietta, Pépita Ould Ahmed et Jean-François Ponsot, *La monnaie entre dettes et souveraineté*, Odile Jacob, 2016.

Les dettes des particuliers : juste remboursement sans esclavage

Tout homme est un être d'échanges, de besoins mais aussi de désirs. Un prêt à un particulier peut être motivé par une aide ; le créancier aide son voisin.

Ainsi dans la Bible, le créancier peut apporter l'aide à l'image de son Dieu qui a aidé son peuple à sortir de l'esclavage en Egypte : « *Car ce sont mes serviteurs, que j'ai fait sortir du pays d'Égypte ; ils ne seront point vendus comme on vend des esclaves. [...] Si ton frère devient pauvre, et que sa main fléchisse près de toi, tu le soutiendras ; tu feras de même pour celui qui est étranger et qui demeure dans le pays, afin qu'il vive avec toi.* » [Lévitique 25, v42 et 35]. Sont énoncées des règles éthiques au sens du bien vivre ensemble, des règles qui assurent la sécurité pour tous : « *Mettez mes lois en pratique, observez mes ordonnances et mettez-les en pratique, et vous habiterez en sécurité dans le pays* » [Lévitique 25, v18].

Selon le Coran, l'accès au Paradis pour le fidèle dépend de ses bonnes actions pour aider ses frères en difficulté. La nécessité impérieuse d'aider les plus pauvres doit structurer la société, d'autant que l'accumulation des richesses, dont le prêt est une possibilité, éloigne de Dieu. Ces commandements proviennent directement de la Sourate LXIV du Jugement Dernier du Coran : « *15. Vos richesses et vos enfants sont votre tentation pendant que Dieu tient en réserve une récompense magnifique. 16. Craignez Dieu de toutes vos forces ; écoutez, obéissez, faites l'aumône (sadaqa) dans votre propre intérêt. Celui qui se tient en garde contre son avarice sera heureux.* ».

Pour autant, le créancier ne fait pas un don. Il compte être remboursé parce qu'il aura peut-être besoin de cet argent ou parce qu'un tiers pourrait aussi avoir besoin de son aide ultérieurement. S'il n'est pas question d'intérêt, le remboursement de la dette va de soi. Dans ce cas l'emprunteur, s'il ne peut rembourser, aura un sentiment de culpabilité[178]. Parallèlement, l'autonomie du sujet moral créancier permet à ce dernier d'être responsable devant son choix d'exiger la dette ou de remettre cette dette en cas de mauvaise fortune du débiteur[179] car « *l'autonomie de la volonté est l'unique fondement d'une morale authentique, un impératif catégorique qui ne commande rien d'autre que cette autonomie. Le sujet moral kantien est ainsi défini par la suffisance d'une raison qui a le pouvoir de donner la loi. La raison fondatrice de la loi morale permet de faire l'économie de toute autorité extérieure.* »[180]

Mais les prêts aux particuliers peuvent être motivés par le désir du créancier de posséder à terme tous les biens de l'emprunteur. Il est alors créancier asocial, sous une forme bien particulière d'affirmation de la volonté de puissance, à la façon du surhomme de Nietzsche. En effet, la dette peut permettre une cupidité sans limite. Alors que je ne peux pas empiler la nourriture pour des années parce que cette dernière est périssable et difficile à conserver, les reconnaissances de dettes de mes voisins sont des stocks imputrescibles et s'ils ne peuvent honorer leurs dettes, je peux les mettre à mon service comme esclaves ou confisquer leurs propriétés.

Pour éviter les dérives de la cupidité sans limite que permet une dette démesurée, ont dû être adoptées par les premières sociétés humaines des règles et des lois. Car l'esclavage pour dette n'est au service que d'un individu. Ce qui le rend, par exemple pour les cités grecques, bien différent de l'esclavage lié à la guerre qui est au service de l'État victorieux en lui donnant un moyen de financer la guerre et d'augmenter la force de travail de la cité. Au contraire, l'esclavage pour dette affaiblit le pouvoir central au profit de personnes privées dont la puissance concurrence le pouvoir politique collectif :

> L'institution de l'esclavage permet déjà au riche de devenir un maître, elle lui permet de commander à certains hommes ; l'esclavage pour dettes fait plus, permettant au

---

[178] On sait que le mot allemand *Schuld* signifie à la fois dette et faute
[179] Ceci est contesté par les théories éthiques comme l'utilitarisme ou les doctrines de la vertu.
[180] Nathalie Sarthou-Lajus, *L'éthique de la dette*, P.U.F, 1997, p. 43.

riche de réduire à sa merci, outre des étrangers d'origine captive ou achetés, les membres mêmes de sa propre communauté, les plus pauvres ou les plus faibles.[…] Le sujet du Roi ou le citoyen d'une cité, s'il tombe en esclavage, n'est plus ni sujet ni citoyen. L'esclave n'a qu'un seul maître. Il ne paye pas d'impôts et ne doit pas le service militaire. À chaque fois qu'un homme libre est réduit en esclavage, le pouvoir y perd une source de revenu fiscal et un soldat. L'esclavage pour dettes et la vente, de soi ou d'apparentés, en esclavage sont en eux-mêmes une cause d'affaiblissement du pouvoir central. […]Les États, dans leur majorité, n'ont pas permis que les membres libres de la communauté puissent être réduits en esclavage et ainsi soustraits à leur autorité. [181]

Pour tenter d'enrayer la mise en esclavage en Mésopotamie il y a 4000 ans, les ordonnances royales pour libérer les endettés se sont succédées. Le plus vieux texte de loi du monde, le Code de Hammurabi - daté de 1700 ans avant notre ère - énonce des limites claires pour empêcher que les créanciers saisissent les moyens d'autonomie de leurs débiteurs :

Le créancier ne peut prendre de l'orge dans la maison du débiteur sans son consentement (art. 113), pas plus qu'il ne peut saisir un bœuf (art. 241), ce qui implique que l'on ne peut prendre ni ses moyens de travail, ni ceux de sa survie. Le créancier peut seulement saisir une personne, le débiteur peut-être, en tout cas sa femme, ses enfants ou un de ses esclaves (art. 115, sq.). Il est clair que, sauf bien sûr le dernier, ces gens ne sont pas dans la condition d'esclave : non seulement parce qu'ils seront automatiquement libérés au bout de trois ans, comme le dit l'article 117, mais aussi parce que, s'ils meurent dans la maison du créancier en raison de mauvais traitements qu'il leur aura infligés, le créancier le paiera de la mort d'un des siens, de la mort de son fils si c'est le fils du débiteur qui est mort (art. 116). [182]

Les prescriptions des Hébreux relatives à la dette permettent, il est vrai, que l'endetté originaire « des nations étrangères » puisse être asservi à tout jamais, acheté et possédé en toute propriété, transmis en héritage [Lévitique 25, v44-46] Mais les « fils d'Israël » sont, comme les sujets du roi d'Hammourabi, traités comme des « frères » : « *Si ton frère devient pauvre près de toi, et qu'il se vende à toi, tu ne lui imposeras point le travail d'un esclave. [...] Il sera chez toi comme un mercenaire, comme celui qui y demeure ; il sera à ton service jusqu'à l'année du jubilé. [...] Il sortira alors de chez toi, lui et ses enfants avec lui, et il*

---

[181] Alain Testart, Importance et signification de l'esclavage pour dettes. In: *Revue française de sociologie*. 2000, 41-4. pp. 609-641.

[182] *Id.*

retournera dans sa famille, dans la propriété de ses pères. [...] Tu ne domineras point sur lui avec dureté, et tu craindras ton Dieu.» [Lévitique 25. 39-41 et 43].

Pour laisser les moyens de l'autonomie future au débiteur, il ne faut toucher ni à sa nourriture qui lui est nécessaire tous les jours ni à son outil de travail qui lui permet de vivre. Ainsi la terre ne peut se vendre, car elle appartient à la famille et sa descendance. Seules sont vendues les récoltes et seulement jusqu'au jubilé : *« Les terres ne se vendront point à perpétuité; car le pays est à moi, car vous êtes chez moi comme étrangers et comme habitants. [...]Plus il y aura d'années, plus tu élèveras le prix ; et moins il y aura d'années, plus tu le réduiras ; car c'est le nombre des récoltes qu'il te vend.* [Lévitique 25, v15 et 23].

Ainsi, il faut limiter le poids de la misère du débiteur en le libérant par le jubilé et en ne profitant pas du rapport de force : *« Et vous sanctifierez la cinquantième année, vous publierez la liberté dans le pays pour tous ses habitants : ce sera pour vous le jubilé ; chacun de vous retournera dans sa propriété, et chacun de vous retournera dans sa famille. [...] Tu ne tireras de lui ni intérêt ni usure, tu craindras ton Dieu, et ton frère vivra avec toi.* [Lévitique 25, v10-36].

Cette règle du jubilé a fait couler beaucoup d'encre. Les exégètes de la Bible et les historiens se demandent si cette règle a pu être appliquée dans la réalité. Il existe un large consensus parmi les spécialistes de l'*Ancien Testament* pour dire que les livres de la *Torah* (en hébreu הָרוֹת, « instruction » ; en grec ancien Νόμος, « Loi »), parmi lesquels figure le *livre du Lévitique*, ont été rédigés à l'époque perse, c'est-à-dire entre 520 et 330. La société juive, vivant en Judée – province de l'empire perse – était déjà trop complexe pour qu'une application à la lettre de l'ensemble des lois contenues dans la *Torah* pût être envisagée. Soit on actualisait ces lois par un travail continu de formulation de commentaires, soit on les considérait comme des orientations plus générales pour la vie en commun, dont il s'agissait de dégager l'esprit. Or, pour ce qui concerne la règle du jubilé, il existe un texte qui suggère qu'elle a pu être appliquée dans les faits au moins une fois. Il s'agit d'un passage dans le *livre de Néhémie*, à savoir le chapitre 5. Si ce livre comporte des parties dont l'authenticité n'est pas toujours assurée, les spécialistes sont d'accord pour affirmer que le chapitre 5, qui fait partie de ce qu'on appelle « le mémoire de Néhémie », est un témoignage authentique de la situation politique évoquée. Face à la misère du peuple, Néhémie qui, au milieu du IVe siècle avant notre ère, avait été nommé gouverneur de la province de Judée, en appelle aux riches propriétaires pour qu'ils remettent à leurs débiteurs leurs dettes : « *Remettons-leur donc cette dette. Rendez-leur aujourd'hui même leurs champs, leurs vignes, leurs oliviers et leur maisons, et remettez-leur la part de l'argent, du blé, du vin et de l'huile que vous avez exigée comme intérêt* » [Néhémie 5, 11 – 12]. Applique-t-il le règle du jubilé ou s'agit-il d'une mesure unique inspirée par du simple bon sens ? Dans la suite, au chapitre 10, Néhémie fait état d'une série d'engagements pris par le peuple, et cela sous son impulsion. Ces engagements concernent les lois contenues dans la *Torah* parmi lesquelles la règle du jubilé : « *… le septième jour, nous ferons relâche et remise de dettes de toutes sortes.* » [Néhémie 10, 32]. Il est donc plus que probable que la mesure de remise de dettes appliquée par Néhémie ait été inspirée de façon directe par cette règle du jubilé. Cela montre que le jubilé est de l'ordre du réalisable.

Dans l'histoire de l'Église, et notamment celle de l'Église catholique, l'idée du jubilé s'est conservée, sous une forme spiritualisée. Les dettes remises – par Dieu par le moyen de l'Église – n'étaient pas des dettes d'argent ou de biens, mais des péchés. D'ailleurs, une contrepartie était généralement exigée (un pèlerinage, un don en argent…). Si cela n'a certes pas à voir avec le geste de Néhémie, pour les Chrétiens, les lois de la *Torah* continuent à avoir une force d'interpellation.

Les dettes des entreprises et commerçants : juste partage des profits

Pour être équitable, l'intérêt de la dette doit correspondre à un partage des profits. Cependant il ne peut parfois pas s'exercer par l'éloignement des acteurs commerciaux :

> Les administrateurs des palais et des temples et les marchands aventuriers qui parcouraient le monde avaient peu de points communs, et les premiers avaient conclu, semble-t-il, qu'on ne pouvait pas attendre d'un marchand rentré de terres lointaines qu'il soit totalement honnête au sujet de ses aventures. [183]

C'est par manque de confiance que les prêts commerciaux introduisent alors le taux d'intérêt avec un rendement fixé d'avance.

La pratique contemporaine des prêts commerciaux, non seulement ne se base plus sur un partage des profits et pertes, mais définit un taux d'intérêt fixe qui ne prend pas en compte l'évolution de la valeur des biens (inflation). Ce taux fixe, qui n'est pas partage des profits, est celui qu'interdit en particulier la finance islamique car la dette, envisagée comme un lien qui unit, devient alors un lien qui étrangle. Ainsi la finance islamique pratique théoriquement tout autre chose avec des emprunts liés à l'activité de l'entreprise, tels qu'au cas où l'activité disparait, si l'entrepreneur perd son travail, le créancier perd son argent.

En effet, le principe du taux fixe est non seulement injuste mais mauvais pour l'économie. Prenons un prêt à un taux fixe de 10% d'intérêt dans un contexte où l'inflation est à 8%. Si l'inflation passe à 1% c'est le débiteur qui est étranglé, alors que si l'inflation passe à 20%, c'est le créancier qui est spolié. Maurice Allais, prix dit « Nobel d'économie », a souligné l'instabilité et l'iniquité d'un tel taux fixe et propose l'indexation des engagements sur l'avenir sur le niveau général des prix : « le refus de l'indexation ne peut avoir d'autre signification que

---

[183] *Op.* cit. Graber, *Dette: 5000 ans d'histoire*, p 264.

l'institutionnalisation du vol. […] Si, par contre, il y a déflation la situation est inversée, et ce sont les débiteurs qui sont spoliés et les créanciers qui sont indûment avantagés. La situation reste tout aussi inique »[184].

De plus actuellement, les règles de droit qui fixent l'arrêt de l'activité d'une entreprise en difficulté aggravent les dégâts provoqués par la dette à taux fixe[185]. La conséquence de cette intransigeance de maintenir des intérêts fixes et de fait, hors de proportion et de justice, dans un contexte de crise est la liquidation systématique de l'entreprise, conséquence qui reporte immanquablement le « risque final » sur les salariés. Cette logique peut même favoriser un risque systémique[186] qui entrainerait en cascade, par la simple faillite d'une entreprise saine à laquelle on retire les capitaux nécessaires à son fonctionnement, la crise pour toute une économie par ailleurs performante. Ainsi, le risque financier est un risque tant pour l'individu qui détient l'actif que pour la société elle-même.

Si l'excès de dette est nuisible pour l'intérêt général de l'économie, ce même excès de dette est pourtant « la perle rare » recherchée par les actionnaires pour fabriquer des rendements élevés au détriment des créanciers de l'entreprise. Ceci ce fait au détriment des autres apporteurs de capitaux. Les créanciers de

---

[184] Allais M. (1990) *Pour l'indexation*. Clément Juglar, Paris. P 64

[185] Pour expliciter cette affirmation, supposons une entreprise commerciale qui a acheté 100 de stock de matière première. Ses actionnaires ont mis 10 et les banques ont prêté 90 au taux fixe 6%. Si le bénéfice avant impôt et taxes (EBIT) est de 20, les charges d'intérêt sur emprunt de 5,4 assurent un bénéfice (hors impôts) de 14,6 et un bénéfice net de 10,22 (pour un taux d'imposition à 30 %). L'actionnaire n'ayant apporté que 10 reçoit plus 10 de bénéfice net soit un rendement supérieur à 100 %. ! En revanche, si l'année suivante apparaît une crise avec une déflation entrainant une baisse 10% du prix de vente de la production et de la valeur des stocks, ainsi qu'une détérioration des marges opérationnelles. De fait, l'EBIT est de 5 à 6 compensant juste les charges d'intérêt ; la valeur du stock baisse à 90. Mais, puisque cette valeur est celle de la créance, le dépôt de bilan est constaté pour pouvoir rembourser le créancier. Dans cette logique, le créancier a conservé ces 90 malgré la déflation et a touché ses intérêts. L'entreprise a fait « faillite » bien que conservant une marge positive.

[186] Au-delà des risques pris individuellement, le risque systémique est le risque que la multiplication de comportements individuels pour obtenir un bien-être supérieur ne détruise le substrat social permettant ces comportements en occasionnant le plus souvent des nuisances bien supérieures aux avantages provisoirement obtenus.

l'entreprise ne touchent eux qu'une fraction du bénéfice que rapporte à l'entreprise l'investissement de la somme apportée.

Le problème créé par les dettes est fabriqué par un mécanisme financier qui sépare la responsabilité des créanciers de celle des actionnaires. Car, plus la dette est forte, plus le risque de faillite qui touche les créanciers est grand mais plus le rendement pour les actionnaires est grand. C'est l'effet de levier.

Dans une logique purement financière, plus il y a de dettes, meilleur est le rendement pour les actionnaires, car la somme affectée au remboursement de la dette est constante. C'est ainsi que les gestionnaires financiers d'entreprise, pour satisfaire les actionnaires, sont conduits à endetter l'entreprise au maximum.

Les dettes des États : légitimes pour l'intérêt général

Quand l'État ne peut plus réaliser ou gérer les infrastructures ou les services publics avec le produit de l'impôt, il va s'endetter pour les assumer. Les dettes de l'État peuvent être légitimement bénéfiques pour l'intérêt général. Pour payer ces dettes, l'État peut être contraint à privatiser certains biens. Un petit détour chez les schtroumpfs nous laisse penser que Peyo, son créateur, s'inquiète des conséquences de la privatisation.

La privatisation … chez les schtroumpfs

Libre inspiration par Marie Dupré de : Peyo, Le schtroumpf financier, Lombard, 1992.

Pourquoi un État s'endettait-il hier ? Pourquoi s'endette-t-il aujourd'hui ? A qui profite l'emprunt ?

La dette des États provient souvent de la guerre. La dette des États conduit à la guerre. L'histoire a montré comment rois et tyrans s'endettaient pour mener des guerres[187]. De la réussite de celles-ci dépendait le remboursement des créanciers ou leur traque comme dans le cas des Templiers ou des Juifs au Moyen-âge en France.

Mais à partir d'un certain niveau, la dette de l'État devient incontrôlable. En 1797, le Directoire dut se résoudre à une banqueroute dite « des deux tiers » garantissant le paiement d'une rente réglée « rubis sur l'ongle » pour le tiers restant.

---

[187] Ainsi au Moyen-âge, les riches marchands et banquiers des cités italiennes telles Venise ou Florence ont érigé un système de dette publique pour payer les mercenaires des conflits incessants entre les cités. En France, Saint Louis fut le premier à endetter lourdement l'État. Philippe le Bel est connu aussi pour avoir persécuté les Juifs et les Templiers non seulement pour ne pas payer ses dettes, mais pour mettre la main sur les biens de ses créanciers.

Différents chemins s'offrent aux politiques : ne pas rembourser la dette, émettre de la monnaie, faire des économies, trouver des ressources supplémentaires avec les impôts, les guerres ou les colonies. Ainsi si la guerre est dans certains cas l'origine de la dette des États, elle peut en être dans d'autres cas la conséquence.

Noami Klein fait état - dans son livre *La Stratégie du choc* - d'une stratégie de dette orchestrée par les institutions internationales contrôlées par l'État américain sous forme de guerre économique :

> Confrontés aux chocs à répétition des années 80, les pays endettés n'avaient d'autre choix que de s'adresser à la Banque mondiale et au FMI. Ils se heurtaient alors au mur d'orthodoxie dressé par les *Chicago Boys* qui, en raison de leur formation, voyaient les catastrophes moins comme des problèmes à régler que comme de précieuses occasions qu'il fallait saisir au vol afin d'ouvrir de nouveaux territoires au libre-marché.[188]

La dette des États est une monnaie qui s'échange. Une dette qui se rembourse par privatisation des biens d'un État a bien aussi valeur de monnaie.

Pour certains observateurs de la crise de la dette grecque, l'offensive de dépossession par les créanciers des biens communs du peuple grec a été des plus brutales : ont été exigées la privatisation des entreprises publiques, des ports et aéroports et la mise sur le marché des terres, jusqu'aux îles et la saisie des biens immobiliers. Les entrepreneurs et personnels politiques, qui s'étaient enrichis des contrats militaires ou de travaux publics, permis par l'endettement, bien souvent avec d'importantes surfacturations, ont eu le temps de cacher leur fortune dans les paradis fiscaux, notamment dans les banques suisses, allemandes et françaises. Les classes moyennes grecques ont payé la facture par leur transformation en classe pauvre.

Pour l'économiste Éric Toussaint, un tel remboursement de dette est illégal car selon l'article 103 de la charte de l'ONU, « le respect et l'application des droits humains, tels qu'ils sont reconnus par les différentes conventions

---

[188] Naomi Klein, op. cit, p. 252.

internationales, priment sur les autres engagements pris par les États, parmi lesquels le remboursement des dettes et l'application des programmes d'austérité. » [189]

Pourtant le même scénario est à prévoir pour bien d'autres États européens.

Si les États qui paient les intérêts de leurs dettes en levant l'impôt doivent en premier lieu lutter efficacement contre la fraude fiscale et les paradis fiscaux, la dette des États c'est aussi la paresse de consommer sans produire[190].

L'essentiel de ce que nous consommons en Europe et aux États-Unis est produit par les pays asiatiques, avec souvent des travailleurs soumis à des conditions de vie proche de celles des esclaves antiques, sans que nous ne nous en soyons émus pendant des décennies lorsque nous achetions nos habits et souliers à « prix bas ».

Or, la dette d'un État, c'est aussi la conséquence du déséquilibre de la balance commerciale. En effet, la dette s'accumule quand un État ne produit plus autant que ses citoyens consomment.

La dette peut alors s'allonger comme le nez de Pinocchio quand il ment. L'emprunteur-Pinocchio promet « un jour, je fabriquerai et te rembourserai » et il donne un papier représentant cette promesse : un bon du trésor.

La dette d'un État, par l'émission d'obligations nationales et de bons du trésor, est aussi une monnaie internationalement reconnue. Or ce type de produit financier est une monnaie considérée comme sûre. Jusqu'à quel point ?

---

[189] Damien Millet et Éric Toussaint, *Triple AAA. Audit. Annulation. Autre politique.* Seuil, 2012, p. 141.

[190] Une paresse que Keynes avait souhaité éviter après-guerre en inventant un système d'équilibrage des balances commerciales par les cours entre les devises (système *Bancor*). Ainsi, lorsqu'une balance commerciale d'un pays était trop déficitaire, automatiquement le cours de change de cette monnaie baissait par rapport aux autres monnaies, si bien qu'il vendait plus alors et qu'il importait moins puisque les biens venant de l'étranger apparaissaient alors plus chers. Ce système monétaire a été malheureusement refusé au profit du système dollar qui a permis d'assurer alors la suprématie d'un seul pays, les États-Unis.

Au bout de 10 promesses, le créancier doute de son débiteur-Pinocchio. Il exigera le remboursement et saisira tous ses biens. Sauf si le débiteur reste fort militairement.

Ainsi, la Chine demeure l'usine du monde, achetant les matières premières et sa nourriture en Afrique et Amérique du sud, pendant que les États-Unis et l'Europe se permettent de consommer en s'endettant. Mais la Chine n'accepte plus les promesses des emprunteurs-Pinocchio et cherche à monnayer ses créances.

Calcul ou excès de confiance ?

Cependant, le créancier ne risque-t-il pas de prêter plus qu'il ne pourra saisir sur les biens du mauvais payeur ? Les créanciers ne sont-ils pas, par optimiste et excès, source des crises économiques mondiales ?

L'économiste Minsky a remarqué que, dans les périodes d'euphorie en haut de cycle économique, la prudence des créanciers comme celle des emprunteurs s'émousse :

> *Le succès pousse à l'insouciance quant à la possibilité d'erreur ; l'absence de sérieuses difficultés financières durant une longue période conduit au développement d'une économie euphorique dans laquelle les financements à court terme de positions longues deviennent un mode de vie normal.*[191]

Dans les schémas traditionnels, la dette est remboursée par les flux monétaires des revenus de l'entreprise ou la vente d'une partie des actifs. L'économiste Minsky a montré qu'un nouveau type de dette se développe, qu'il nomme la « dette Ponzi ». Le remboursement de la dette nécessite dans ce cas soit que les actifs eux-mêmes prennent de la valeur pour pouvoir rembourser la dette, soit qu'un nouvel emprunt soit réalisé pour la rembourser.

---

[191] Henry Minsky, *Stabilizing an Unstable Economy*, Yale University Press, 1986, p 213.

Ainsi, s'il n'y a ni remise de dette, ni contrôle de l'endettement, les crises de dette sont inévitables. Le tableau ci-dessous présente la dette des ménages, des entreprises et des États par rapport à la production de richesse du pays.

1929 et 2008 – dettes des ménages, des entreprises et de l'État américain.

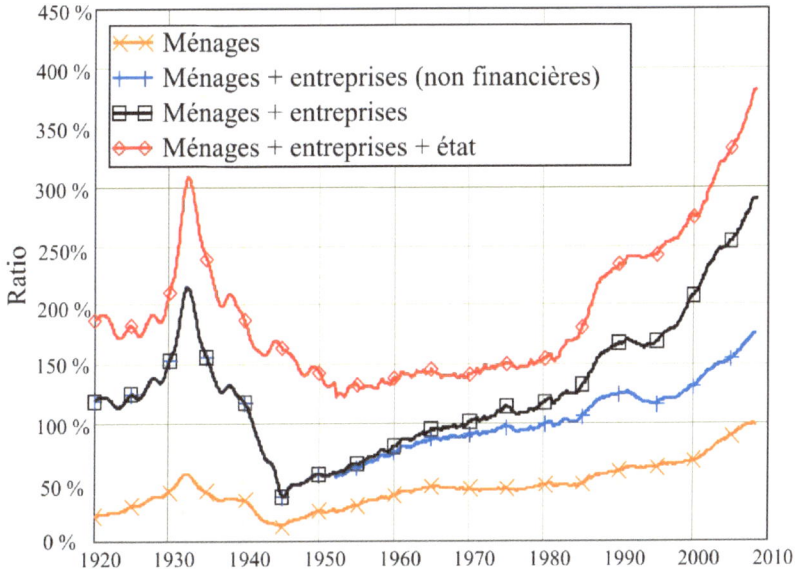

Accumulation des dettes des ménages, des entreprises et de l'État américain par rapport au PIB de 1929 à 2008. Source : Morgan Stanley

On s'aperçoit que dès l'an 2000 ce ratio aux États-Unis atteignait celui de la crise de 1929.

Pourquoi aujourd'hui les dettes semblent-elles croître sans limite ?

En partie parce que les créanciers qui détiennent déjà les actifs sont parfois emprunteurs eux-mêmes pour pouvoir investir davantage. Nos sociétés semblent également admettre une opacité des circuits de la monnaie telle que l'évaluation de la richesse effective des créanciers est rendue impossible.

En partie parce qu'à partir d'un certain niveau d'endettement rien n'empêche le créancier d'augmenter la dette en imposant le taux d'intérêt qu'il veut, puisque plus aucun autre créancier ne souhaite prêter au débiteur insolvable. Le cas de la Grèce lorsque les taux ont flirté avec les 50% d'intérêt par an en est un exemple.

Pourtant, il ne faut pas oublier qu'un taux d'intérêt est élevé parce qu'il est sous-entendu que le créancier a un pourcentage de chance faible de percevoir sa créance et qu'il accepte ce fait. Il serait donc légitime de ne pas payer intégralement une dette consentie à un taux d'intérêt élevé lorsque son service devient hors des capacités de remboursement du débiteur.

Entre créancier et débiteur

Entre créanciers et débiteurs, que peut-il se passer quand les dettes dépassent la valeur des actifs ? On peut se demander combien d'acteurs aujourd'hui dans le monde, ont plus de dettes que de valeurs de tous leurs actifs. Il n'y a pas de statistiques structurées disponibles permettant de répondre directement à cette question et nous avons dû faire des estimations que nous donnons dans le tableau ci-après.

Dettes, actifs et revenus des particuliers, des entreprises et des États en 2014. (En milliards de dollars)

	Particuliers	Entreprises	Finance	États
Dettes[192]	40 000	56 000	45 000	58 000
Stock de richesses par type d'actifs	• Capitalisation boursière mondiale cotée (Bloomberg) = 60 000 • Matières premières : nc			

---

[192] Les chiffres varient légèrement d'un institut à l'autre. En 2014, la dette des pays et des entreprises, selon la Banque des règlements internationaux, atteint 100 000 milliards de dollars. L'horloge mondiale de la dette publique calculée par *The Economist* atteint 50 000 milliards. Avec celle des ménages, selon *McKinsey Global Institute*, elle atteint 200 000 milliards de dollars soit 286% du PIB mondial.

	• Immobilier = 180 000 [193]. • Ensemble des terres cultivables < 15 000 [194]
Stock de richesses par type de détenteur	Richesse globale mondiale des États : 75 000 [195] Richesse globale mondiale des institutions : nc Richesse globale mondiale des patrimoines personnels[196] : 263 000 (moyenne par adulte : 56 000 dollars).
Inégalités des stocks de richesses	1% de la population détient 126 000 10% de la population détient 228 000 50% de la population (en dessous du seuil de 3650 dollars) en détient moins de 580
Flux de richesses	PIB mondiale = 78 000.
Inégalités des flux de richesses	La part du centile supérieur des revenus dans l'OCDE est passée de 6,5% en 1981 à 9,7% en 2012. [197] Selon la Banque Mondiale, Le nombre de personnes sous le seuil d'extrême pauvreté (1,25 dollar par jour et par personne) s'est réduit de 1,9 à 1 milliard entre 1981 et 2011.

De fait, on ne sait pas qui doit à qui. Les dettes des entreprises et de la finance sont en partie intégrées dans la capitalisation boursière mondiale et dans la richesse globale des patrimoines qui détiennent les créances.

Combien de particuliers ont des dettes qui dépassent leurs actifs et combien d'États ont eux aussi des dettes dépassant leurs actifs ? Ces données ne semblent disponibles ni en nombre ni en montant. L'économiste Piketty[198] apporte la preuve que les inégalités augmentent, poussant les uns vers une concentration des richesses et les autres vers des dettes.

---

[193] http://pdf.euro.savills.co.uk/residential---other/private-wealth.pdf

[194] Les terres cultivables représentent 22 % des terres émergées, soit 3 278 millions d'hectares, la moitié est cultivée. A 5000 euros l'hectare (prix français), cela représenterait 15 000 milliards.

[195] Dag Detter and Stefan Fölster, *The Public Wealth of Nations*, Palgrave Macmillan, 2015.

[196] Le patrimoine personnel est somme des biens financiers (actions et obligations) et non-financiers (immobilier notamment) détenus par les adultes là où ils résident, moins leurs dettes éventuelles. En 2014, La richesse globale mondiale des patrimoines personnels selon le *global Wealth report* de Crédit Suisse atteint 263 000 milliards de dollars et 1% de la population riche en détient la moitié. 67 personnes détiennent autant que 3 milliards des plus pauvres.

[197] Focus on Top Incomes taxation in OECD countries : Figures and Data (April 2014), site de l'OCDE consulté le 5 juillet 2015.

[198] Thomas Piketty, *Le capital au XXIe siècle*, Seuil, 2013.

La dette permet d'éclairer les rapports de la monnaie et de la finance. Elle exige de penser la question de la relation juste entre débiteur et créancier.

Au fil des réflexions avec les membres du groupe Bible et économie d'Orange, est apparue vitale pour le respect des hommes d'aujourd'hui et de demain l'adoption de trois principes éthiques.

Concernant la dette des particuliers, il faut donner à chacun la possibilité de repartir libre. C'est la remise de dette par la faillite personnelle[199]. C'est cette faillite personnelle qui correspond à un Jubilé permanent. De plus, sauf à accepter la disparition des classes moyennes, il faudra limiter l'enrichissement actuellement exponentiel des très riches constaté par l'économiste Piketty.

Concernant la dette des entreprises, il convient de partager le profit entre le créancier et l'entrepreneur. Cette pratique apportera une robustesse accrue des entreprises dans les périodes difficiles.

Concernant la dette des États, il est nécessaire d'établir un nouveau code d'Hammourabi mondial. Il comprendra de nouvelles règles permettant aux États débiteurs d'assurer leur souveraineté et la dignité de leurs citoyens[200]. Il faudra que chaque État équilibre production et consommation tant dans le respect des contraintes écologiques que dans celui des créanciers.

---

[199] L'esclavage et le droit romain primitif prévoyaient l'exécution du débiteur. La pratique envers le débiteur insolvable s'est adoucie avec la pratique légale de « *venditio bonorum* » qui consistait à la vente des biens du débiteur et sa perte du droit de vote. L'économie moderne pour se développer a eu besoin de redonner « une chance » à l'entrepreneur malchanceux de recréer une activité. Ainsi, la crise financière des années 1790 aux États-Unis engendra la première loi relative au droit de la faillite en 1800, abrogée en 1803. L'initiative commerciale, indispensable pour assurer l'essor économique du pays conduisit alors à accorder au débiteur un nouveau départ en cas de déconfiture, ou « *fresh start* ».Le *Bankruptcy Act* de 1978, qui prolonge celui de 1898 et constitue le Titre 11 du Code fédéral des États-Unis, permet la faillite personnelle.

[200] Nous voyons comment les États excédentaires, tel la Chine avec son fonds souverain de 4000 milliards de dollars ou les Pays du Golfe vivant de la rente pétrolière, achètent les terres cultivables, l'eau, l'énergie : tout ce qui devient des raretés. Il conviendrait, pour protéger les biens communs et ce qui permet aux peuples la survie et le travail, de ne payer dans certains cas que partiellement les dettes. Ceci passerait par une constitution protégeant les biens communs et interdisant leurs ventes en s'inspirant des tentatives de l'Islande ou de pays sud-américains.

La monnaie-dette par son rapport entre le débiteur et le créancier fait apparaitre dans notre enquête sur la monnaie la valeur d'empathie. Mais de nombreuses autres valeurs de notre taxonomie sont également concernées et affectées par l'endettement.

La dette peut faciliter le lancement de **projets d'autonomie**.

Si diverses religions préconisent depuis des millénaires la remise des dettes insolvables, car la dette excessive mène à la guerre, il faut rappeler que la dette peut conduire à la saisie de la **propriété privée**. La dette peut être un étranglement qui brise les **relations sociales**. La dette ne facilite pas la **résilience du territoire**. Sans la **juste rémunération du travail** la dette conduit à l'esclavage.

La **gestion de la monnaie en bien commun** permet de dénouer les endettements excessifs. La création monétaire peut assurer une inflation qui « tue les rentiers » mais libère les débiteurs. Ici les principes de la finance islamique sont des principes de justice et d'efficacité économique. Il convient de limiter ou bannir l'endettement à taux fixe, de limiter le recours à l'endettement et favoriser l'actionnaire stable sur une longue durée évitant ainsi le déclanchement inefficace économiquement de la procédure de faillite

Enquête 5 : Quelle monnaie peut favoriser l'autonomie d'un territoire ?

À quelles conditions aujourd'hui une monnaie peut-elle servir les projets d'autonomie d'un collectif ?[201]

Ce questionnement peut s'appliquer à l'euro. Cela est aujourd'hui même le sujet d'un vif débat entre les économistes. La possibilité d'autonomie à l'intérieur des nations en difficultés financières est, pour certains, remise en cause par l'adhésion aux règles de la monnaie unique. Ainsi, si nombreux économistes considèrent l'Euro comme incontournable, Fréderic Lordon prône « la sortie de l'euro » car, au nom de la préservation du système euro, la tutelle de la *troïka*, à savoir la Commission Européenne avec la BCE et le FMI, conduit à « la transformation des pays "à problème" en véritables protectorats économiques, rendus au dernier degré de l'hétéronomie et de la dépossession ».[202] Deux prix dits « Nobel d'économie » américains, Paul Krugman et Joseph Stiglitz, justifient également dans certains cas la sortie de l'euro. Stiglitz affirme que l'austérité mène au désastre et propose la sortie de l'euro autant pour que les nations en difficultés financières reprennent leur destin en main que pour sauver le projet européen[203].

Faire l'étude de l'impact de la monnaie euro sur les projets d'autonomie du territoire européen, nécessiterait de cerner quelles sont les valeurs de l'Union Européenne et quels projets d'autonomie y sont possibles et promus. Or, les valeurs

[201] Ce travail reprend les éléments d'une recherche présentée par Denis Dupré et Pierre-Yves Longaretti à la journée d'étude « Innovations monétaires », 19 mars 2014, CREG, Grenoble (France) puis présentée en colloque de l'AFEP : Denis Dupré, Pierre-Yves Longaretti et Jean-Michel Servet, « Fonctions valeurs et leviers d'une monnaie alternative pour une transition à la durabilité territoriale », *5ᵉ congrès de l'Association Française d'Économie Politique (AFEP), L'économie politique de l'entreprise*, Lyon, 3 juillet 2015.
[202] Frédéric Lordon, Thomas Lamarche, Pepita Ould Ahmed, et al, « L'euro ou l'oubli de la politique », *Revue de la Régulation*, Capitalisme, institutions, pouvoirs, 2015.
[203] Joseph Stiglitz, *L'euro: comment la monnaie unique menace l'avenir de l'Europe*, Éditions Les Liens qui libèrent, 2016.

et projets sont très divergents suivant les nations, mais aussi les classes sociales. L'état des lieux n'est donc pas simple et en évolution rapide.

Contrairement à l'échelle continentale, à une petite échelle, celle territoriale, les valeurs et les projets peuvent être homogènes, ou tout au moins faire l'objet d'un consensus, au sein d'un groupe uni par une même monnaie.

Nous allons donc commencer notre enquête par observer ce qui s'est vécu « hier » dans un petit village isolé... Aussois. Ce qui va nous permettre de définir ce que peut être un territoire autonome et les rôles de la monnaie dans ce contexte. Aujourd'hui des monnaies locales affichent leur vocation à construire une société dont l'autonomie est au cœur des préoccupations de citoyens qui partagent le même territoire. Nous allons décrire les motivations des promoteurs des monnaies locales et le développement de ces dernières sur leurs territoires respectifs pour comprendre comment une monnaie peut aider à un projet d'autonomie.

La leçon d'un petit village de montagne : Aussois

J'ai participé à une recherche pluridisciplinaire[204] en 2015 sur les flux de monnaie, de biens et de services d'une ferme d'Aussois, un village agricole de haute-montagne, dont le modèle économique était resté quasi inchangé du début du 19e siècle aux années 1950. Cela m'a permis d'analyser le rôle de la monnaie sur Aussois et de mieux comprendre le modèle économique de ce petit village de montagne. Si la monnaie légale était nationale, elle s'échangeait très majoritairement sur un périmètre très limité et local.

---

[204] Thierry Bonaudo, Gilles Billen, Josette Garnier, Fabienne Barataud, Sabine Bognon, Pauline Marty et Denis Dupré, « Le système agro-alimentaire : un découplage progressif de la production et de la consommation. », dans Nicolas Buclet, *Essai d'écologie territoriale : l'exemple d'Aussois en Savoie*, CNRS Editions, 2015, [en ligne], [https://hal.archives-ouvertes.fr/hal-01395074], (5 septembre 2016).

Aussois en 1950

Dans la ferme où a vécu dans sa jeunesse Raymond[205] dont nous avons recueilli le témoignage, l'autonomie était l'objectif central du système agricole et de l'utilisation de l'argent. En tant qu'intermédiaire des échanges, la monnaie permettait notamment d'échanger avec l'extérieur, comme la vente de fromage, de moutons, ou l'achat de riz et de châtaignes. Mais en tant que réserve de valeur elle permettait d'épargner et donc de stocker des possibilités d'achat futur. Cela était crucial quand il était nécessaire de réaliser l'achat d'un mulet tous les 10 ans. La monnaie y servait bien la **fonction d'échange et celle d'accumulation** pour financer les achats importants et rares, mais aussi elle assurait la **fonction de moyen de paiement** par la stabilité de sa valeur. Cette monnaie répondait aux mêmes critères que ceux évoqués par Aristote il y a 2400 ans :

> Une espèce de l'art d'acquérir qui naturellement est une partie de l'administration familiale : elle doit tenir à la disposition de ceux qui administrent la maison, ou leur donner les moyens de se procurer les biens qu'il faut mettre en réserve et qui sont indispensables à la vie, et avantageux à une communauté politique ou familiale. Et il semble que ce soit de ces biens-là qu'on tire la véritable richesse, car la quantité suffisante d'une telle propriété en vue d'une vie heureuse n'est pas illimitée comme Solon le prétend dans son poème.[206]

Aristote a défini la monnaie par rapport à la valeur des biens pour lesquels il a repéré une source de malaise social quand la valeur d'usage ne coïncide plus avec la valeur d'échange marchande.

Dans notre monde de la ferme, si proche de la subsistance, cette différence n'est pas de mise et les valeurs d'usage et marchande coïncident. Le prix a un lien direct avec l'azote contenu dans le produit vendu. Les flux monétaires offrent une mesure relativement stable dans le temps du prix de l'azote et

---

[205] Les données ont été recueillies à partir de discussions avec d'anciens du village, et notamment celles avec Raymond, 80 ans en 2015, qui n'a jamais quitté sa ferme.

[206] Aristote, *Les Politiques, op. cit.,* p 31.

s'articulent à différents niveaux d'organisation (ferme, commune, région) pour permettre une résilience du système agro-alimentaire.

Sans l'argent, l'achat du mulet n'aurait pas été possible. La monnaie était un moyen d'échanger et d'amasser pour pouvoir acheter ou produire de l'azote dans le futur (le mulet est l'outil permettant la production agricole). Sans le mulet, il n'était pas possible d'être autonome et le paysan sans mulet devait alors pour survivre se louer aux autres paysans plus riches qui possédaient un mulet. La monnaie, dans sa fonction d'accumulation, permettait donc d'une certaine façon l'autonomie du paysan.

Le mulet rendait possible le cycle de l'azote. Le foin des alpages descendu par le mulet devenait alimentation du bétail l'hiver puis fumier au niveau du village. Ce mulet était au cœur de l'équilibre du bilan énergétique : bien qu'il absorbait trois fois l'énergie (sous forme d'azote) que consommait la famille dans son entier par son alimentation, il permettait de descendre le fourrage récolté en alpage en pouvant porter jusqu'à une tonne de foin à chaque descente ; il permettait également de monter tout ce qui était nécessaire à la vie en alpage. Le mulet était bien ce que Ivan Illich décrit comme un outil convivial qui sert à l'extension de l'autonomie et des « capabilités », au sens donné par l'économiste Amartya Sen. La monnaie, qui avait permis l'acquisition de ce mulet, permettait la durabilité du territoire.

Ainsi la circulation monétaire était entièrement issue (dépendante de) et au service du système agro-alimentaire. Les flux monétaires marginaux dans la ferme de la famille de Raymond en 1950 assuraient l'autonomie de l'administration familiale pour répondre non aux désirs mais aux besoins. Le cœur de la société agricole évoluait lentement avec une préoccupation de survie au niveau de la cellule familiale organisée autour de la ferme.

L'autonomie et l'indépendance n'était pas cependant un but mais une contrainte de survie collective. Ce fut le cas aussi pour la première monnaie locale.

Le *Wir*, s'est développée dans une vallée isolée en Suisse pour adoucir les conséquences de la crise de 1929, permettant à des industries, des commerces de fonctionner et à des particuliers de consommer en renforçant leur indépendance vis-à-vis des échanges mondiaux. Avec leur monnaie propre à leur territoire, les industriels et commerçants purent échanger à nouveau au moins localement[207].

Aujourd'hui, les chartes des monnaies locales reprennent la visée d'autonomie et d'indépendance d'un territoire. L'expérience de monnaie locale dans une *favela* à Las Palmas au Brésil en incitant au « consommé local » des biens et des services a créé une constructive circulation monétaire[208].

On compte aujourd'hui plus de 4000 monnaies alternatives dans le monde. Les monnaies locales rencontrent dans certains pays comme la France un succès d'estime, et si elles conduisent à un changement de comportement de certains consommateurs, elles ne représentent encore qu'un faible impact économique. L'enjeu pour les promoteurs de ces monnaies locales demeure de participer à l'autonomie du territoire de manière durable.

Que veut dire un territoire autonome ?

La relocalisation de la production et la préférence pour des pratiques écologiques et solidaires sont au cœur des discours. Vivre sur un « territoire durable » est un étendard affiché de ces monnaies locales. Par exemple, l'Eusko[209] affirme, dans ses statuts, viser « la relocalisation de l'économie, le renforcement des

---

[207] Cette monnaie *Wir* fonctionne encore aujourd'hui et permet d'échanger pour l'équivalent de plus d'un milliard d'euros par an.
[208] Jean Michel Servet et Sophie Swaton, « Penser la dimension de commun de la monnaie à partir de l'exemple des monnaies complémentaires locales », *Interventions Economiques*, 59, 2018, [en ligne], [https://journals.openedition.org/interventionseconomiques/3943], (5 septembre 2018).
[209] Crée en 2013, l'Eusko au Pays basque représente en 2017 une valeur de 400 000 €. On obtient des Euskos contre des euros qui sont déposés dans un fonds de réserve d'une banque partenaire. Une partie de ce fond permet d'accorder des crédits aux entreprises. Ce type de monnaie est utilisé dans un réseau d'entreprises partageant les mêmes valeurs.

pratiques écologiques et solidaires et du lien social local. » Le Sol violette[210] affiche sur son site internet « Avec le Sol-Violette, vous avez la garantie que la monnaie que vous utilisez restera ancrée sur le territoire et sera utilisée dans un réseau économique respectueux des êtres humains et de la nature ». L'Eusko s'appuie sur une communauté basque préexistante que les promoteurs de la monnaie veulent renforcer alors que le Sol violette est la monnaie qui va instituer la communauté.

Une définition partagée par les utilisateurs de ce « territoire autonome durable » auquel ils se réfèrent explicitement ou implicitement, pourrait être la suivante :

> Un territoire durable est une société locale, une « cité », qui contribue à la circulation des biens tout en visant à un degré d'autosuffisance minimale qui lui assure de survivre en cas d'effondrement de la société globale. Il s'agit d'une société d'égaux, dans la mesure où les écarts de richesses restent limités, gérant parcimonieusement les biens communs (tels que l'eau ou l'énergie), assurant à tous un minimum considéré comme vital et s'appuient sur la contribution de chacun à la production selon ses capacités.

Aussois en 2015

En 2015, la ferme type à Aussois s'est adaptée à un autre monde. La monnaie est passée d'un instrument facilitant les échanges agricoles régionaux et l'épargne pour l'achat du mulet, à un instrument d'échange sur le marché national et international des produits agricoles et un instrument de dette pour acheter les machines et les terres. Aujourd'hui, l'autonomie n'existe pratiquement plus dans la ferme moderne d'Aussois : les flux de matières et d'énergie s'avèrent être de plus en plus largement conditionnés par les flux monétaires et les anticipations de rendement financier des investissements. Contrairement à la ferme des années 1950,

---

[210] Crée en 2011, le Sol-violette de Toulouse représente en 2017 une valeur de 50 000 €. Il est utilisé par 2500 personnes. Il est « monnaie fondante » car il subit une décote de 3% tous les 3 mois.

les valeurs marchandes et d'usage ne coïncident plus. Elles ne représentent plus l'azote contenu dans le produit agricole. Elles contraignent l'agriculteur à dépendre des prix volatils des marchés et des subventions.

Le territoire d'Aussois peut-il être aujourd'hui durable et ses citoyens autonomes ?

Les discours des partisans des monnaies locales[211] font apparaitre des points de consensus sur ce qui apparait comme non-durable d'un point de vue environnemental ou sociétal. Les exemples les plus frappants et les plus souvent cités de non-durabilité portent sur le pillage des biens communs, la fuite en avant technologique, l'exclusion sociale, les inégalités[212] et le déni démocratique. Ces partisans rejoignent à ce titre un courant de critique global de la société dont nous décrivons ci-dessous quelques éléments.

Selon certains, les groupes humains n'influent plus sur la technique car elle se déploie hors de leur contrôle. Jacques Ellul[213] a appelé ce phénomène l'auto-propulsivité de la technique. Pour sa part, Castoriadis[214] a affirmé la nocivité de l'illusion moderne d'un recours sans fin à la technique face à nos enjeux sociaux. Cet imaginaire de progrès technique et social (instituant) est toujours largement partagé alors même qu'il refoule la possibilité d'apparition d'une collectivité capable de se gouverner sans être inféodée au principe d'innovation. Or, le progrès technique tout puissant serait l'un des moteurs de l'expansion des raretés et de la destruction environnementale, en symbiose avec une société de consommation visant la satisfaction de désirs illimités[215].

---

[211] Cette analyse s'appuie en partie sur mon expérience personnelle de participation à la création de la monnaie locale de Grenoble et de création d'un système d'échange à l'Université de Grenoble (Universitroc) et dans les Hautes-Alpes (Buechange) et sur des discussions avec Jean-Michel Servet, spécialiste des monnaies locales.

[212] Il convient de se référer aux travaux de Rawls (1987) et Sen (2000) sur les questions de justice et d'équité : John Rawls, *Théorie de la justice*, Seuil, 1987. Amartya Sen, *Un nouveau modèle économique: développement, justice, liberté*, Odile Jacob, 2000.

[213] Jacques Ellul, *La technique ou l'enjeu du siècle*, A. Colin, 1954.

[214] Cornelius Castoriadis, *Histoire et création textes philosophiques inédits*, Seuil, 2009.

[215] Le caractère universel des besoins s'oppose à l'arbitraire des désirs. Lire Manfred Max-Neef.

Pour les tenants de ce courant de pensée, la course entre une nécessaire politique de sobriété, et donc aussi de limitation des inégalités, et le développement rapide de raretés, comme l'énergie ou l'eau, demeure l'enjeu du siècle. Le désir de superflu est considéré comme une source potentielle de troubles sociaux.

Un élément également souvent partagé est la corruption des valeurs et l'explosion des inégalités qui l'accompagne. La publicité et la propagande sont les puissants outils au service de cette dynamique. La faiblesse des États face aux marchés est pour certains depuis longtemps une évidence. État complaisant vis-à-vis du marché et marché tout puissant, contribuent au développement de l'hétéronomie et réduisent le champ des prises de décisions par un collectif auto-organisé. Une monnaie locale offre une échappatoire. Par sa mise en place, il s'agit donc pour certains de rendre de la place aux activités que l'on consacre à soi-même ou aux autres. C'est la vision qu'en développe, par exemple, Van Parijs [216] pour qui toute société se définit par la triple fraction de temps, consacré à la collectivité institutionnelle, à l'activité productive relevant du secteur privé, et à la sphère autonome. En redonnant un espace à l'autonomie, une monnaie locale permet également un espace d'existence et de défense des communs[217], qui constitue l'un des éléments indispensables de toute forme de durabilité sociale et environnementale.

De plus, parmi les éléments favorisant la durabilité, les plus fréquemment cités sont la prospérité sans croissance[218], la société des égaux[219], la taille humaine[220], la maitrise des filières de production sur les territoires[221], la

---

Development and human needs. In Real-life economics : Understanding wealth creation, Max-Neef and Ekins, eds, 1992, p. 197-213.

[216] Philippe Van Parijs, « Impasses et promesses de l'écologie politique », *La Revue Nouvelle*, 1990, 92, p. 79-93. Cette vision d'un triangle en lieu et place d'une dualité se rapproche de visions similaires défendues par un certain nombre d'autres penseurs, notamment André Gorz.

[217] Jean-Michel Servet, « La monnaie et la finance comme un "commun" », *Note de l'Institut Veblen*, mai 2015, [en ligne], [http://www.vebleninstitute.org/IMG/pdf/jm_servet_monnaie_et_finance_comme_un_commun.pdf].

[218] Tim Jackson, *Prosperity without growth: Economics for a finite planet*, Routledge, 2011.

[219] Pierre Rosenvallon, *La société des égaux*, Seuil, 2011.

[220] Ernst Friedrich Schumacher, *Small is beautiful: a study of economics as if people mattered,*

maitrise retrouvée du temps et des rythmes de vie[222] dont les chartes reprennent ces opinions.

Ces opinions ne sont pas des nouveautés historiques. Mais un sentiment d'urgence explique en partie la multiplication aujourd'hui des créations de monnaies locales.[223]

Paysans d'Aussois du début du XXᵉ siècle et partisans des monnaies locales actuelles partagent cette visée d'un territoire autonome et durable et la possibilité du choix d'une autonomie raisonnable dans la satisfaction des besoins. L'autonomie n'a pas ici le sens étymologique de faire ses propres lois mais un sens plus courant. L'autonomie en ce sens consiste pour une collectivité à être capable de subvenir à ses besoins de base. Cet objectif d'autonomie traverse régulièrement les civilisations lorsque les échanges destinés à satisfaire les besoins de base riment avec fragilité ou dépendance. Elle est évidence chez les Grecs de l'Antiquité pour qui l'autonomie est la condition de la liberté. De façon plus proche de nous, elle ressurgit politiquement dans les discours sur l'indépendance énergétique dont la promotion contemporaine française remonte au président De Gaulle, au travers de la question de la sécurité alimentaire et énergétique. Elle trouve une traduction économique récente chez Tim Jackson[224] avec l'idée d'une économie durable (résiliente) capable de résister aux chocs exogènes et d'éviter les contradictions internes, sources de chaos durant les périodes de récession.

Random House, 2011.
[221] Pierre Calame, *Essai sur l'œconomie*, Editions Charles Léopold Mayer, 2009.
[222] Juliet Schor, *La véritable richesse: une économie du temps retrouvé*, Editions Charles Léopold Mayer, 2013.
[223] Lire : Lester Brown, *Plan B 2.0 : Rescuing a planet under stress and a civilization in trouble*, WW Norton & Company, 2000; Donella Meadows, Dennis Meadows, Jorgen Randers, *Limits to growth : the 30 year update*, Chelsea Green Publishing Co, 2004. Denis Dupré et Michel Griffon, *La planète, ses crises et nous*, Atlantica, 2008. Denis Dupré et Véronique Métay, *Effondrement - choisir la violence ou la révolution*, Jouquetti Libre, 2018, [en ligne], [https://sites.google.com/site/financeresponsable/denis-dupre], (5 février 2018).
[224] *Id.*, p 146.

Nous introduirons donc les valeurs **autonomie-durabilité du territoire**, ainsi que **résilience du territoire** dans notre taxinomie des monnaies, car une monnaie peut ou ne pas les permettre.

Pour assurer cette **résilience du territoire**, l'usager d'une monnaie peut l'envisager comme un outil qui va supporter **la consommation responsable** et **la production responsable.**

Les valeurs d'une monnaie défendant une autonomie-durabilité du territoire

La consommation responsable

Les systèmes de monnaies locales accordent en général de l'importance à une consommation responsable. La **consommation responsable** inclut implicitement de nombreux aspects et implique un foisonnement des pratiques. Une des pratiques sociales journalières les plus importantes est l'alimentation. Pour cette raison, elle est un point commun d'attention de toutes les monnaies locales, comme le souligne l'Eusko sur son site internet :

> L'agriculture paysanne doit permettre à un maximum de paysans répartis sur tout le territoire de vivre décemment de leur métier en produisant sur une exploitation à taille humaine une alimentation saine et de qualité, sans remettre en cause les ressources naturelles de demain. Elle doit participer avec les citoyens à rendre le milieu rural vivant dans un cadre de vie apprécié par tous.

La consommation responsable dans ce sens a une dimension écologique, durable et sociale. La consommation responsable cherche à s'inscrire dans le temps. Les usagers de monnaie locale veulent participer à la limitation du changement climatique par leur choix de consommation. Ainsi l'Eusko espère participer au respect des équilibres écologiques mondiaux :

l'Eusko d'une part soutient l'emploi local, et d'autre part agit pour la réduction des émissions de gaz à effet de serre liées aux transports, puisque davantage d'échanges locaux, c'est moins de distance parcourue par les produits.

La consommation responsable c'est pour beaucoup le retour à une certaine sobriété, et notamment une primauté de la satisfaction des besoins face à l'exacerbation des désirs. Elle veut freiner la prédation des ressources environnementales. La relocalisation de l'économie et la proximité producteur-consommateur donnent à la monnaie d'échange également d'autres valeurs. Avec une proximité dans l'échange entre producteur et consommateur, la monnaie locale peut permettre, si les consommateurs ne sont pas eux-mêmes surexploités et indigents, à la **fonction d'échange** de garantir la **juste rémunération du travail**.

Ainsi la monnaie locale, le Sardex[225] a permis de « relocaliser » une partie des échanges. Dans les supermarchés insérés dans ce circuit, la part des produits frais sardes est ainsi passée de 18% à 36%. Si la relocalisation de la production permet de créer des emplois locaux justement rémunérés, l'objectif des monnaies locales est aussi souvent la production agricole locale non industrielle. Par exemple, pour l'Eusko les exploitations agricoles, pour être agréées, doivent avoir des pratiques alignées avec l'agriculture paysanne, et ne pas être dans une logique d'agriculture industrielle. Le but est de promouvoir la taille humaine, la réflexion sur le type et la place du travail et sur le temps qu'on lui consacre. Le retour à une certaine solidarité avec les producteurs, en permettant à des jeunes agriculteurs de s'installer pour pratiquer une forme respectueuse d'agriculture, donne corps à ces principes. La justice basée sur l'augmentation des « capabilités » des travailleurs peut favoriser la réalisation du potentiel de chacun et l'accès aux droits fondamentaux pour les familles des producteurs.

---

[225] En Sardaigne, le Sardex créé en 2010 assure un volume de transaction de 70 millions d'euros en 2017 dans un réseau qui intègre 3500 entreprises. En Sardaigne, où règne un chômage des jeunes de 56%, il contribue à générer 0,3% du PIB de cette région pauvre d'Italie. Un Sardex change de mains 12 fois sur un an (à comparer à 1,5 pour l'euro et 5 pour le Sol violette de Toulouse).

La production responsable

En privilégiant la production agricole locale, l'usage d'une monnaie locale permet aussi de préserver la vocation agricole des terrains et de ménager les ressources en eau. La défense des communs pourrait d'ailleurs devenir une des vocations essentielles des monnaies locales. La production responsable peut empêcher le pillage et s'attacher à défendre les valeurs que les marchés libres (au sens de « sans régulation ») détruisent en donnant ainsi un début de réponse au philosophe Sandel :

> La mutation la plus catastrophique des trois dernières décennies n'est pas la généralisation de la cupidité. C'est l'extension du marché et de ses valeurs dans des sphères de la vie où il n'a pas à intervenir. […] Pourquoi s'inquiéter d'une évolution vers le tout-marché ? Pour deux raisons : l'une concerne les inégalités ; l'autre la corruption. […] Mettre un prix sur toutes les choses qui ont de l'importance dans la vie ne peut que les corrompre. Le marché ne se contente pas d'allouer les ressources et les biens ; il promeut aussi un état d'esprit particulier vis-à-vis des biens échangés […] Sans vraiment le réaliser et le décider, nous avons insensiblement glissé d'une économie de marché *enchâssée* dans la société à une société dont l'*essence* est le marché.[226]

En favorisant le choix des types de matériaux, notamment dans l'isolation des bâtiments, et en soutenant certains artisans en les insérant dans son réseau, le système de monnaie locale participe à la réduction d'émission de gaz à effet de serre. Les transitions énergétique et écologique peuvent être les objectifs d'une production responsable.

Des projets de grande ampleur de ce type doivent pouvoir mobiliser la fonction de financement de la monnaie[227] et c'est bien à la monnaie de fournir les capitaux nécessaires à la production responsable assurant la durabilité territoriale. Pourtant les monnaies locales répondent inégalement à l'objectif de maintenir

---

[226] Michael Sandel, *What Money Can't Buy : the Moral Limits of Markets*, Penguin, 2013, p.125.
[227] Ceci pourait être fait avec la monnaie euro en orientant le financement public. Alain Grandjean et Gaël Giraud, « On ne fera pas plus d'écologie avec moins de moyen », Alternatives Économiques, 22 septembre 2018, [en ligne], [https://www.alternatives-economiques.fr/on-ne-fera-plus-decologie-de-moyens/00085722], (5 septembre 2018).

l'autonomie-durabilité du territoire, autonomie… car restent des pièges à éviter, des contraintes à surmonter …

Les pièges à lever pour que la monnaie favorise l'autonomie

La monnaie qui s'accumule

Une monnaie locale, si elle peut être un outil d'équilibre et de développement des projets d'autonomie, au sens de faire ses propres règles, reste une monnaie. Comme toute monnaie, elle peut aussi se révéler être un outil de démesure et de destruction de ces mêmes projets qu'elle affiche vouloir promouvoir. De nombreux pièges existent.

Le premier piège est qu'une monnaie soit sert à la circulation des biens soit s'accumule chez quelques détenteurs, heureux de s'enrichir. Le dilemme apparait crucialement dans une société qui a besoin de produire et de consommer certains biens. Plus certains capturent la monnaie, moins elle circule. L'accumulation financière ainsi que l'usage spéculatif de la monnaie sur des paris conduisent à une réduction des liquidités nécessaires tant pour les échanges de consommation que pour le financement immobilier, des équipements publics et des entreprises[228].

Une accumulation mesurée est cependant nécessaire. Une partie de l'épargne sert à lisser les dépenses (épargne de liquidité) ou à payer des dépenses exceptionnelles ou imprévues (épargne de précaution). Un autre usage socialement utile de l'épargne est de financer des investissements utiles pour tous ou de financer des entreprises dont l'activité participe à des objectifs collectifs. La difficulté consiste donc à prévenir l'accumulation stérile, favoriser la consommation pour les

---

[228] Lire : Gaël Giraud, *Illusion financière*, Editions de l'Atelier, 2015 et Gaël Giraud et Cécile Renouard, *Vingt propositions pour reformer le capitalisme*, Paris, Flammarion, 2012.

besoins des humains, sans empêcher l'épargne socialement et individuellement utile.

Le deuxième piège est qu'une monnaie sert à se procurer tant le nécessaire que le superflu. Dans une société sans croissance, si la monnaie est captée par certains, elle manque aux plus démunis pour leur permettre d'accéder au nécessaire :

> Il n'est pas nécessaire que je puisse acheter de brillantes étoffes ; mais il faut que je sois assez riche pour acheter du pain, pour moi et pour mes enfants. [...] nul homme n'a le droit d'entasser des monceaux de blé, à côté de son semblable qui meurt de faim. Quel est le premier objet de la société ? C'est de maintenir les droits imprescriptibles de l'Homme. Quel est le premier de ces droits ? Celui d'exister. [229]

Or, les contraintes écologiques et sociales poussent vers une société à croissance différenciée[230]. Une monnaie locale peut être une solution moderne à la réponse aux besoins vitaux si elle permet de fournir, en échange d'un travail pour la collectivité, un revenu minimum décent pour tous.

Bien que pour déjouer certains pièges inhérents aux usages de la monnaie, certains mobilisent, limitent ou interdisent certaines fonctions de leur monnaie locale, comme la communauté toulousaine qui a choisi que le Sol-violette de Toulouse soit une « monnaie fondante »[231], le pilotage par la monnaie locale des objectifs écologiques, sociaux et économiques visés sur un territoire reste délicat. Une unité monétaire créée servira-t-elle l'échange, le nécessaire et l'autonomie et ne se perdra-t-elle pas au contraire dans l'accumulation, le superflu ou l'aliénation ? Pour éviter ces errements, doivent rester au cœur des débats d'un territoire qui défend sa monnaie diverses questions ouvertes comme le degré d'autosuffisance, la liberté, la solidarité, l'égalité et le prix d'échange juste.

---

[229] Robespierre, « Opinion sur les subsistances, discours devant la Convention », le 2 décembre 1792.
[230] Serge Latouche, *Le pari de la décroissance*, Fayard, 2006.
[231] Le Sol violette subit une décote de 3% tous les 3 mois.

Des circuits monétaires trop courts ou qui ne bouclent pas

La fermeture du système monétaire telle qu'elle était vécue dans le petit village d'Aussois en 1950 témoigne d'une contrainte du passé, elle reste un horizon pour nombre d'utilisateurs de monnaie locale.

Et l'histoire ci-dessous fait partie de leurs classiques[232].

Journée maussade dans un petit bourg humide au fin fond de l'Irlande.

Il tombe une pluie battante et les rues sont désertes. Les temps sont durs, le pays est très endetté, tout le monde vit à crédit.

Arrive un touriste, riche. Il arrête sa belle grosse voiture devant le seul hôtel de la ville et il entre. Il pose un billet de 200 euros sur le comptoir et demande à voir les chambres disponibles afin d'en choisir une pour la nuit.

Pour 200 euros, le propriétaire de l'établissement lui donne toutes les clés et lui dit de choisir celle qui lui plaira. Dès que le touriste a disparu dans l'escalier, l'hôtelier prend le billet de 200 euros, file chez le boucher voisin et règle la dette qu'il a envers celui-ci.

Le boucher se rend immédiatement chez l'éleveur de porcs à qui il doit 200 euros et rembourse sa dette. L'éleveur à son tour s'empresse de régler sa facture à la coopérative agricole où il se ravitaille en aliments pour le bétail. Le directeur de la coopérative se précipite au pub régler son ardoise. Le barman qui a marié sa fille et a fait crédit pour réserver une chambre de l'hôtel pour les mariés le soir de la noce, court acquitter sa facture chez notre hôtelier qui pose le billet sur le comptoir, là où le touriste l'avait posé auparavant.

Le touriste descend l'escalier, annonce qu'il ne trouve pas les chambres à son goût, ramasse son billet et s'en va.

Personne n'a rien produit, personne n'a rien gagné, mais plus personne n'est endetté et le futur semble beaucoup plus prometteur.

---

[232] Gérard Foucher, « Les secrets de la monnaie », conférence, Toulouse, septembre 2013, [en ligne], [https://www.youtube.com/watch?v=R-Bg_B9OhPU], (5 février 2017)

Cette histoire illustre comment bénéficier de la clôture d'un circuit monétaire. Pour qu'une monnaie locale permette de nombreux échanges, il faut que ses circuits soient en boucle fermée et que ces boucles soient suffisament larges. Par exemple si des maraîchers sont les seuls producteurs du réseau, la circulation de la monnaie locale s'arrêtera dès le premier achat chez les maraîchers. Pour qu'elle circule, il faut que le plombier, le menuisier, le dentiste, auxquels peuvent s'adresser les maraîchers, acceptent cette monnaie locale.

Sans une politique volontariste de développement des circuits des échanges, des monnaies locales peuvent végéter et s'éteindre. La nature et le nombre des différentes boucles de circulation monétaire susceptibles d'utiliser la monnaie locale sont essentiels pour son essor. Cette question ne se pose pas pour la monnaie légale, pour laquelle le circuit monétaire existe de fait, creusé par le sillon de l'histoire et la confiance liée en grande partie à la garantie de l'État. Mais la question de la clôture des circuits monétaires alternatifs est fondamentale : si la monnaie mise en circulation ne parvient pas à revenir à sa source, les détenteurs de monnaie en bout de chaîne convertissent nécessairement la monnaie locale en monnaie légale[233]. De ce fait, l'utilité de la monnaie locale pour la promotion des échanges responsables et pour l'autonomie est grandement réduite.

La complémentarité de trois types d'acteurs est nécessaire à la clôture des circuits monétaires. Les habitants consomment, les entreprises, commerces et artisans produisent les biens et services. Les collectivités locales peuvent verser une partie des salaires, subventions et aides qu'elles gèrent en monnaie locale. En France elles peuvent aussi, depuis une nouvelle loi de 2014 sur l'économie sociale et solidaire, fournir des prestations de service payables en monnaie locale, voire collecter les impôts locaux sous cette forme.

En 2017, l'Eusko comme le Sol violette bénéficiaient à un réseau de producteurs[234] centrés sur l'alimentation (épicerie, boulangerie, restaurant, ferme,

---

[233] Quand celle-ci est adossée à la monnaie légale comme le Sol de Toulouse.

auberge) et de revendeurs (matériel de bureau, téléphonie, informatique optique, contrôle technique, pharmacie, librairie). Mais les artisans (bijouterie, fleuriste) et les professions libérales (un masseur kiné, un coiffeur, institut de beauté) restent rares dans les circuits. Le Sardex offre un réseau plus vaste d'artisans. Pa exemple, Roberto, un menuisier sarde, qui était sur le point de fermer boutique et de partir rejoindre son frère en Allemagne, a pu grâce au Sardex gonfler son carnet de commande et sauver son entreprise. Son frère est même maintenant prêt à revenir travailler au pays.

Le réseau de producteurs locaux doit être acteur moteur des circuits monétaires. De fait, seul le Sardex et le WIR en Suisse ont réussi à intégrer la circulation de sa monnaie entre les entreprises créant des circulations monétaires entre entreprises. En pratique, pour chaque territoire, une analyse *a priori* des circuits monétaires et de leur taille est nécessaire en amont de tout projet de monnaie locale. Cette analyse doit mettre en évidence les circuits fermés potentiels sur le territoire et préconiser pour les développer des incitations appropriées soit du côté de la consommation responsable, soit du côté de la production responsable soit enfin du côté des collectivités territoriales.

Les productions qui manquent

Pour étendre la circulation monétaire, il convient de développer des productions de biens et services qui manquent sur le territoire. On peut observer diverses stratégies.

Le Sol violette semble ne pas chercher à intégrer les entreprises hors de l'économie sociale et solidaire et la communauté qui développe la monnaie locale toulousaine donne sa préférence aux entreprises locales plutôt pour des raisons écologiques.

---

[234] http://www.euskalmoneta.org/ou-payer-avec-mon-Euskokart/

La communauté de l'Eusko défend plutôt un sentiment régionaliste.

Le Sardex s'appuie également sur le sentiment régionaliste mais, face à la dureté de la crise économique, il ne cherche pas à se limiter à une préférence écologiste ou solidaire et cible principalement l'emploi local. Lorsque quelqu'un a besoin d'un bien ou d'un service précis, il peut téléphoner à l'un des 16 *brokers* de Sardex qui connait bien le réseau des 3 500 membres[235] et ce dernier l'aide à trouver le bien ou le service souhaité.

Élargir suffisamment à terme le périmètre de la circulation monétaire dans une perspective de durabilité doit se penser avec le développement de la production responsable. Comme on l'a évoqué précédememnt, l'habitat écologique et la rénovation énergétique des bâtiments ou la création d'entreprises dans les énergies nouvelles ou d'activité entrant dans les objectifs de durabilité du territoire sont un potentiel important de développement de la production responsable.

Cette incitation au développement des productions manquantes peut se faire *via* le crédit aux commerces et aux entreprises. Le crédit aux entreprises nouvelles est un outil des plus efficaces pour substituer des modes de production vertueux à des modes de production destructeurs. Dans ce but, une épargne en monnaie locale pourrait être mobilisée, consacrée au financement de projets écologiquement responsables favorisant l'autonomie du territoire.

De la méfiance à l'égard de la finance traditionnelle à la création monétaire comme bien commun.

Malgré le vœu de favoriser l'émergence de nouvelles productions inexistantes sur le territoire, le financement de ces entreprises est souvent le point sur lequel butent les expériences de monnaie locale. Pour un grand nombre de partisans des monnaies locales, les fonctions de la monnaie traditionnelle ne

---

[235] Pour développer le réseau d'entreprises partenaires, le Sardex a levé 150000 euros en 2011 auprès d'une société de capital-risque.

permettent plus l'intelligibilité des circuits financiers et le financement classique par les organismes de crédit traditionnel conduit à des profits exagérés pour le banquier et provoque les faillites.

De fait, un des principaux freins à la durabilité reste que la quasi-totalité des entreprises sont assujetties à une exigence de rentabilité par leurs actionnaires mais aussi par leurs créanciers et que leurs besoins récurrents de trésorerie sont couverts par des prêts à taux fixe élevé.

Par ailleurs, souvent les partisans des monnaies locales, défendent que les exigences de rentabilité[236] des actionnaires ont deux impacts majeurs en termes de durabilité. Le premier impact est une destruction environnementale liée à la croissance imposée de l'activité économique et à la fuite en avant technologique qui induit une généralisation des raretés (l'eau, les terres, l'air pur, les matières premières, etc.). L'autre impact est une destruction sociale liée à la réduction des coûts humains de production (salaire horaire et/ou nombre d'employés).

L'exigence de rentabilité des créanciers est également destructrice. La monnaie nécessaire au paiement des intérêts de la dette n'est pas créée en même temps que la dette elle-même, si la souveraineté de la puissance publique n'assure pas la création monétaire suffisante[237]. La dette conduit aussi à une concentration de la richesse vers les créanciers qui participe à la destruction du tissu social. On voir ainsi revenir des inégalités de revenus et de patrimoine à l'intérieur de pays occidentaux qui ne s'étaient plus observées à ce degré depuis plus d'une centaine d'années[238]. Pierre Rosenvallon a analysé qu'en même temps s'est produit un recul

---

[236] De nombreuses institutions financières ou modes d'actions, citons les *hedge funds*, les *private equity fund* et l'obsession de la plus-value actionnariale, conduisent à des destructions mesurables d'emplois, de ressources et de viabilité de territoires même si leur impact n'est pas directement traçable.
[237] Mathias Binswanger, « Is There a Growth Imperative in Capitalist Economies? A Circular Flow Perspective », *Journal of Post Keynesian Economics*, 2009, 31, p. 707-727.
[238] Thomas Piketty, *op. cit.*

considérable des valeurs de justice, de respect et d'équité qui porte atteinte au fondement du projet démocratique moderne.

Pour assurer les profits démesurés que les actionnaires et les créanciers exigent, le système économique productif n'a que trois issues. Il peut augmenter les prix. Il peut augmenter les débouchés et cette augmentation de l'activité est la croissance du PIB, un des mythes modernes les plus ancrés. Il peut pratiquer une compression des coûts de production, bien souvent par une réduction de la masse salariale ou substitution du capital technologique au capital humain. La pérennité économique de long terme de l'activité est sacrifiée au profit de flux financiers immédiats vers les actionnaires et les créanciers.

Face à cela, la monnaie locale peut assurer un financement responsable. Les entreprises qui auront accès à des financements en monnaie locale auront un objectif de viabilité de l'activité sans contrainte de rentabilité capitalistique de l'activité. Sur ce levier aussi, les monnaies locales observées ont des postures variées.

Le sol de Toulouse ne fait pas crédit.

L'Eusko s'est lancé dans le crédit. Monnaie dite gagée, l'Eusko ne peut être créée sans dépôt équivalent en euro dans une banque. Tous les euros changés en Eusko sont conservés dans un fonds de garantie afin d'être en mesure de pouvoir rembourser tous les Euskos en circulation. Ce fonds de garantie est placé dans une banque « alternative » comme la Nef qui participe au financement de projets réels et structurants portés par des entreprises et associations du Pays Basque.[239] Depuis 2016, en un an et demi, une vingtaine de projets ont été soutenus, soit 600 000 € investis sur le territoire.

La monnaie Sardex va plus loin. Le principe de Sardex est de faire de la création monétaire directe puisqu'il ne faut pas déposer un euro en gage pour un

---

[239] http://www.euskalmoneta.org/7-bonnes-raisons/

Sardex créé. De plus, le Sardex met en plus en relation les particuliers et les entreprises ayant besoin de financement pour organiser des prêts directs de particulier à entreprise. Cette monnaie locale a répondu ainsi aux besoins de crédits et son directeur financier Cesare Ravaglia a même annoncé en 2017 : « Nous allons résoudre les problèmes liés à la distribution de crédit dans le monde entier. Nous avons inventé un système de crédit amical, sans intérêts, sans délais de paiement ».

Dans certains pays, la monnaie locale a la possibilité de création monétaire ce qui lui donne les capacités d'action d'une banque privée. Cette possibilité transforme la monnaie locale en banque de communauté. La création de monnaie locale *ex-nihilo* constitue un levier considérable. On peut illustrer ce point par une estimation simple. Supposons que 100 000 euros soient gagés par une collectivité territoriale, par exemple une communauté urbaine de quelques centaines de milliers d'habitants. En supposant un taux de 10% de conversion de monnaie locale en monnaie légale, il est possible de créer 1 million d'unités de monnaie locale. En admettant encore que la monnaie locale circule comme le Sardex, à savoir 12 échanges par an, c'est l'équivalent de 12 M€ de PIB qui serait créé, soit environ 3000 emplois à temps plein.

Cependant, la monnaie locale ne peut légalement, en France tout au moins, accepter les dépôts à vue des particuliers pour faire du crédit. Notons que cette contrainte peut être contournée. Au lieu de faire crédit, les particuliers peuvent financer directement les entrepreneurs locaux à la manière des promoteurs du Sardex.

La monnaie locale est alors une création monétaire, bien commun au sens de Gaël Giraud[240] qui précise que, pour une monnaie - bien commun : « la liquidité[241] et le crédit devraient être organisés à la manière de communs. ».

---

[240]Gaël Giraud, Illusion financière, *op. cit.*, p. 143.
[241] La liquidité correspond, dans notre cas, à l'accès au financement des besoins de trésorerie.

Un avantage de la monnaie locale Sardex réside donc dans sa valeur **création monétaire comme bien commun.** Le Sardex assure sa **fonction financement,** en mettant en relation des citoyens pouvant éventuellement prêter à des entreprises locales[242]. Ce sont ces raisons parmi d'autres aussi sans doute, qui font que le Sardex a un poids non négligeable dans les échanges qui se relocalisent et qu'il participe nettement à une forme naissante de **résilience du territoire.**

A l'inverse, le financement de la **production responsable** ne parait pas un objectif du Sol violette et ses promoteurs ne marquent pas leur volonté d'engagement dans la **fonction de financement** de leur monnaie locale. Pour les promoteurs toulousains, l'enjeu de l'autonomie n'est peut-être pas aussi crucial qu'en Sardaigne.

Le succès d'une monnaie locale se mesure au degré de renforcement de l'autonomie de son territoire auquel elle a contribué. Or notre analyse montre que le renforcement de l'autonomie peut être associé à trois caractéristiques d'une monnaie locale : la taille du circuit monétaire, la création de production manquante et la juste rémunération du capital. En effet, le succès d'une monnaie locale reste limité si le circuit monétaire demeure trop court. C'est le cas, en effet, quand les utilisateurs achètent de la monnaie locale avec leur monnaie nationale pour payer des commerçants en monnaie locale et que ces derniers échangent immédiatement la monnaie locale reçue contre des euros. Le succès est également limité si la gamme des productions locales ne se développe pas par l'usage de la monnaie. Enfin le succès est limité si, en raison d'un coût de financement trop élevé, la production locale ne peut être accrue.

Les communautés pratiquant les monnaies locales s'efforcent de promouvoir des stratégies pour atteindre les valeurs qu'elles se sont fixées.

---

[242] La pratique développée par le système monétaire du Sardex d'établir une rencontre entre le prêteur et l'entrepreneur souligne bien la nécessité d'insérer dans notre taxinomie la valeur d'**empathie entre le créancier et le débiteur.**

C'est également dans cet esprit que certaines cherchent à fabriquer une monnaie dont les règles évoluent au cours du temps dans une gestion démocratique de la monnaie. Cette exigence s'oppose à d'autres monnaies alternatives comme le *bitcoin* qui ne sont pas, par nature, gérée ni démocratiquement ni territorialement.

Mais qu'entend-on par démocratiquement ? Selon moi, ce peut être la participation directe ou indirecte de tous à la mise en œuvre et à la définition de la « vie bonne » comme moyen et fin pour atteindre la démocratie et la « vie bonne ». Dans cette perspective, l'une des vocations d'une monnaie locale est de servir une économie solidaire démocratique.

> La question principale posée à l'économie solidaire n'est ni technique, ni économique ni même financière. Elle est celle des conditions de possibilité d'une démocratie associationiste viable et durable. [243]

Dans ce contexte, l'objet monnaie et sa gestion doivent faire l'objet de choix collectifs explicites qui définissent la charte de fonctionnement, favorisent l'équilibre des pouvoirs de ses différentes parties prenantes et tentent d'éloigner les dérives oligarchiques dans la gestion de la monnaie. Comme il reste très difficile de ne pas asservir, petit à petit, la monnaie au bénéfice des plus riches, la gestion démocratique, dans cette acceptation, peut permettre de défendre le sort des plus pauvres[244] qui auront ainsi voix au chapitre. C'est, entre autres, la valorisation de l'activité des plus démunis qui assurera le développement de l'autonomie individuelle des plus pauvres[245] et qui évitera sur le long terme la transition de la pauvreté vers la misère et les mieux nantis peuvent défendre les intérêts des plus pauvres pour des raisons pratiques ou de principe.

---

[243] Alain Caillé, *Dé-penser l'économique*, La Découverte/MAUSS, 2005.
[244] Il faut se souvenir qu'Aristote considérait comme démocratique une société avec mille riches et cent pauvres où était privilégiée la position des plus pauvres, même minoritaires.
[245] Majid Rahnema. *Quand la misère chasse la pauvreté: essai*, Actes Sud, 2003.

Dans la ferme d'Aussois jusqu'en 1950 la vie de village pouvait répondre à des coutumes et des lois autonomes décidées par les habitants mais avec une faible marge de manœuvre puisqu'il fallait répondre aux contraintes de survie. **La monnaie par ses fonctions de moyen d'échange, de paiement et d'accumulation** permettait l'autonomie collective au niveau de la ferme. Dans la petite communauté d'alors, la valeur sociale de juste **rémunération du travail** apparaissait centrale et était adossée à celle de la valeur énergétique du produit agricole. Les faibles échanges avec l'extérieur de la commune induisaient, par force, une certaine **résilience du territoire.** Ce témoignage du passé d'organisation communautaire est cependant utile à rapprocher des démarches de certaines petites communautés d'aujourd'hui qui perçoivent sur les territoires auxquels elles sont attachées des enjeux nouveaux. La dégradation brutale de l'environnement et des conditions de vie des hommes et l'effondrement possible de notre société globalisée les conduisent à prendre en compte les critères écologiques. Comment préserver nos sociétés pour qu'elles ne s'effondrent pas ? Comment tenir compte de limites écologiques ? Pour un public de plus en plus sensibilisé, existe un lien certain entre les usages de la monnaie et la solution de nos enjeux écologiques et sociaux. Les grandes monnaies mondiales n'ont pas de charte et les politiques monétaires n'incluent que marginalement ces enjeux. C'est pourquoi, certaines monnaies locales apparaissent comme des espoirs. Leurs chartres affichent leurs espoirs de changer le monde. Telle monnaie exigera de leurs entreprises adhérentes, un contrat qui favorise un « traitement digne » des salariés. Telle autre affichera, au niveau d'un territoire, vouloir desserrer l'étau des raretés pour les plus démunis, et contribuer à la soutenabilité du territoire.

Si l'argent et les tentations qu'il génère, demeurent une source de méfiance, une méfiance plus grande encore s'instaure face au pouvoir des marchés qui s'impose maintenant aux relations sociales et à l'organisation de la société. Les monnaies locales complémentaires peuvent être considérées comme la résurgence d'un désir social d'une communauté de renverser cette hiérarchie. De reprendre le pouvoir sur les règles qui régissent les échanges.

Toutes les monnaies locales font l'expérience de la difficulté de passer du vouloir diffuser des valeurs au pouvoir de les incarner et les institutionnaliser. A cet égard, surveiller l'ajustement de la monnaie en usage aux fonctions et valeurs, à la fois telles qu'elles sont souhaitées mais telles qu'elles sont développées ou atrophiées par la mise en œuvre concrète de la monnaie, reste un bon outil de remise en cause permanente pour que la monnaie réelle puisse soutenir des projets d'autonomie désirés par la communauté pour son territoire.

Partie 3

-

La monnaie dans la forme de gouvernement par le libre marché

Dans toute société il y a des limites morales à ce qui peut s'échanger et se vendre. Nous venons d'enquêter sur les communautés qui promeuvent des monnaies locales, mais il faut reconnaitre que c'est une position marginale pour envisager la monnaie. Ce qui est massif et en expansion sont les monnaies comme l'euro et les sociétés où dans le cadre de marchés libres tout s'achète et tout se vend ou tout au moins les frontières de l'usage de l'argent sont repoussées chaque jour.

En effet, l'argument avancé est que ces marchés libres favorisent l'autonomie individuelle.

Enquêtons.

Enquête 6 : le marché libre favorise-t-il l'autonomie individuelle ?

La forme de gouvernement par le libre marché[246] parait aujourd'hui s'étendre. La Chine, l'Inde, les États-Unis, l'Europe favorisent les marchés pour échanger des objets, du travail, de la monnaie mais aussi de la santé, de l'éducation et des terres agricoles. La sphère publique semble se restreindre alors que se font entendre de virulentes critiques du système de marché par certains citoyens, notamment à propos de sa capacité à gérer un effondrement qui nous menace. Selon eux, le marché libre pourrait ne pas favoriser l'autonomie des individus alors même que c'est son objectif. Nous allons donc dans cette enquête, en explorant la pensée de différents spécialistes, nous interroger pour savoir en quoi le libre marché peut contribuer ou non à l'autonomie des individus et de quelle façon la monnaie peut être impactée par le marché libre.

Dès 1991, le philosophe Paul Ricœur affirmait qu'il fallait « commencer sans tarder la critique du capitalisme en tant que système de distribution qui identifie la totalité des biens à des biens marchands. »[247]

Pour le courant néolibéral ou libertarien, il n'y a pourtant aucune légitimité de la part de l'État à empêcher deux personnes de conclure un contrat d'échange dès lors que l'une et l'autre y trouvent leur intérêt. Pour eux, le rôle de l'État doit être réduit à la protection de la propriété privée et à la création des conditions pour favoriser l'essor des marchés. Cette position de méfiance à

---

[246] Nous appelons libre marché, un marché où aucune règlementation n'est imposée par la société. A cet égard, le *shadow banking* peut être considéré comme une banque de libre marché puisqu'elle permet que le marché de l'argent s'extirpe des contraintes imposées aux banques pour limiter les faillites et les crises.

[247] Paul Ricœur et Michel Rocard, « Justice et marché », *Esprit*, 1991, no 165, p. 5-22.

l'encontre des gouvernements remonte à la *Déclaration d'indépendance des États-Unis* de 1776. Son préambule explicite l'importance de l'épanouissement de l'individu, de sa liberté de commercer et, pour ce faire, la nécessité de limiter l'État en tant que gouvernement :

> We hold these truths to be self-evident, that all men are created equal, that they are endowed by their Creator with certain unalienable Rights, that among these are Life, Liberty and the pursuit of Happiness.
>
> That to secure these rights, Governments are instituted among Men, deriving their just powers from the consent of the governed, That whenever any Form of Government becomes destructive of these ends, it is the Right of the People to alter or to abolish it, and to institute new Government, laying its foundation on such principles and organizing its powers in such form, as to them shall seem most likely to effect their Safety and Happiness.

Cette philosophie de la liberté explique l'extension historique des marchés. Aujourd'hui, se négocient sur des marchés organisés bien d'autres choses que des objets et services. Ainsi des marchés contrôlent le fait de prêter (marché du crédit), le fait de travailler (marché du travail), le fait de « copier la nature » (le brevetage du vivant). Les possibilités de projets individuels en sont de fait potentiellement affectées.

Hayek : l'autonomie individuelle nécessite le marché libre

Promoteur du libéralisme, opposé au socialisme et à l'étatisme, inspiré par la pensée néo-libérale de Ludwig von Mises (1881-1973), Friedrich August von Hayek (1899-1992), philosophe et économiste de l'École autrichienne, a prêté attention aux projets individuels et a prôné l'individualisme absolu.

Pour Hayek la souveraineté doit être celle non d'une collectivité organisée politiquement, mais de l'individu dans ses choix de consommation. Selon lui, la société se forme autour des projets individuels. Les questions morales n'existent plus ou sont rejetées à l'extérieur du monde du marché :

C'est un avantage souvent reconnu aux marchés que d'éviter de poser les questions morales, de rendre « neutres » les relations. C'est même une protection de l'individu de banaliser l'échange, de le rendre anonyme, d'éviter de transformer la relation entre deux personnes dans l'échange en un tête-à-tête singulier. Le propre d'un échange marchand est de rompre le lien don / contredon qui parfois emprisonne. Il rend quittes. Il est essentiel pour la souplesse du lien social qu'on puisse être « quittes » et sortir aisément des relations chargées en émotion. Le marché crée des relations horizontales, d'intensité faible, mais variées et multiples, là où les relations non marchandes sont fortes et concentrées. Le marché peut créer distance mais solitude entre les individus, alors que les liens sociaux non marchands peuvent être intenses et enrichissants tout comme oppressants. Le marché « marchandise », mais ouvre les options. [248]

Selon Hayek, le marché assure l'allocation des biens selon un équilibre optimum (dit de Pareto) où plus personne ne peut améliorer sa position par des échanges supplémentaires et favorise donc les projets individuels d'autonomie. Mais si les projets possibles sont facilités par les échanges, ils sont aussi contraints par une allocation de ressources inégales entre les hommes dont Hayek ne se soucie pas. Hayek démontre, par un argument de maximisation de la somme des utilités individuelles, l'efficacité du seul marché si la question de la justice de répartition des richesses initiales ne se pose pas. Il se différencie de John Stuart Mill qui affirmait, avec des arguments utilitaristes mais une fonction d'utilité différente, qu'une répartition plus égalitaire conduirait à un meilleur optimum social, parce que le pauvre trouve davantage d'utilité personnelle à consommer que le riche déjà bien muni.

Selon Hayek, pour une économie « efficace », l'action de la concurrence, de l'offre et de la demande, doit être étendue à la monnaie. La monnaie doit être un objet comme un autre. Comme tout objet, il doit pouvoir être échangé librement par tous :

> Pour une économie « efficace », l'action de la loi de l'offre et de la demande doit être étendue à la production des moyens d'échange pour que le monde social soit entièrement régi par la loi concurrentielle.[249]

---

[248] François Meunier, « Peut-on tout acheter ? », *Esprit*, mai 2015, [en ligne http://www.esprit.presse.fr/news/frontpage/news.php?code=374]

[249] Friedrich Hayek, *Denationalization of money*, Londres, Institute of Economic Affairs, 1976.

Pourtant, bien qu'il soit un représentant du courant libéral, l'opinion d'Hayek sur la monnaie n'est pas celle des libéraux « ordinaires ». De Ricardo à Milton Friedman, les libéraux ont toujours considéré que la monnaie ne pouvait être abandonnée aux hasards du laisser-faire. Avec la théorie quantitative de la monnaie, Friedman et ses disciples ont souhaité proposer un processus qui permettrait à la politique monétaire de rester « neutre ». Or cette théorie rencontre de fait une difficulté. Pour que la monnaie conserve son pouvoir d'achat, il faut contrôler l'inflation.

Irvin Fisher a été le premier économiste à expliquer l'inflation par un modèle qui pose une égalité entre flux de monnaie dépensée et valeur nominale des transactions[250] soit $M*V = P*T$, avec M = stock de monnaie en circulation, P = niveau des prix, V = vitesse de circulation de la monnaie et T = volume des transactions.

Ainsi nous voyons que le niveau des prix monte si la vitesse de circulation de la monnaie augmente. Ceci est le cas lors des paniques et des peurs d'inflation. Chacun va utiliser au plus vite son argent pour acheter des biens et chacun contribue ainsi à faire augmenter V. De ce fait P augmente et la rumeur d'inflation qui a provoqué la panique se révèle une prophétie auto-réalisatrice.

Dans le cas inverse, si tout le monde anticipe une baisse des prix et diffère ses achats, la vitesse de circulation de la monnaie baisse accélérant la déflation.

La monnaie n'est donc pas un voile neutre mais une affaire psychologique de comportements des détenteurs de monnaie. Sauf si les actions des banques centrales ajustent la masse monétaire en fonction de la vitesse de circulation pour stabiliser P et ainsi « rendre neutre la monnaie ». Après la deuxième guerre mondiale, Milton Friedman affirme que P est lié à long terme

---

[250] Irving Fisher, *The theory of interest*, New York, 1930, vol. 43.

uniquement à M. Il suffit alors de contrôler M pour stabiliser P. A long terme, un accroissement de la quantité de monnaie se traduit uniquement par de l'inflation, en raison des « anticipations adaptatives » des agents. Cette analyse est connue sous le nom de monétarisme.

Alors que cette théorie quantitative de la monnaie propose de fixer les besoins en émissions de monnaie, Hayek a affirmé lui, pourtant, que le marché d'offre et de demande de monnaie suffit à s'autoréguler. Il y aurait capacité de la monnaie à « s'auto-engendrer » selon une logique « d'ordre spontané » :

> Aucune autorité ne peut fixer à l'avance et seul le marché peut découvrir la « quantité optimale de monnaie »[251]

Hayek « remet en cause de façon radicale une orthodoxie deux fois séculaire qui voulait que le temple monétaire eût un gardien et que ce gardien fût le prince en personne. »[252]. Il prône une mesure radicale : la privatisation de la monnaie :

> La neutralisation monétaire consiste en la suppression pure et simple de la monnaie et son remplacement par un système de libre concurrence entre moyens de paiement privés.[253]

La neutralisation monétaire consiste donc pour Hayek non pas en une conservation de la valeur de la monnaie, mais en un système de libre concurrence entre moyens de paiement privés. Cela veut dire que, dans le système Hayek, des monnaies privées peuvent se concurrencer, et comme toutes autres marchandises, ce sont les « meilleures » qui survivent par la sélection naturelle liée à la réputation. La capacité d'un établissement ou d'un particulier à émettre sa propre monnaie devra dépendre de la confiance qu'il saura inspirer.

---

[251] Friedrich von Hayek (1931), *Prix et production*, Traduction française Calmann Levy, Paris, 1975, p. 77.
[252] Christian Tutin, *Monnaie et libéralisme : le cas Hayek*, Cahiers d'économie politique, n°16-17, 1989, p. 153-178
[253] Friedrich Hayek, *Denationalization of money, op. cit.*

Hayek pense que de telles monnaies « libres » offriront les fonctions essentielles de la monnaie sans être polluées par des « valeurs » sur lesquelles il n'y a pas consensus et qui ne doivent surtout pas être imposées par les États.

Depuis une dizaine d'années, sont apparues en grand nombre de telles monnaies que l'on a dénommées crypto-monnaies[254]. Le *bitcoin* est une de ses monnaies et il a connu un succès médiatique et financier considérable. Echangeable contre des euros, il a vu son cours évoluer de manière très volatile et être multiplié par 10 000 en 5 ans. Le prix est pour le *bitcoin* un phénomène mimétique puisque plus le volume des transactions en cette monnaie augmente plus le prix de cette monnaie monte.

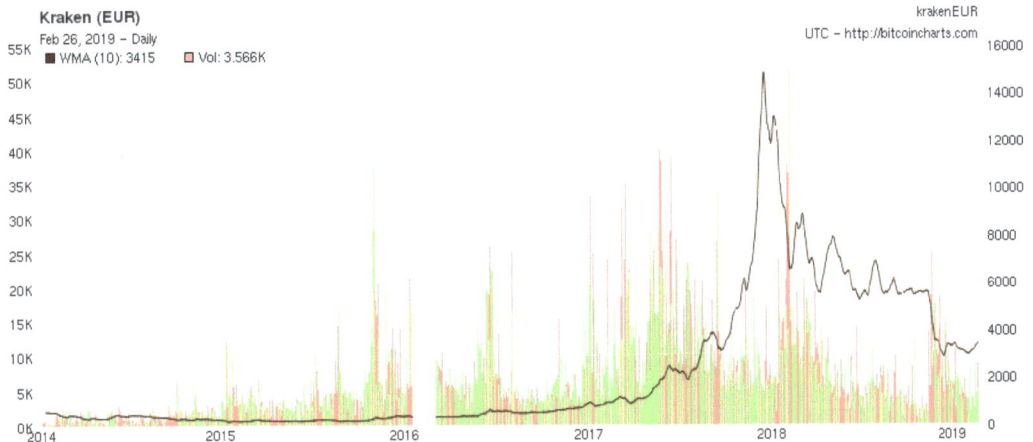

Le *bitcoin* est la monnaie dont rêvait Hayek. Cette monnaie peut « fonctionner » comme une marchandise. Sa valeur résulte de l'offre et de la demande. Nous nous interrogerons ultérieurement sur la capacité du *bitcoin* à remplir les fonctions d'une monnaie (échange, accumulation, moyen de paiement) et à être un bien commun (voir chapitre 8).

---

[254] Monnaie électronique sur un réseau informatique décentralisé, basée sur les principes de la cryptographie pour valider les transactions et émettre la monnaie elle-même.

Pour les monnaies « libres » que décrit Hayek, la fonction de moyen de paiement n'est plus garantie par celui qui touche le seigneuriage mais par la notoriété qui fait que ces monnaies quand elles sont plébiscitées par les utilisateurs seraient stables. Par ailleurs les fonctions d'échange et d'accumulation pour ces monnaies semblent opérer sans institutions et sans valeurs.

A la différence des promoteurs de monnaies locales, Hayek veut considérer l'argent pour ses seules fonctions, sans regarder l'impact de la monnaie sur la production ou la consommation responsable, la résilience du territoire ou la juste rémunération du travail. Par rapport aux promoteurs de monnaies nationales, Hayek veut considérer l'argent pour ses seules fonctions, sans regarder l'impact du seigneuriage au bénéfice de la collectivité.

Héritiers de la pensée d'Hayek, les néolibéraux d'aujourd'hui voient les bienfaits d'un marché qui permet de limiter l'Etat ou même s'opposer à lui. La liberté d'échanger sur des marchés sans régulation de la force publique permet selon eux une liberté des individus et donc une certaine vérité des rapports humains.

Allant plus loin, certains affirment que le laisser-faire que permettent les marchés financiers non régulés, peut être considéré comme condition de l'émancipation individuelle. [255]

---

[255] « Il est un fantasme très répandu, selon lequel la logique marchande tendrait à s'accroître, n'épargnant aucune des relations humaines si bien qu'il faudrait y résister, car seul ce qui n'a pas de prix aurait une valeur sur le plan moral. Mais, à mes yeux, ce danger n'existe guère. Si la prostitution est légalisée, cela ne sera pas pour autant la fin de l'amour. Si les personnes âgées peuvent aujourd'hui payer pour qu'on leur tienne compagnie ou si l'homme d'affaires peut choisir d'être accompagné d'une *escort girl* lors de ses sorties, cela ne signifie pas pour autant que l'affection authentique n'existe plus. Je soutiendrais même l'inverse : plus les échanges marchands se développent et plus il y a de magie dans l'amour inconditionnel, dans le désir fou. Les relations désintéressées n'étant plus obligatoires, elles deviennent d'autant plus précieuses ». Marcela Iacub, Marcel Hénaff. « Qu'est-ce qui n'a pas de prix ? », *Philosophie magazine*, 25 septembre 2008.

Foucault : l'autonomie individuelle compatible avec le marché libre

Ayant développé une théorie des relations entre pouvoir, connaissance et discours, Michel Foucault (1926-1984), philosophe, a critiqué les normes sociales et les mécanismes de pouvoir qui s'exercent au travers d'institutions en apparence neutres.

Foucault a proposé un concept d'économie qui spécifie le rôle du marché libre dans son livre *Les mots et les choses*.[256]

Il a relu les mots de l'économie dans leur contexte historique pour éclairer des sociétés avec des économies profondément différentes. Foucault repositionne ainsi le rôle du marché où se jouent les enjeux de la monnaie et reconnait l'implication de la monnaie dans les pouvoirs.

Foucault a analysé le siècle d'or d'Athènes. L'économie y permet la consolidation du pouvoir dans un cadre de justice. Comme Jean-Pierre Vernant l'a fait à partir des textes d'Homère et d'Hésiode[257], Foucault montre que la justice, *diké*, s'oppose non à l'injustice mais à la démesure, *hybris* :

> Une économie symbolique permet la consolidation du pouvoir dans un cadre de justice. La justice, *diké*, s'oppose à la démesure, *hybris*. La monnaie assure la circulation du pouvoir prenant de multiples formes : le juge, la monnaie et la loi.[258]

Les riches ont alors en charge des institutions de la cité et doivent, pour les uns, entretenir un vaisseau de guerre, pour les autres, payer les chorégies. La monnaie est un outil de justice qui régule les excès. Foucault écrit ainsi que « la vérité de la monnaie n'est pas dissociable de l'ordre et de la vigueur de l'État ; elle

[256] Michel Foucault, *Les Mots et les choses: une archéologie des sciences humaines*, Gallimard, 1966.
[257] Jean Pierre Vernant, *Mythe Et Pensée Chez les Grecs. Études de Psychologie Historique.* Maspero, 1965.
[258] Michel Foucault, *Les mots et les choses*, op. cit., p. 128.

est comme l'autre face de la *dikê* qui y règne »[259]. Selon Foucault, le marché restera, au moins jusqu'au XVIIe siècle, un lieu de justice :

> Le marché, au sens très général du mot, tel qu'il a fonctionné au moyen âge, au XVIe, au XVIIe siècle, je crois qu'on pourrait dire d'un mot que c'est essentiellement un lieu de **justice**. Ce qui devait être assuré, c'était l'absence de fraude.[260]

Le prix doit être alors le « prix naturel », le « bon prix », le « juste prix » :

> Un prix qui devait entretenir un certain rapport avec le travail fait, avec les besoins des marchands, avec les besoins bien sûr, et les possibilités des consommateurs.[261]

Foucault souligne qu'une autre vision, incompatible avec celle d'un juste prix, apparait dès la fin du XVIe siècle. Elle correspond à l'idéal du système des corporations qui va fonctionner avec des modifications de plus en plus importantes jusqu'à la fin du XVIIIe siècle en France. Ce sont les besoins et les désirs qui apparaissent comme les causes principales de détermination du prix. Foucault analyse qu'à cette époque la monnaie tend à devenir une marchandise comme une autre. Il relève l'analyse de Malestroit, qui, dès 1566, note que l'abondance de l'or fait monter les prix en Europe. Il remarque que Davanzati dès le XVIe siècle a aussi compris que la monnaie est prise dans le jeu de l'offre et la demande et du mimétisme des comportements. Ce sont bien les besoins et désirs de ceux qui possèdent la monnaie qui fixent les prix :

> D'ici-bas nous découvrons à peine le peu de choses qui nous entourent et nous leur donnons un prix selon que nous les voyons plus ou moins demandées en chaque lieu et en chaque temps.[262]

---

[259] Michel Foucault, *Leçons sur la volonté de savoir. Cours au Collège de France*, 1970-1971, Gallimard/Seuil, 2011, p. 137.

[260] Michel Foucault, *Naissance de la biopolitique: cours au Collège de France, 1978-1979*, Seuil/Gallimard, 2004, p. 32.

[261] *Ibid.*, p. 33.

[262] Bernardo Davanzati, *Leçon sur les monnaies*, p. 231, cité dans : Michel Foucault, *Les mots et les choses*, *op. cit.*, p. 185.

Ceci conduit à une mutation : de la monnaie comme mesure de richesse, on passe à la monnaie comme mesure des besoins et désirs, leur anticipation laissant libre cours à la spéculation généralisée. Tous les objets et services sont conduits à entrer dans le tourbillon monétaire qui fluidifie et accélère les échanges car « toute richesse est monnayable et c'est ainsi qu'elle entre en circulation. »[263]

Au XVIIᵉ siècle, le mercantilisme, puis plus tard l'utilitarisme, vont reprendre à leur compte l'idée de ce lien entre la monnaie et les prix dont la fixation est un rapport aux désirs individuels :

> A l'époque du mercantilisme, les richesses se déploient comme objet des besoins et des désirs ; elles se divisent et se substituent les unes aux autres par le jeu des espèces monnayées qui les signifient ; et les rapports réciproques de la monnaie et de la richesse s'établissent sous la forme de la circulation et des échanges.[264]

La troisième période considérée par Foucault est celle du XVIIIᵉ siècle.

Le prix dépend alors d'une multitude de variables. L'essayiste Cantillon[265] exprime à cette période la différence profonde entre le prix d'échange et la valeur intrinsèque en décrivant le « grand paradoxe » de la relativité de l'importance du diamant et celle de l'eau alors qu'en 1751 Galiani[266] rattache la valeur à l'utilité. Les Physiocrates, comme Quesnay[267], un peu plus tard, établissent un lien entre un prix élevé et le développement du commerce, donc le développement de la production. Pour le prix de production, dans son analyse, Adam Smith[268] soulignera

---

[263] Michel Foucault, *Les mots et les choses*, *op. cit.*, p. 187.

[264] Michel Foucault, *op. cit.*, p. 186.

[265] Richard Cantillon, *Essai sur la nature du commerce*. 1755. [en ligne], [http://www.institutcoppet.org/wp-content/uploads/2011/12/Essai-sur-la-nature-du-commerce-en-gener-Richard-Cantillon.pdf], (6 mars 2016).

[266] Ferdinando Galiani, *De la monnaie:(1751)*. Librairie M. Rivière, 1955.

[267] François Quesnay, Analyse de la formule mathématique du tableau économique de la distribution des dépenses annuelles d'une nation agricole. *History of Economic Thought Chapters*, 1768. [en ligne], [http://www.taieb.net/auteurs/Quesnay/t1758.html], (6 mars 2016).

[268] Adam Smith, *Recherches sur la nature et les causes de la richesse des nations*, 1776. [en ligne],[http://classiques.uqac.ca/classiques/Smith_adam/richesse_des_nations_extraits/richesse_natio ns_extraits.pdf], (6 mars 2016).

l'importance de la division du travail. Puis en 1821, Ricardo[269] rappellera l'importance du capital. Say jettera alors les bases de l'économie de marché. Selon lui, le marché s'équilibre puisque la production est utilisée pour la consommation, l'investissement ou l'épargne. L'épargne sert à différer l'investissement ou la consommation. Tout cela devient jeu complexe et mouvant dans le temps. Le prix, donc la monnaie elle-même, n'est plus étalon de richesse immédiat mais aussi confrontation des anticipations d'assouvir des désirs futurs de consommation ou d'investissement. La monnaie, avec l'économie de marché, peut alors évincer les autres formes de pouvoir que sont historiquement justice et politique.

Dans l'analyse de Foucault, la monnaie renforce le pouvoir de certaines classes sociales. Elle s'affirme comme un élément central de la régulation sociale qui concourt au maintien de la domination de classe en organisant une certaine hiérarchie des intérêts entre riches et pauvres. Michel Foucault écrit à ce propos :

> Ainsi la monnaie fait régner l'ordre, la justice ; permet d'établir la vérité de ce qu'on doit […] Mais en même temps elle joue un rôle fondamental dans le jeu du pouvoir ; implique l'institution de l'État : impôt, prélèvement, cumul, fixation de la valeur, distribution ; a permis le maintien d'un pouvoir de classe.[270]

Le couplage gouvernement-monnaie y apparait donc néfaste à l'autonomie individuelle. Cependant il est possible de retirer le pouvoir au politique pour le donner à l'individu. Selon Michel Foucault, cette possibilité d'autonomie individuelle qui veut satisfaire les désirs, peut être apportée par le couplage de deux institutions : le marché et la monnaie.

---

[269] David Ricardo, *Principles of political economy and taxation (1821)*. [en ligne], [http://classiques.uqac.ca/classiques/ricardo_david/principes_eco_pol/principes_eco_pol.html], (6 mars 2016).
[270] Michel Foucault, *Leçons sur la volonté de savoir: cours au collège de France*, 1970-1971, Seuil, 2011, p.136.

Dans cette logique, Foucault rejoint la pensée libérale des économistes qui conçoivent la monnaie dans un libre marché comme révélateur d'une forme de choix vrai, supérieure aux choix politiques :

> L'importance de la théorie économique – je veux dire de cette théorie qui a été édifiée dans le discours des économistes et qui s'est formée dans leur tête , l'importance du rapport prix-valeur vient du fait que précisément elle permet à la théorie économique d'indiquer quelque chose qui va être maintenant fondamental : c'est que le marché doit être révélateur de quelque chose qui est comme une vérité.[271]

> Le marché est apparu au milieu du XVIIIᵉ siècle, comme n'étant plus ou plutôt ne devant plus être un lieu de juridiction….les prix, dans la mesure où ils sont conformes aux mécanismes naturels du marché, vont constituer un étalon de vérité qui va permettre de discerner dans les pratiques gouvernementales celles qui sont correctes et celles qui sont erronées.[272]

Ainsi Foucault semble parfois subjugué par le jeu de la concurrence qu'offre le marché. La monnaie est pour lui au service de ce marché « libérateur ». A l'occasion de son étude de la monnaie du XVIIᵉ siècle, Foucault a défini la monnaie comme un outil au service des marchés et des échanges :

> C'est parce que l'or est monnaie qu'il est précieux. Non pas l'inverse…la monnaie reçoit sa valeur de sa pure fonction signe.[273]

Pourtant Foucault a oublié qu'un rapport de souveraineté existe entre l'émetteur de monnaie et son utilisateur :

> Avec la monnaie, c'est l'idée de main invisible qui se trouve remise en cause : la totalisation de l'ordre marchand y prend une forme tout à fait manifeste et visible, à savoir la politique de la monnaie […] Foucault en lecteur attentif de la pensée néo-libérale se conforme à cette analyse. Lorsqu'il imagine l'interaction entre acteurs économiques, c'est un monde fait uniquement de marchés qu'il considère. Or la monnaie n'est ni un élément secondaire, ni un instrument neutre. Elle est la forme spécifique que revêt la souveraineté en économie.[274]

---

[271] Michel Foucault, *Naissance de la biopolitique: cours au Collège de France 1978-1979*, Paris, Seuil/Gallimard, 2004, p. 33.

[272] *Ibid.*, p. 32.

[273] *Ibid.*, p 186.

[274] Jean-Yves Grenier et André Orléan, « Michel Foucault, l'économie politique et le libéralisme »,

Foucault évacue le risque de la domination lié à la monnaie pour ne plus voir que l'opportunité d'une libération des désirs individuels grâce au marché libre.

Mais de fait deux effets de la monnaie s'opposent toujours : plus d'autonomie individuelle permise par la liberté de commerce sur le marché, moins d'autonomie individuelle suite à la domination des plus riches sur les plus pauvres.

Quant à l'accroissement des inégalités et de leurs conséquences que permettent les marchés libres, Foucault n'en parle pas. Il ne répond sur ce point aux critiques de Thomas Moore :

> C'est pourquoi, lorsque j'envisage et j'observe les républiques aujourd'hui les plus florissantes, je n'y vois, Dieu me pardonne! qu'une certaine conspiration des riches faisant au mieux leurs affaires sous le nom et le titre fastueux de république. Les conjurés cherchent par toutes les ruses et par tous les moyens possibles à atteindre ce double but : Premièrement, s'assurer la possession certaine et indéfinie d'une fortune plus ou moins mal acquise ; secondement, abuser de la misère des pauvres, abuser de leurs personnes, et acheter au plus bas prix possible leur industrie et leurs labeurs. [...] Cependant, quoique ces hommes pervers aient partagé entre eux, avec une insatiable convoitise, tous les biens qui suffiraient au bonheur d'un peuple entier, ils sont loin encore de la félicité dont jouissent les Utopiens. [275]

Si Foucault ne voit pas l'enrichissement démesuré comme une limite du marché libre, il souligne cependant que les néo-libéraux vont trop loin quand ils considèrent le marché non plus un lieu de liberté mais le lieu de libre concurrence, supprimant tout rôle spécifique de l'État et proposant comme objectif politique de gouverner « au service du libre marché » :

> Ce n'est pas assez, disent les ordolibéraux. Puisqu'il s'avère que l'État de toute façon est porteur de défectuosités intrinsèques et que rien ne prouve que l'économie de marché en a, de ces défauts, demandons à l'économie de marché d'être en elle-même

---

in : *Annales. Histoire, sciences sociales*, Éditions de l'EHESS, 2007, p. 1173.
[275] *Thomas More, Utopia, op. cit.*, p. 82.

non pas le principe de limitation de l'État, mais le principe de régulation interne de l'État de bout en bout de son existence et de son action.[276]

Or pour les néolibéraux, l'essentiel du marché ce n'est pas dans l'échange, dans cette espèce de situation primitive et fictive que les économistes libéraux du XVIIIe siècle se donnaient. Il est ailleurs. L'essentiel du marché, il est dans la concurrence.[277]

Pour Foucault, la monnaie du marché libre permet l'autonomie individuelle mais à la condition que le marché soit géré comme un outil souverain pour éviter la concurrence de tous contre tous. Implicitement, cela veut dire réguler les marchés. Cette aporie de la pensée de Foucault ne peut donc trouver d'issue que dans une théorie de la régulation, une théorie conçue comme un arbitrage entre autonomie individuelle et justice, une justice soumise à des règles issues d'une autonomie collective.

La critique par André Orléan : la force du désir contre l'autonomie

Dans les années 1980, l'école française, dite de la théorie de la régulation, va produire une pensée nouvelle et originale sur la monnaie. Pour André Orléan, économiste français, né en 1950 à Paris, un des théoriciens de ce courant de la régulation, la monnaie est un signe de pouvoir.

Les libéraux refusent de voir les liens entre la monnaie et le pouvoir. Selon eux, la monnaie reste un simple voile, la violence du pouvoir se jouerait en dehors même de l'existence ou non de la monnaie. André Orléan, prenant la comparaison monnaie/*logos* réfute l'hypothèse selon laquelle «la monnaie serait une simple convention à la manière du langage qui permet de communiquer sans

---

[276] Michel Foucault, *Naissance de la biopolitique: cours au Collège de France 1978-1979*, Paris, Seuil/Gallimard, 2004, p. 120.

[277] *Ibid.*, p. 122.

intervenir sur le contenu des messages »[278]. Selon lui, les libéraux oublieraient, intentionnellement ou non, qu'il n'y a pas d'économie sans souveraineté.

André Orléan, comme Bruno Théret, analyse les conditions pour que la fonction de moyen d'échange de la monnaie soit assurée et que le système monétaire soit viable. Il reprend la vision de Hobbes sur la nécessité d'un seigneur pour battre monnaie :

> Chez Hobbes, l'État domine la société civile. La monnaie est ce par quoi le pouvoir de l'État se reproduit, car elle permet que ce pouvoir se répande dans tout le corps social. L'État sans la monnaie n'est rien. Mais l'État en tant que souverain exerce sa souveraineté sur la monnaie, il peut en fixer la valeur de manière discrétionnaire, en déterminer le régime de production et de circulation. La monnaie chez Hobbes a à voir avec le pouvoir, mais pas avec l'autorité ; elle participe de la souveraineté, mais en position subordonnée en tant que pouvoir s'exerçant à un niveau subordonné, celui de l'économie.[279]

Cette nécessité de l'Etat s'appuie sur une conviction. Il faudrait choisir entre la violence « juste » d'un Etat conte celle des passions individuelles. La question de la justice ne peut passer directement par les individus sur le marché libre. Il s'appuie sur l'analyse de Spinoza qui a observé les jeux des passions qui conduisent à la servitude et rendent difficiles les possibilités d'autonomie :

> J'appelle Servitude l'impuissance humaine à diriger et à réprimer les affects ; soumis aux affects, en effet, l'homme ne relève pas de lui-même mais de la fortune.[280]

Dans son ouvrage avec Frédéric Lordon, André Orléan reprend la théorie du désir mimétique de René Girard. Ce qui a tendance à devenir autonome et à faire sa loi, ce n'est pas ni l'individu ni le collectif. Par le biais du désir mimétique qu'il inspire, c'est l'objet lui-même, la monnaie qui dicte les actions humaines :

---

[278] Jean-Yves Grenier et André Orléan, *op. cit.*, p 1171.

[279] Bruno Théret, « Philosophies politiques de la monnaie : une comparaison de Hobbes, Locke et Fichte », Œconomia, 2014, [En ligne], [http://oeconomia.revues.org/1064], [mis en ligne le 01 décembre 2014].

[280] Spinoza, *Ethique*, traduction de R. Misrahi, Paris, Presses Universitaires de France, coll. « Philosophies d'aujourd'hui », 1990, p.12.

Dans la situation de crise comme dans l'état de nature marchand, ce qui est en jeu est la polarisation mimétique des conceptions de la richesse sur un même objet qui, par ce fait même, acquiert une existence publique autonome.[281]

Pour Orléan, le marché libre permet de connecter directement la production sur les désirs individuels court-circuitant ainsi les institutions collectives. Or c'est l'objet de ces dernières de décliner dans les actions des objectifs de mode de vie en société. Dans le cadre du marché libre, l'autonomie collective n'a plus prise sur les échanges de matières et de services :

Le propre de l'économie marchande est la décentralisation de la production et de la circulation des biens, laissées à l'initiative de centres de décision privés, formellement indépendants, qu'on appellera les producteurs-échangistes. Dans une telle structure sociale, les produits prennent la forme de marchandises s'affrontant sur le marché pour faire reconnaître leur valeur d'échange. Notons à quel point la relation marchande ainsi définie est un lien social paradoxal dans la mesure où ce qui le caractérise le plus justement est plutôt l'absence de liens puisqu'on n'y connaît ni dépendance personnelle, ni engagement collectif qui viendraient restreindre l'autonomie des décisions privées. Tout au contraire, c'est l'extrême indépendance des producteurs-échangistes les uns à l'égard des autres, telle que garantie et codifiée par le droit de propriété, qui caractérise ce rapport. Ainsi n'y a-t-il échange des productions que pour autant que les échangistes en expriment conjointement la volonté explicite. Le terme de « séparation marchande » exprime bien cette situation étrange où chacun doit constamment affronter autrui pour susciter son intérêt s'il veut faire en sorte qu'il y ait transaction. Il s'ensuit que, dans une économie fondée sur la séparation, l'incertitude règne en maître : chacun dépend des autres et du groupe d'une manière totalement opaque puisque l'action collective s'y construit comme le résultat intentionnel, non programmé ni encadré, de la totalité des choix individuels. C'est cette même idée fondamentale qu'on trouve chez Marx lorsqu'il parle d' « anarchie marchande » pour qualifier le fait que la production marchande est la conséquence imprévisible d'une multitude de décisions indépendantes.[282]

Dans son ouvrage avec Alain Aglietta, André Orléan met en relation les valeurs et les fonctions de la monnaie. Il spécifie implicitement la justice au moyen d'une de ces valeurs, la **valeur éthique**. La confiance dans la monnaie se structure selon lui en trois formes. La confiance méthodique qui permet de faire circuler les dettes et les créances dans la société. La confiance hiérarchique avec les acteurs privés au-dessus desquels se placent les banques qui récupèrent les dettes issues des

---

[281] Frédéric Lordon et André Orléan, *Genèse de l'État et genèse de la monnaie: le modèle de la potentia multitudinis*, Y. Citton et F. Lordon (éds.), 2007, p.68.
[282] *Id.*

ordres de paiement. Au sommet, un système de règlement central qui certifie que les paiements sont irrévocables, permet un fonctionnement institutionnel. La confiance éthique qui assure que la monnaie reste une entité commune qui nous permette de vivre mieux et de produire des richesses, et non un objet à s'approprier.

Selon Orléan, la monnaie devrait s'appuyer sur une souveraineté d'ordre politique garante de la cohérence sociale[283]. Mais elle ne peut se passer de la confiance des utilisateurs pour qu'elle opère de manière efficace.

Enfin, il souligne que la monnaie ne peut échapper à la violence du désir mimétique[284] qui fabrique le prix par l'imitation des convoitises et des désirs. Aglietta et Orléan considèrent même la monnaie comme un outil démultiplicateur des violences possibles[285]. Pourquoi démultiplicateur ? À cause de son origine dans le crédit. Le crédit organise la vie de la cité en permettant à certains, et en refusant à d'autres, d'accéder au crédit et donc à la liquidité nécessaire aux projets d'autonomie tant individuels que collectifs. Si la monnaie est violence, à cause du désir mimétique, elle peut être aussi source d'union : si l'autonomie marchande peut opposer les individus, la commune dépendance vis-à-vis de la monnaie, peut les rapprocher. Or le rôle de l'État dans la gestion de tout système monétaire est bien selon Orléan de canaliser cette violence.

La justice et l'autonomie

Dans leurs analyses de l'impact des marchés, que ce soient celles des économistes libéraux ou les partisans de la régulation, la question de l'autonomie n'est pas centrale. La question de justice sociale n'est pas non plus cruciale.

---

[283] André Orléan, « La monnaie contre la marchandise ». *L'Homme*, 2002, no 2, p. 27-48.
[284] Lire René Girard, *La violence et le sacré*, Grasset, 1972 et AGLIETTA, Michel Aglietta et André Orléan, *La violence de la monnaie*, Presses universitaires de France, 1984.
[285] Lire : Michel Aglietta et André Orléan, *La monnaie entre violence et confiance*, Paris, Odile Jacob, 2002.

Pourtant, toute communauté qui fabrique sa monnaie selon ses visées et ses règles devrait se poser, en surplomb des questions de propriété et d'échange, la question de justice.

Or, une gestion par les marchés peut se révéler être injuste, quand la justice nécessiterait un contrôle des échanges par des valeurs supérieures :

> Le marché envoie alors les mauvaises « incitations », pour employer le langage des économistes. C'est leur discipline qui est ici sur la sellette, parce que le gros de ses enseignements repose sur cet utilitarisme primaire qui fait de la satisfaction personnelle immédiate le compas du comportement humain. L'enseignement de l'économie pourrait même être mis en cause dans la fabrication de cet égoïsme propre au raisonnement de marché. Dans un article important, Luigi Zingales cite un ancien élève de Gary Becker, cet économiste du choix rationnel, qui a généralisé la logique coûts-avantages à l'ensemble des comportements humains, allant du mariage à la criminalité et aux dons d'organe. L'élève rapportait que ce cours, en dépit des intentions de l'enseignant, lui avait appris qu'il était irrationnel de ne pas commettre un crime si l'avantage escompté dépassait le coût de la punition.[286]

De même, la gestion par un État peut être injuste si l'on considère que l'État est dominé par les intérêts personnels de ceux qui le gèrent ou qu'il agit au détriment des citoyens.

Et une gestion en bien commun peut se révéler aussi profondément injuste pour certains individus quant à l'attribution des droits.

Une communauté politique assemblée devrait pouvoir décider selon ses valeurs dans quels cas le marché, l'État ou la gestion en commun, assurent le mieux la justice.

Pour démontrer que tout usage d'un bien procède d'un choix politique et moral, Amartya Sen, prix dit « Nobel d'économie », utilise une petite fable où trois enfants se disputent une flûte : Clara l'a fabriquée, Anne est la seule à savoir en jouer et Bob ne possède aucun jouet. Dans cette petite parabole, selon que l'on privilégie l'une ou l'autre dimension de la justice, chacun des trois enfants peut

---

[286] François Meunier, « Peut-on tout acheter ? », mai 2015, revue Esprit, [en ligne], [http://www.esprit.presse.fr/news/frontpage/news.php?code=374]

avoir la flûte. Les utilitaristes la donneraient à Anne, les égalitaristes à Bob et les libertariens à Clara. Il est impossible de décider quelle serait la solution juste. Pour résoudre le problème, il faut non seulement prendre en compte les circonstances particulières, mais aussi faire intervenir des préférences morales et politiques.[287]

Par ailleurs, certains penseurs défendent que la justice d'un marché nécessiterait aussi une unité de mesure du travail dans un système d'égalité des salaires :

> Un « marché » des biens de consommation individuelle n'est vraiment défendable que pour autant qu'il est vraiment démocratique - à savoir, que les bulletins de vote de chacun y ont le même poids. Ces bulletins de vote, ce sont les revenus de chacun. Si ces revenus sont inégaux, ce vote est immédiatement truqué : il y a des gens dont la voix compte beaucoup plus que celles des autres. (...) L'orientation de la production que le « marché » imposerait dans ces conditions ne refléterait pas les besoins de la société, mais une image déformée, dans laquelle la consommation non essentielle des couches favorisées aurait un poids disproportionné.[288]

Alors le marché libre favorise-t-il l'autonomie individuelle ?

Dans cette enquête ont été soulignées le lien des valeurs évoquées dans ma taxinomie avec l'autonomie.

Si Foucault met en lumière la **valeur d'autonomie individuelle** que permet la **fonction d'échange** sur des marchés organisés par la monnaie, la critique d'Orléan porte sur les **valeurs politiques** qui interrogent sur qui décide de la création de monnaie et qui bénéficie de sa mise sur le marché (seigneuriage). Contrairement à Foucault, Orléan attache de l'importance à la **création monétaire** et **le seigneuriage comme bien commun.** Celles-ci ont une influence sur la **valeur d'autonomie collective.**

Orléan pose également, avec Aglietta, la question de la **valeur bien commun** puisque la monnaie ainsi que la finance, doivent être comprises comme

---

[287] Amartya Sen, *Amartya Sen et la « parabole de la flûte »*, propos recueilli par Elisabeth Levy, 14 janvier 2010, Le Point.
[288] Cornélius Castoriadis, « Autogestion et hiérarchie », in *Contenu du Socialisme*, 1979.

des rapports sociaux[289] et, peuvent être explicitées comme des biens communs. Ils ne traitent pas directement cependant de la question de l'autonomie, au sens de la capacité à faire les lois et règles d'usage de la monnaie pour qu'elle participe à rendre opérante les décisions collectives d'organisation de la vie collective.

Cependant, leurs travaux montrent que la monnaie sert la **valeur d'autonomie collective** si elle permet de préserver des valeurs partagées d'une communauté comme par exemple la justice et l'égalité**.**

---

[289] Michel Aglietta et André Orléan, La *monnaie souveraine*, Odile Jacob, 1998.

Enquête 7 : La spéculation met-elle en danger l'autonomie ?

On aurait tendance à affirmer que les paris ont peu d'influence. Bien souvent, le jeu est à somme nulle puisque ce que l'un gagne l'autre ne le gagne pas ou le perd.

Celui qui spécule peut être un visionnaire ou un parieur… et finalement un peu des deux s'il gagne sans tricher… Fort de sa prévision, il va investir avant tous ou contre tous… Ou bien joueur, il sait anticiper de façon intuitive.

Dans la Rome antique, les éclaireurs portaient le titre de *speculatores*… et tous les citoyens lançaient une pièce de monnaie pour prendre une décision selon le côté sur lequel tombait la pièce, pratique appelée croix ou face. L'avers représentait Janus, dieu des choix, que la christianisation remplaça par une croix. La spéculation résultait pour le Romain d'une intervention de ses dieux et contenait une idée de visionnaire.

Aristote le grec a raconté comment on peut profiter, créer ou anticiper la rareté pour s'enrichir en spéculant :

> Je citerai ce qu'on raconte de Thales de Milet ; […] Ses connaissances en astronomie lui avaient fait supposer, dès l'hiver, que la récolte suivante des olives serait abondante ; et, dans la vue de répondre à quelques reproches sur sa pauvreté, dont n'avait pu le garantir une inutile philosophie, il employa le peu d'argent qu'il possédait à fournir des arrhes pour la location de tous les pressoirs de Milet et de Chios ; il les eut à bon marché, en l'absence de tout autre enchérisseur. Mais quand le temps fut venu, les pressoirs étant recherchés tout à coup par une foule de cultivateurs, il les sous-loua au prix qu'il voulut. Le profit fut considérable.
>
> On donne ceci pour un grand exemple d'habileté de la part de Thales ; mais, je le répète, cette spéculation appartient en général à tous ceux qui sont en position de se créer un monopole. Il y a même des États qui, dans un besoin d'argent, ont recours à cette ressource, et s'attribuent un monopole général de toutes les ventes.

Un particulier, en Sicile, employa les dépôts faits chez lui à acheter le fer de tous les sites de production ; puis, quand les négociants venaient des divers marchés, il était seul à le leur vendre ; et, sans augmenter excessivement les prix, il gagna cent talents pour cinquante.

Denys en fut informé ; et tout en permettant au spéculateur d'emporter sa fortune, il l'exila de Syracuse pour avoir imaginé une opération préjudiciable aux intérêts du prince. Cette spéculation cependant est au fond la même que celle de Thalès : tous deux avaient su se faire un monopole. Les expédients de ce genre sont utiles à connaître, même pour les chefs des États. Bien des gouvernements ont besoin, comme les familles, d'employer ces moyens-là pour s'enrichir ; et l'on pourrait même dire que c'est de cette seule partie du gouvernement que bien des gouvernants croient devoir s'occuper.[290]

La spéculation a toujours existé. Celui qui gagne empoche la mise de celui qui perd. C'est un jeu à somme nulle. La spéculation n'a pas besoin de monnaie pour se faire… Et pourtant…

Pari sur l'avenir entre différents investissements et invite à miser une somme d'argent en espérant en obtenir une plus grande par l'achat (ou la vente) de marchandises, d'actifs financiers ou de devises avec l'intention de les revendre (ou de les racheter) à une date ultérieure, la monnaie est bien l'outil de la spéculation puisque l'on échange la monnaie contre un actif que l'on a prévu d'échanger à son tour en monnaie à une date ultérieure.

Mais surtout, quand certains parient des biens qu'ils ne possèdent pas, quand par des mécanismes financiers, on mise des montants colossaux sur des produits qui n'en représentent parfois pas le centième en valeur marchande, de fait, une grande part de nos monnaies sont immobilisées dans des produits spéculatifs. La monnaie a bien une fonction spéculative dont il convient d'étudier les impacts.

---

[290] Aristote, *Politique* I, XI, 1259 a 6.

La fonction spéculative de la monnaie au détriment de ses autres fonctions

Si la spéculation n'a pas besoin de la monnaie pour exister, elle lui doit son expansion récente. S'il est vrai que sans monnaie, les paris seraient limités par la difficulté d'échanger les gains et les pertes, c'est surtout certains produits financiers et les nouvelles techniques mises au service de la finance qui ont permis cette expansion.

En effet, un même outil financier peut servir de couverture si l'acheteur détient le risque sous-jacent, ou de pari s'il ne détient pas ce risque. C'est ce couple couverture/pari, les deux faces d'usage différent d'un même objet financier, qui a favorisé l'expansion des produits dérivés. La *Bank for International Settlements* a estimé la valeur nominale des contrats dérivés en 2008 à $680 000 milliards, soit environ dix fois la production mondiale de richesse (PIB), contre $106 000 milliards en 2002.

Le produit dérivé est un contrat entre deux parties, lié à la valeur future du sous-jacent auquel il se réfère (par exemple, l'évolution de taux d'intérêt ou du cours d'une monnaie, d'une action, d'une matière première ou la faillite éventuelle d'un débiteur).

La couverture des risques est le plus souvent minoritaire dans l'usage de ces produits financiers. Par exemple, les produits financiers qui permettent couverture ou spéculation sur le pétrole représentent de l'ordre de dix fois ce qui serait nécessaire pour couvrir les risques de baisse de prix de toute la production annuelle de pétrole. 90% des utilisations de ces produits financiers peuvent donc être considérées comme spéculatives. A Genève, 650 officines se livrent à cette activité spéculative sur les matières premières.

Les objets de paris se multiplient. On peut aujourd'hui, grâce à ces produits dérivés, parier que l'or, le blé ou le pétrole va monter ou baisser ou qu'une entreprise ou un État va faire faillite. Font partie des produits dérivés les options qui sont le droit d'acheter dans le futur un actif (une action, une obligation, de l'or, du pétrole, etc.) à un prix fixé par avance. En font également partie les *Credit Default Swaps* (CDS) qui permettent de toucher de l'argent en cas de faillite d'une entreprise ou d'un État.

La spéculation est au cœur des pratiques des plus grandes banques. Comment peut procéder une grande banque internationale pour spéculer ? Elle finance un *hedge fund*, et en contrôle discrètement la gestion en mettant un de ses anciens employés à la direction. Premier temps, le *hedge fund* passe des ordres de bourse, éventuellement sur un *dark pool* où l'on ne pourra tracer ses opérations financières. Il prend des positions spéculatives sur le marché optionnel (options, contrats à terme) par exemple à la hausse du prix du blé. Ces positions spéculatives sont tellement importantes qu'elles augmentent la volatilité des prix. Deuxième temps, alors que le *hedge fund* passe ces ordres, la banque de son côté se met à acheter massivement du blé, sur le marché physique, pour le compte de ses clients. Dans un troisième temps, la banque organise la communication autour de la rentabilité future du blé pour que d'autres acheteurs suivent et fassent monter le cours. Elle facilite la diffusion de rumeurs. Au pic du prix du blé, le *hedge fund* prend ses gains sur ses paris et la banque revend le blé de ses clients avant que le cours s'effondre.

Dans ces spéculations d'un nouveau type, les ordres peuvent même maintenant être exécutés en quelques nanosecondes, C'est ce qu'on nomme le *trading* automatique haute fréquence. Le HFT (*High Frequency Trading*) représente plus de la moitié des ordres de bourse dans le monde. Or, depuis sa mise en place, les chutes brutales de cours qui conduisent à des interruptions de cotation sur les valeurs concernées sont devenues phénomènes courants : les *flash-krachs* boursiers :

Premier exemple, le 6 mai 2010, à *Wall Street*, dans un contexte de nervosité sur le marché en raison des dettes souveraines en Europe, un programme exécuté en seulement 20 minutes par *trading* algorithmique, a joué sur l'évolution future de l'indice du marché américain, ses ventes portant sur 4 milliards de dollars et 75 000 contrats à terme.

Les autres intervenants, en réaction à l'effet de cette vente, se sont retirés du marché. Le *Dow Jones* a alors perdu presque 10 % de sa valeur et 1000 milliards de capitalisation boursière ont disparu en quelques minutes. *Accenture* a vu le prix de ses actions chuter de 41 dollars à environ un cent, pour ensuite à nouveau rebondir, quelques minutes plus tard, à leur niveau avant le krach !

Dans un rapport publié en octobre 2010, les régulateurs américains ont relevé que « l'une des leçons essentielles de l'évènement est que, face à un marché nerveux, l'exécution automatique d'un important ordre de vente peut provoquer des mouvements extrêmes. ». Le rapport n'a pas identifié la société de courtage concernée et n'a évoqué aucune poursuite administrative ou pénale.

Plus récemment, en août 2012, *Knight Capital*, société de *trading* à *Wall Street*, a été l'auteur d'un autre *flash-krach*. Un problème technique lors de l'installation d'un nouvel algorithme de passage d'ordres a provoqué l'envoi d'ordres par centaines sur plus de 140 titres. L'incident, qui a failli entraîner la faillite de *Knight Capital*, s'est soldé par un simple retrait provisoire de son mandat de teneur de marché à la Bourse de New-York.

Ces programmes de *trading* automatique visent à influer sur le comportement des autres acteurs. Les modèles se basent sur la théorie des jeux et la psychologie. Une stratégie de bluff, parmi les nombreuses programmées, consiste à émettre des ordres massifs retirés à la dernière milliseconde (de fait, sur les marchés, en moyenne 99% des ordres sont annulés).

Depuis 2010, les manipulations de cours par les robots programmés sont des pratiques illégales aux États-Unis avec l'adoption du *Dodd-Frank Act*. Cependant l'effectivité de la loi est discutable car les acteurs jouent dans de multiples pays où la transparence n'est bien souvent pas exigée. En octobre 2011, Jean-Pierre Jouyet, président de l'AMF (Association des Marchés Financiers), contrôleur du marché boursier en France, constatait « qu'il était quasiment impossible de démontrer d'éventuelles manipulations de cours liées au *High Frequency Trading* du fait de sa structure opaque et des manques de données ».

De fait, il est aujourd'hui bien difficile de mesurer les effets sur l'économie car les informations ne sont disponibles ni sur les acteurs ni sur les montants de leurs paris.

La fonction spéculative de la monnaie et ses impacts sur certaines valeurs.

Quand il n'est plus possible à chacun d'avoir la juste rémunération de son travail, la monnaie ne permet plus d'assurer les besoins vitaux.

Libre inspiration par Marie Dupré de : Peyo, Le schtroumpf financier, Lombard, 1992.

La juste rémunération du travail nécessite que le travail permette de nourrir le travailleur et sa famille. Or, les envolées des prix des matières agricoles ne le permettent plus toujours. Ces envolées sont-elles en partie liées à la spéculation ?

Le graphique ci-dessous montre comment les prix des matières premières[291] ont pu doubler en quelques mois et comment la volatilité des prix des céréales et du sucre s'est aggravée depuis 2008.

---

291   FAO :
http://www.fao.org/fileadmin/templates/worldfood/Reports_and_docs/Food_price_indices_data.xls

Indice des prix des matières agricoles (base 100 - 2002)

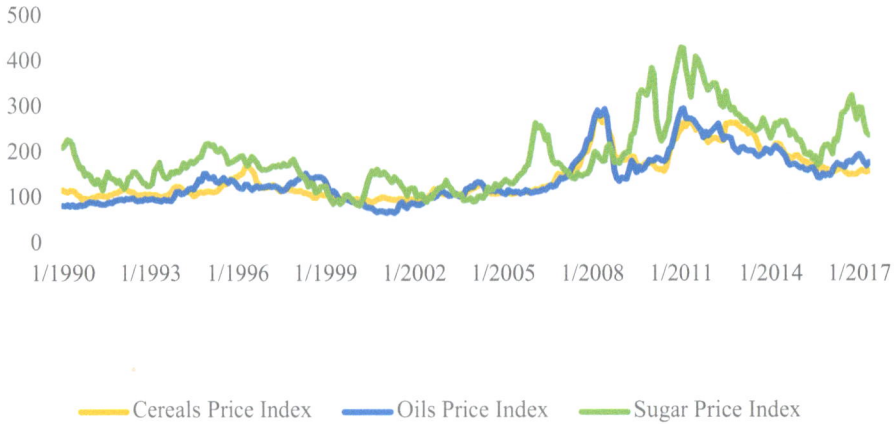

En 2008, selon la FAO (*Food and Agricultural Organisation*), plus de 100 millions de personnes souffraient de la famine dans le monde et une dizaine d'émeutes de la faim[292] ont éclaté. Entre 2000 et 2014, l'augmentation des prix alimentaires a été de 123% et le prix des 3 principales céréales (blé, maïs, riz) a été augmenté de plus de 150%.

Dans les mêmes temps, en 2011 par exemple, la quantité de blé échangée rien qu'à la Bourse de Chicago s'élevait à plus de 4400 millions de tonnes, alors même que la récolte annuelle mondiale était de seulement 670 millions de tonnes. Difficile de ne pas voir de lien entre spéculation et flambée des prix. En 1997, Alan Greenspan, alors président de la Réserve fédérale des États-Unis, niait les effets de la spéculation sur la volatilité.

It is not entirely clear that the view that *futures trading* was exacerbating volatility in agricultural prices was well-founded. To be sure, evidence abounds that market participants talked incessantly about corners and bear raids. Moreover, the design of the contracts may, indeed, have made such contracts susceptible to manipulation. However, empirical studies of more recent experience cast doubt on whether the use

---

[292] Marc Dufumier et Philippe Hugon, « Piques et polémiques les « émeutes de la faim » : du sous-investissement agricole à la crise sociopolitique. », *Revue Tiers Monde,* avril 2008, n°196, p. 927-934, [en ligne], [www.cairn.info/revue-tiers-monde-2008-4-page-927.htm], (6 mars 2016).

of derivatives adds to price volatility. [...] And, while charges of market manipulation are heard to this day, they typically are difficult, if not impossible, to prove. Professional speculators were easy to blame for fluctuations in market prices that actually reflected fundamental shifts in supply or demand, as they are today. [293]

Mais en 1998, Alan Greenspan admettait que des hausses de prix temporaires soient liées à la spéculation.

> Endeavors to corner markets in wheat, while rarely successful, often led to temporary, but sharp, increases in prices that engendered very large losses to those short sellers of futures contracts who had no alternative but to buy and deliver grain under their contractual obligations. Because quantities of grain following a harvest are generally known and limited, it is possible, at least in principle, to corner a market.[...] The early legislation on the trading of commodity futures was primarily designed to discourage forms of speculation that were seen as exacerbating price volatility and hurting farmers. In addition, it included provisions designed primarily to protect small investors in commodity futures, whose participation had been increasing and was viewed as beneficial. [294]

De fait, la crise alimentaire de 2007-2008 a été accompagnée d'une explosion des échanges de fonds indiciels sur les matières premières à la Bourse de Chicago. De 2003 à 2008, les principaux indices sur les matières premières ont augmentés de 180%. Or comme les prix sur les marchés à termes sont étroitement liés à ceux des marchés physiques, cette augmentation s'est répercutée sur le prix pour tous.

Admettant leur rôle néfaste sur les prix agricoles, certaines banques (par exemple chez *BNP Paribas*) ont alors fermé leurs fonds spéculatifs sur les matières premières agricoles.

Si aggravée par la spéculation, la flambée des prix des matières premières impacte les consommateurs, en particulier ceux des pays les plus pauvres, les petits paysans producteurs ont dans le même temps à subir l'extrême volatilité des prix de leurs achats (semences « améliorées », engrais minéraux,

---

[293] Government regulation and derivative contracts : Remarks by Chairman Alan Greenspan, Chairman FED, *Financial Markets Conference of the Federal Reserve Bank of Atlanta*, Coral Gables, Florida, February 21, 1997.
[294] The regulation of OTC derivates : Testimony of Chairman Alan Greenspan, Alan Greenspan, Chairman FeD, Before the Committee on Banking and Financial Services, *U.S. House of Representatives*, July 24, 1998.

produits pesticides), principalement indexés sur le prix du pétrole en dollar, comme l'extrême volatilité des prix de leurs ventes. De façon structurelle, les années noires, les prix des achats sont hauts alors que les prix de vente, lors de la récolte quelques mois plus tard, s'effondrent[295]. Lorsque causés par la spéculation ces effets de yoyos sont extrêmes, ils génèrent des pertes d'exploitation impossibles à assumer après un endettement massif. Avec une agriculture productiviste qui pousse à l'endettement, c'est la volatilité des marchés libres spéculatifs qui donne, toujours aujourd'hui, le coup de grâce à de millions de paysans pauvres.

> Peu de foyers agricoles ont pu payer comptant ces innovations. Il a donc fallu emprunter. Pour permettre aux plus pauvres de le faire, les gouvernements du Sud ont mis en place des systèmes de crédit agricole dans le cadre de projets de développement plus ou moins directifs. C'est ainsi que des paysans ont hypothéqué leurs terres, leurs troupeaux et, incapables de rembourser les fonds, ont tout perdu. La révolution verte a donc bien révolutionné les campagnes du Sud… en jetant les familles paysannes tombées en faillite sur les routes d'un exode rural accéléré, en direction de bidonvilles déjà surpeuplés. Et cette pauvreté précipite annuellement des centaines de millions de gens dans les circuits des migrations internationales clandestines. [296]

Les milliards de dollars gagnés globalement par l'ensemble des spéculateurs le sont au détriment de l'ensemble des consommateurs et surtout des producteurs.

Que nous enseigne l'histoire ?

On peut relever dans le passé comment les effets de la spéculation ont conduit à des régulations pour en corriger ou en limiter les impacts. Parmi les plus anciens témoignages, on peut lire celui de l'empereur Dioclétien à la fin du troisième siècle qui cherchait à limiter la domination du marchand sur le pouvoir militaire :

---

[295] Denis Dupré et Michel Griffon, *La planète, ses crises et nous*, Atlantica, 2008.
[296] Marc Dufumier, *Famine au sud, malbouffe au nord: comment le bio peut nous sauver*. Nil, 2012.

Le prix des denrées, négociées dans les marchés ou apportées journellement dans les villes, a tellement dépassé toutes les bornes, que le désir effréné du gain n'est modéré ni par l'abondance des récoltes, ni par l'affluence des denrées. Même quelquefois, par l'accaparement d'une seule denrée, le soldat a été privé de sa paie et de nos dons. Mus par ces considérations, nous avons cru devoir fixer, pour tout notre empire, des prix modérés, qui, dans les années de cherté, puissent contenir l'avarice dans de justes bornes et dont le tableau est joint à cet édit.[297]

Les rois de France, eux aussi, n'ont eu de de cesse de réglementer le commerce du grain pour fournir du pain à bon marché pour les villes et éviter les émeutes. Ils ont aussi fait édifier des greniers pour constituer des stocks en cas de disette. Si les importations sont toujours restées libres, les exportations ont régulièrement été entravées. Par exemple, Charlemagne avait interdit l'exportation des céréales. L'ordonnance de janvier 1629 fit « défense de remporter les grains du marché et défense d'acheter le blé en vert ou d'arrher avant la récolte ». Les édits de ce type furent fréquents comme en 1418, 1430, 1629, 1699 avant d'être la trame légale pour tout le 18e siècle.

Le prix ne doit donc pas être trop haut. Mais l'économiste Boisguilbert en 1705 a été un des premiers à théoriser que le bas prix imposé conduisait aussi finalement à la disette :

On a cru, qu'afin que tout le monde fut à son aise, il fallut que les grains fussent à si bas prix que les fermiers ne pussent rien bailler à leur maître, et l'on a pensé pareillement que pour éviter les horreurs d'une cherté extraordinaire, il est avantageux de faire abandonner la culture d'une infinité de terres, et l'engrais de presque toutes en général, le prix de la récolte n'en pouvant supporter les frais [...] Ce qui détermine l'étendue de la culture, c'est le prix rémunérateur. Combattre le bon marché dans les périodes d'abondance, c'est prévenir la trop grande cherté des périodes de disette.[298]

Il préconise donc de subventionner l'exportation dans les périodes fastes voire jeter une partie des récoltes comme le faisaient les hollandais à son époque. Dans l'analyse des physiocrates, le paysan pouvait être la victime autant de

---

[297] *Mémoire sur le préambule d'un édit de l'empereur Dioclétien, relatif au prix des denrées*, Paris, 1829. M. de Foscolombe fixe la date de cet édit aux derniers mois de l'an 301.

[298] Factum de la France ou moyen très facile de faire recevoir au roi quatre-vingt millions par-dessus la capitation, praticables par deux heures de travail de Messieurs les Ministres et un mois d'exécution de la part des peuples, chap. II, p 275, Pierre Le Pesant de Boisguilbert, 1705.

la spéculation que de lois visant à la limiter. Il était victime du spéculateur qui le ponctionnait trop fortement sur le prix de vente. Il était victime de la lutte contre la spéculation qui lui ôtait la liberté de commerce et donc de vendre au mieux. Le cercle vicieux de l'appauvrissement empêchait le paysan d'investir pour augmenter sa production. Ainsi le prix maximum qui voulait préserver le consommateur pouvait conduire à terme, par la faiblesse de la production, à mettre en danger par les famines futures, les consommateurs eux-mêmes. Ainsi les édits de Turgot sur la libre circulation des grains ont provoqué ... la guerre des farines.

C'est le *Chicago Board of Trade* qui dès le XIXe siècle a permis aux paysans de garantir les prix de leurs futures récoltes.

> Paysan, je sème et je prévois de récolter 100 tonnes de blé dans 3 mois. Le prix du blé aujourd'hui est de 200 euros la tonne et je pourrai payer mon travail et mes charges. Mais s'il baisse à 150 euros, je ne pourrai plus rien gagner et ne pourrai survivre. Celui qui prend aujourd'hui le risque de me payer dans trois mois 200 euros la tonne, assumera la perte si le prix a alors baissé et bénéficiera de la hausse s'il a monté. Et moi, il m'assurera la sécurité.

Dès l'ouverture de la première bourse de matières premières ouverte à Chicago en 1848, il fut permis au fermier de vendre par avance (à terme) sa future récolte.

> Une vente à terme ou *future* est donc une vente de quelque chose que l'on ne possède pas. Or, une baisse du prix d'une matière première peut résulter en grande partie des ordres émis par des vendeurs à découvert, à savoir des vendeurs par avance qui ne possèdent pas la matière première mais l'achèteront au moment de la livraison.

Cherchant à limiter le risque systémique qui suit les spéculations baissières, la loi du *Grain Futures Act* de 1922 a voulu régulé les produits financiers sur les matières premières. Cette loi reconnaissait la possibilité de réaliser des transactions de bonne foi, *bona fide*. Les contrats à terme, *futures*, étaient définis comme des promesses de livraison à terme dans lesquelles les fermiers étaient contreparties ou dans lesquelles le vendeur, s'il n'était pas fermier, possédait le grain au moment du contrat. Les promesses étaient limitées à la production. Le

Grain Futures Act a défini les bourses autorisées à proposer des contrats à terme sur matières premières et a interdit les transactions hors de ces places (dites transactions de « gré à gré »).

La crise de 1929 et la crise écologique, dite *Dust Bowl Crisis*, à cause de la pénurie cette fois, conduisirent le président Franklin Roosevelt à faire adopter un texte de loi en 1936 pour contrer les activités spéculatives et limiter les hausses de prix. Le *Commodity Exchange Act* (CEA) interdisait les manipulations sur les prix et obligeait les négociants à s'enregistrer. Les *futures* et *options* ne pouvaient être échangés que sur des marchés organisés, interdisant de fait, pour éviter les litiges, la vente de gré à gré (*over-the-counter market* « OTC »). De plus, le CEA introduisit les appels de marge, provisions financières chargées de protéger les petits investisseurs, dans ce marché à terme de matières premières dont l'influence était jugée bénéfique. Le CEA a, par exemple, interdit à toute entreprise ou négociant qui n'était pas directement lié au commerce physique de céréales d'acquérir plus de 500 contrats standard par type de céréale.

Il a cependant suffi de quelques marchands pour lancer en 1940 des *futures* sur l'oignon. Ce marché de l'oignon mit en lumière en 1955 de manière crue les transferts d'argent d'un spéculateur et ses effets sur le monde paysan.

Sam Seigel et le producteur d'oignon Vincent Kosuga, tous deux traders du *Chicago Mercantile Exchange*, ayant frôlé la faillite en spéculant, achetèrent, à l'automne 1955, suffisamment d'oignons (150 000 tonnes) et de contrats *futures* sur l'oignon pour détenir 98% du marché. Ils achetèrent donc aussi aux producteurs d'oignons les contrats sur *future* qui leurs permettaient de protéger les marges sur la future récolte de 1956. Les prix s'envolèrent et les deux spéculateurs s'enrichirent revendant doucement une partie de leur stock d'oignons et de leurs positions d'acheteur à terme d'oignons.

Puis, lorsque le prix du sac de 25 kg atteignit 2,75 dollars, ils jouèrent alors la baisse des prix. Ils prirent discrètement des positions cette fois de vendeurs à terme pour jouer la baisse. Ils trouvèrent en contrepartie des spéculateurs qui pensaient que la hausse allait se poursuivre mais aussi des fermiers qui jouaient la hausse pour imiter leur collègue Kosuga ayant fait fortune.

Pour maintenir la hausse et se débarrasser des oignons, ils menacèrent les autres producteurs d'inonder le marché avec leurs oignons entreposés si ceux-ci n'achetaient pas une partie de leur stock promettant de ne pas mettre le reste de leur stock en vente.

Enfin Seigel et Kosuga envoyèrent discrètement leur stock, qui commençait à pourrir, en dehors de Chicago pour le faire revenir, une fois trié et reconditionné, ouvertement par bateau, donnant l'impression aux spéculateurs sur le marché des *futures* d'un excédent d'oignons. En mars 1956 à la fin de la saison des oignons, le prix avait chuté à 0,1 dollars, en dessous du prix du sac de toile contenant les oignons, contraignant même les fermiers à jeter leur production nouvelle dans la rivière de Chicago.

L'enrichissement brutal de ces marchands ainsi que la ruine de petits producteurs d'oignons causèrent de vives protestations. Afin d'éviter toute nouvelle manipulation, le Président américain proposa une loi au Congrès l'*Onion Futures Act*, adoptée dès août 1958 qui bannissait l'échange de *futures* sur oignon[299].

Même les spéculations qui ne concernaient pas spécifiquement les produits agricoles, ont pu être régulées.

La première vente à découvert a été effectuée en 1609 par l'un des principaux actionnaires de la *Compagnie Néerlandaise des Indes Orientales*, Isaac Le Maire, qui avait vendu plus d'actions de la Compagnie qu'il n'en détenait. Il espérait que l'émergence d'un concurrent français ferait baisser le cours de l'action, et qu'il pourrait alors les racheter moins cher, avant le jour où il devait les livrer à son acheteur. Mais il se trompa dans ses prévisions et fut incapable de racheter les actions le moment de la livraison venu. Suite à cette affaire, la pratique de vente à découvert a été alors interdite par les autorités locales.

La vente à découvert est utilisée dans trois buts : créer le meilleur portefeuille pour un investisseur qui vise un rendement maximal pour un objectif de risque donné ; couvrir le portefeuille d'un investisseur qui souhaite limiter le risque de perte, spéculer :

---

[299] No contract for the sale of onions for future delivery shall be made on or subject to the rules of any board of trade in the United States. Any person who shall violate the provisions of this section shall be deemed guilty of a misdemeanor and upon conviction thereof be fined not more than $5,000.
Title 7/Chapter 1/§ 13–1. Violations, prohibition against dealings in onion futures; punishment

Si la vente à découvert consiste à vendre à terme un actif que l'on ne détient pas le jour où cette vente est négociée mais qu'on se met en mesure de détenir le jour où sa livraison est prévue, elle peut prendre une forme plus poussée, dite « vente à nu » (*naked short selling*) quand l'investisseur vend un titre sans en avoir négocié aucun emprunt de titres livrables avant le dénouement prévu de la vente, ni ne dispose, par un accord avec un courtier, d'une quelconque garantie de mise à disposition de titres.

Le spéculateur qui pratique la vente à découvert est exposé à un risque de hausse de valeur du prix du titre qu'il ne possède pas et qu'il compte acheter quand le cours aura baissé. Or le spéculateur n'est parfois même pas obligé de posséder l'argent nécessaire pour acheter l'actif qu'il s'est engagé à vendre à terme.

Pour limiter les paniques baissières, en 1938, la *Securities and Exchange Commission* a adopté la règle de l'*uptick*, une règle n'autorisant la vente à découvert qu'à un prix supérieur ou égal à la cotation boursière précédente.

Malgré ces efforts de régulations, les ventes à découvert ont été les armes des guerres de titans que se sont livrées des spéculateurs, guerres appelées *corner* (du verbe *to corner*, « acculer dans un coin ») :

Un *corner* est une manipulation du marché par un ou plusieurs intervenants, les « B », agissant de concert, et dont le but est d'amener les vendeurs à découvert, les « A », à acheter un actif en catastrophe et à n'importe quel prix avant le terme du contrat. La technique consiste à acheter le plus possible de cet actif pour le revendre le plus cher possible au vendeur à découvert.

Le but des acteurs « A » est que l'actif baisse, pour que le prix de la vente à découvert qu'ils réalisent aujourd'hui soit supérieur au prix qui devra être payé à terme pour acheter l'actif. Ils peuvent essayer de contribuer à cette baisse par plusieurs moyens, légaux ou non (lancement de rumeurs sur l'actif, mise sur le marché d'une grande quantité de cet actif, etc.)

Mais d'autres acteurs, les acheteurs « B », peuvent essayer de mettre en échec cette stratégie. Eux, au contraire, vont essayer d'acheter le plus possible d'actif et les stocker. Cela contribue à soutenir le cours de l'actif, qui ne baisse donc pas, comme les acteurs « A » l'espéraient. Quand le jour de l'échéance arrive, les « A » doivent à tout prix acheter les actifs qu'ils avaient vendus au début du mois avec livraison ultérieure. Les « B » sont donc en position de force, et vendent leurs actifs aux « A » à un prix exorbitant.

Sur le marché des matières premières agricoles, dès 1868, la bourse de Chicago adopta la première régulation visant à interdire les *corners* définis comme l'achat de contrats d'achat et la prise de mesures pour rendre impossible au vendeur d'honorer son contrat.

Cependant, ce n'est qu'avec le *Commodity Exchange Act* (CEA) en 1936 que seront définies les conditions pour prouver qu'il a bien eu manipulation du marché. Il faut prouver que le prix des contrats est manipulé artificiellement et prouver que l'accusé avait l'intention de réaliser cette manipulation. La preuve à la charge des accusateurs n'a permis que peu de condamnations.

C'est seulement en 1974, qu'apparaîtra la *Commodity Future Trading Commission* (CFTC) dont le but est d'éviter le risque systémique et de protéger les investisseurs mais aussi les consommateurs contre les fraudes, manipulations ou pratiques abusives liées aux produits dérivés (en particulier les *futures*).

La spéculation est-elle régulée aujourd'hui ?

La CFTC, toujours en vigueur aux États-Unis, offre tous les pouvoirs pour limiter, si besoin, les transactions sur les produits financiers sur les marchés dérivés sur céréales en cas de spéculation jugée excessive.

> Excessive speculation in any commodity [...] causing sudden or unreasonable fluctuations or unwarranted changes in the price of such commodity, is an undue and unnecessary burden on interstate commerce in such commodity. For the purpose of diminishing, eliminating, or preventing such burden, the Commission shall, [...] by rule, regulation, or order, proclaim and fix such limits on the amounts of trading which may be done or positions which may be held. Nothing shall be construed to prohibit the Commission from fixing different trading or position limits for different commodities, markets, futures, or delivery months, or for different number of days remaining until the last day of trading in a contract, or different trading limits for buying and selling operations. [300]

---

[300] Voir la loi américaine du *Commodity Exchange* (6a) :
http://www.law.cornell.edu/uscode/7/usc_sup_01_7_10_1.html

Cependant, la toute puissante réglementation américaine a toujours reconnu la force de la fonction de spéculation : dans ses risques et dans ses profits. Or, dès les années Reagan, les marchés agricoles ont, pour les politiques, perdu l'importance stratégique que représentait alors l'essor des produits financiers dérivés sur les taux et les risques de crédit. Dans ce sens, le *CEA* a été révisé en 1974 par le congrès américain avec le *Treasury Amendment* pour permettre de faire échapper les marchés des changes à terme à une réglementation, limitant les possibilités de spéculation, jugée nuisible au développement de la finance. Dès l'arrivée de Reagan en 1981 a été engagée la déréglementation totale du système financier. En 1999, Bill Clinton a signé le *Commodity Futures Modernization Act*[301] qui limite la possibilité du gouvernement fédéral de réguler les produits dérivés de gré-à-gré. Cela a permis l'expansion exponentielle de l'utilisation des produits financiers dérivés.

De fait, jusqu'à la fin des années 90, la spéculation sur les produits agricoles est restée minoritaire et les cours sur les marchés agricoles dépendaient principalement des facteurs classiques (prévisions météorologiques, récoltes escomptées, cours du pétrole ...). Mais en 1991, la banque d'investissement Goldman Sachs lance un indice, le *Goldman Sachs Commodity Index* (GSCI), qui reflète le prix d'un panier de 25 matières premières (énergie, produits agricoles, métaux). Rapidement, plusieurs autres banques proposent leurs propres indices (UBS/Dow Jones-*UBS Commodity Index*, Deutsche Bank/*Deutsche Aktien Index*, etc.). Pour la première fois, la logique est purement financière. On peut acheter ou vendre un indice qui reflète le cours d'une matière première sans lien avec le commerce physique du produit.

Avec l'explosion de la bulle internet en 2001, puis celle du marché immobilier en 2007, les marchés agricoles voient l'arrivée de gros investisseurs institutionnels (fonds de pension, caisses de retraites, compagnies d'assurance, etc.).

---

[301] Détails des débats sur
http://en.wikipedia.org/wiki/Commodity_Futures_Modernization_Act_of_2000

En 2004, deux spécialistes de la finance de l'université de Yale[302] publient une étude dans laquelle les matières premières sont présentées à la fois comme des valeurs refuges (leurs cours augmentent quand celui des actions baissent) et comme des valeurs d'avenir (elles sont sûres et rentables à long terme). La machine est lancée. L'argent investi dans les indices de matières premières passe ainsi de 15 milliards de dollars en 2003 à 200 milliards de dollars en 2008.

Ces gros investisseurs institutionnels, mieux informés que les autres investisseurs, avec des capacités financières puissantes sont à même de modifier les prix agricoles et d'en tirer profit.

> Notons que ces opérations d'accaparement peuvent être menées aussi bien par des industriels (les groupes Cargill, ADM, Bunge, Dreyfus et Glencore, qui contrôlent à eux 5 environ les 3/4 du commerce mondial de céréales, disposent chacun d'un réseau mondial d'entrepôts de stockage) que par des acteurs du monde de la finance (depuis peu, les plus grandes banques d'investissement -*Morgan Stanley*, *Deutsche Bank*, *Goldman Sachs*- se sont lancées dans le commerce physique de marchandises). [303]

Si, à d'autres époques, la régulation a su protéger, quand les risques étaient avérés, aussi bien les producteurs que les consommateurs, la réglementation aujourd'hui est largement en faveur de la liberté de spéculation.

Ce parti pris est largement mondialisé comme en témoigne l'exemple suivant. L'industrie automobile allemande a bénéficié récemment de façon impressionnante de la spéculation. Une de ses fleurons a mené une opération spéculative qui a déstabilisé les brookers et les places boursières et par rebond bien des entreprises internationales. Si l'entreprise Porsche avait raté son opération spéculative, elle aurait déstabilisé tout un pan industriel et sa faillite aurait affecté l'ensemble de l'Allemagne[304] :

---

[302] Gary Gorton et Geert Rouwenhorst, « Facts and fantasies about commodity futures », 10595, *National Bureau of Economic Research*, 2004.
[303] Jérôme Henrique, « La spéculation sur la faim », 29 février 2016, *Agoravox*, sur http://www.agoravox.fr/actualites/international/article/la-speculation-sur-la-faim-178235
[304] L'explosion du cours de *Volkswagen* déstabilisa même l'ensemble de la place financière allemande. Certains *brokers* accusèrent *Porsche* de profiter de la situation : dans une note à ses clients, la firme *Sanford Bernstein* écrivit que « *Porsche* gagne des milliards à ce jeu, prêtant des

Porsche a tenté au printemps 2008 de prendre le contrôle de *Volkswagen (VW)* en bourse et a acquis pour ce faire 34% du capital. *Porsche* a informé les marchés selon la loi. La rumeur a couru selon laquelle le constructeur préparait une Offre Publique d'Achat sur le titre. Les boursicoteurs se sont empressés d'acheter et le cours de VW a grimpé. Effectivement, *Porsche* a lancé son OPA, mais à un prix inférieur de 30% au cours de bourse et a annoncé qu'il se contenterait de 50% du capital. Les acteurs sur les marchés ont cru que *Porsche* renonçait ainsi à son projet devenu trop cher.

Les spéculateurs ont alors revendu le titre VW. Cependant, en toute discrétion, *Porsche*, d'une part, a prêté ses propres titres aux spéculateurs, notamment aux hedge funds, qui les ont immédiatement revendus à découvert en poussant le cours à la baisse afin de les racheter moins cher pour les restituer et empocher la différence. D'autre part, *Porsche* a acheté des options d'achat[305] sur l'action VW dans des proportions considérables à un prix faible en raison de la chute du cours.

Puis, *Porsche* a surpris le marché et annoncé sa montée à 74% de la capitalisation de Volkswagen. En deux séances, l'action *Volkswagen* s'est envolée de 350%, passant de 211 euros vendredi 24 octobre 2008 à 945 euros le mardi 28 octobre. Le groupe est alors devenu lors de cette séance, avec des fonds propres proches de 320 Mds €, la plus grosse capitalisation boursière mondiale, devançant à cette occasion le géant pétrolier américain *Exxon* durant quelques heures.

Porsche a engrangé une fortune en revendant ses options d'achat sur l'action VW.

Mais cette explosion du prix a pris de panique un très grand nombre de gestionnaires de fonds spéculatifs et de banques qui avaient vendu à découvert ce titre quelques semaines avant. En effet, ils avaient jugé l'action survalorisée dans le contexte de crise du marché de l'automobile et avaient parié à la baisse sur la foi d'une participation de *Porsche* à hauteur de 42,5%. Quand il est apparu que *Porsche* détenait en fait 74% des actions, et l'état de Basse-Saxe 20%, tous ont alors compris que les 6% d'actions restants disponibles ne couvriraient pas toutes les ventes à découvert. Il y a alors eu un mouvement de panique et des rachats des positions vendeuses. Cette pénurie de titres a donc alimenté totalement artificiellement la hausse des cours.

La presse anglo-saxonne a estimé les pertes colossales encaissées par les fonds et les banques entre 20 et 30 Milliards €. Le *corner* sur *Volkswagen* a provoqué une rumeur sur d'éventuels perdants. Le titre de la *Société Générale*, bien qu'il ait assuré ne pas avoir de positions en perte, a perdu plus de 12%. À New York, des rumeurs d'exposition au *corner Volkswagen* ont aussi fait chuter les cours de *Morgan Stanley* de 12% et de *Goldman Sachs* de 6%.

---

titres, les achetant puis les revendant. Ceci constitue selon nous la plus grande faillite du système de régulation allemand ».

[305] L'option d'achat consiste à payer de suite une prime pour pouvoir acheter à une date future à un prix déterminé aujourd'hui. Quand une action baisse, la prime est évidemment très faible.

La spéculation peut prendre des aspects subtils. L'industrie européenne est ainsi en partie victime d'un *corner* réussi de l'État chinois dans une stratégie long terme. La Chine est assise sur 36 % des réserves mondiales de métaux appelés « terres rares ». La Chine assure à elle seule plus de 95 % de la production mondiale de terres rares. Au cours des quinze dernières années, pour des raisons économiques, salariales, environnementales, l'Occident a fermé tous ses sites de raffinement de terres rares. Mais quelle est donc l'utilisation de ces métaux ? Les missiles, téléphones mobiles, ordinateurs portable, lecteur mp3, batteries de voitures électriques, aimants d'éolienne, lampes basse consommation. Tout un avenir technologique et énergétique alternatif. Or, les chinois ont depuis 2010 réduit brutalement leurs exportations. Le spéculateur est connu : son nom est Deng Xiaoping. Dès le début des années 1990, il avait proclamé que « les terres rares sont à la Chine ce que le pétrole est au Moyen-Orient ». Dans ce même esprit de profiter et de favoriser la rareté, si un industriel européen veut délocaliser son entreprise en Chine, il lui sera fourni des terres rares tant qu'il acceptera de s'associer à une entreprise chinoise et de transmettre largement son savoir-faire.

La spéculation aujourd'hui comme hier s'appuie sur des rumeurs. Les outils de communication actuels permettent à ces rumeurs une influence démultipliée :

Prenons un exemple fictif pour expliquer comment les manipulations qu'entrainent les paris spéculatifs influent sur la vie économique. Dans ma rue, il y a deux restaurants A et B. Le restaurant A est apprécié des étudiants mais je sais, connaissant son comptable, qu'il est fragile. Avec chacun de mes 100 étudiants, je parie la somme de 100 € qu'il va fermer dans l'année. Je vais maintenant payer le restaurant B pour qu'il baisse le prix de son menu de 2 € en lui payant la différence pour chaque client. J'informe aussi les fournisseurs du restaurant A, qu'il payait à 30 jours, qu'il risque de faire faillite. Les fournisseurs ne lui feront plus crédit. Quelques étudiants vont aussi changer de restaurant. S'ils sont suffisamment nombreux, le restaurant A, aux comptes précaires, va mettre la clef sous la porte. Je vais pouvoir empocher mes paris pour 10 000 €. De tels contrats n'existent pas sur le restaurant de ma rue mais existent sur les entreprises cotées et les états, ce sont les *Credit Default Swaps* qui sont dans une telle quantité qu'ils peuvent porter un risque systémique mettant en jeu l'autonomie de certains états.

Les *Credit Default Swaps* (CDS), inventés en 1994, sont des contrats entre deux parties, liés à la faillite éventuelle d'un débiteur, qui en échange d'une prime à verser stipulent l'obligation de payer une somme fixée si l'entreprise ou l'état spécifié dans le contrat fait faillite.

> Pour exemple, l'acheteur d'un CDS sur une obligation d'état grecque de 100 € paiera une prime annuelle de 5 € et recevra 100 € en cas de faillite de l'état. La prime versée dépend du prix estimé du risque de faillite de la Grèce lors de l'émission du CDS. Fréquemment, ce sont des contrats de gré à gré car, au lieu d'être négociés sur un marché organisé et contrôlé, ils se négocient en privé entre deux contreparties, sans même nécessiter d'en informer aucune autorité. Bien souvent alors, aucun fond n'est nécessaire (appel de marge) pour garantir la bonne fin de la transaction, le paiement des 100 €, si l'évènement de faillite a lieu.

Avec l'aide d'un fonds spéculatif, la banque *Goldman Sachs* a spéculé sur la faillite de la Grèce. Puis ils ont laissé filter des informations fausses sur l'arrêt d'un projet d'achat de titres de dette grecque par la Chine. La spéculation sur la faillite de la Grèce a alors poussé les taux de financement de la Grèce qui ont dépassé 25%. Cela a conduit mécaniquement à la faillite.

Pourquoi a-t-on abandonné les régulations sur la spéculation ?

Aujourd'hui comme hier la spéculation a été plus ou moins régulée selon les marchés, les époques et les pays. Selon que l'impact de la spéculation était jugé positif ou négatif, les paris ont eu des statuts différents.

Les paris ont pu être autorisés, voir même souhaités par les autorités politiques. À partir de 1985, la légalisation des marchés à terme, en France[306] comme en Angleterre[307], a permis une expansion démesurée des paris spéculatifs en finance.

---

[306] La réforme du 11 juillet 1985 a déclaré légaux les marchés à terme sur effets publics et autres, ainsi que les marchés sur taux d'intérêt. L'article L432-20 du code monétaire financier puis L211-35 dispose que "nul ne peut, pour se soustraire aux obligations qui résultent d'opérations à terme, se prévaloir de l'article 1965 du code civil, lors même que ces opérations se résoudraient par le paiement d'une simple différence."

[307] En 2000, le *Financial Services and Markets Act*, notamment pour les produits dérivés, rend ce

Des paris ont pu être tolérés à la condition que les joueurs ne puissent utiliser les tribunaux pour régler leurs différends. En raison des effets sociaux ravageurs des jeux de pari, le code civil de 1804 spécifiait l'exception de jeu qui fait que « La loi n'accorde aucune action pour une dette de jeu ou pour le paiement d'un pari ». Les tribunaux ne devaient pas s'encombrer des procès pour départager les joueurs. Cette position limitait de fait les joueurs. En Grande-Bretagne, le *Gambling Act*[308] de 1845 a ainsi rendu le contrat de pari sans valeur de contrat légal et par conséquent sans recours devant les tribunaux[309]. Mais depuis 2005 cette loi n'est plus en vigueur.

Les paris ont pu être interdits au risque de lourdes amendes, voire même être considérés comme un crime. En France, la cour de cassation criminelle du 28 novembre 1856 (D. 1857 I 28) a prévu de punir « celui qui, sous une forme de pari, s'engage à donner à un autre une somme d'argent, pour le cas où celui-ci commettrait une action qualifiée délit, fait par cela même une promesse et provoque ainsi l'action délictueuse ».

Autres temps, autres mœurs : en 1991, le président de l'organisme de surveillance des marchés financiers, la SEC (*Securities and Exchange Commission*), accusa l'organisme de réglementation des produits dérivés, la CFTC, d'empêcher le marché prometteur des produits dérivés de se développer.

> CFTC shall not have exclusive jurisdiction over transactions involving contracts of sale for future delivery [...] Their review of an exemptive request may take six months, or it may take six years…in many respects, this legislation is exactly the opposite of good regulatory policy [...] This legislation is in effect a new "Glass-Steagall" Act. The result will be protracted regulatory proceedings, frequent litigation, and enormous regulatory cost [...] Ironically, I am not aware of any public policy argument whatsoever for creating such expense and uncertainty in the market. [310]

---

type de contrat juridiquement valable si au moins une des parties y souscrit pour des raisons légitimes (*legitimate business purposes*).

[308] http://www.legislation.gov.uk/ukpga/1845/109/pdfs/ukpga_18450109_en.pdf

[309] All contracts or agreements, whether by parole or in writing, by way of gaming or wagering, shall be null and void; and no suit shall be brought or maintained in any court of law and equity for recovering any sum of money.

La théorie financière actuellement *mainstream* est celle des marchés efficients. Théorie prédominante, tant dans les pratiques que dans les formations des acteurs financiers, elle affirme que le « juste prix » est atteint par le prix d'équilibre des échanges libres où les informations circulent.

Elle suppose que le « juste prix » permet un échange de biens entre les propriétaires. De plus, ce « juste prix » oriente la production nouvelle et les quantités des productions nouvelles dépendent directement des « juste prix ».

Dans cette théorie, les spéculateurs sont présents car ils participent à révéler le « juste prix » autour duquel oscille le prix de marché.

Cette théorie s'enracine dans le paradigme économique du siècle des Lumières et elle défend que le marché peut répondre à tous les besoins de l'Homme si tout est échangeable, calculable, et donc si tout a un prix. Adam Smith, libéral, en 1759 accorda aux marchés un rôle positif central en affirmant qu'ils assuraient une certaine sociabilité :

> La société peut se maintenir entre différents hommes comme entre différents marchands, à partir du sens de son utilité, sans aucun lien réciproque d'amour ou d'affection. Et quoique l'homme qui en est membre n'est lié par aucune obligation, ni par aucune forme de gratitude vis-à-vis d'autrui, la société peut toujours être soutenue par l'échange mercenaire de bons offices selon des valeurs convenues.[311]

Mais donner un prix pour tout par le marché implique la hiérarchisation des valeurs non plus par la cité mais par le marché, non plus par le politique mais par l'économique. Le marché peut dominer la cité, remplacer la loi. Le prix du marché devenir l'*alpha* et l'*oméga* de la vie humaine. L'économique peut commencer à dominer le politique.

---

[310] The Exclusivity Clause of the Commodity Exchange Act : The New Glass-Steagall ?, Richard C. Breeden, Chairman U.S. SEC, The Bank Securities Association Orlando, Florida, 8 April 1991.
[311] Adam Smith, *Théorie des sentiments moraux*, (1759), Paris, Presses Universitaires de France, 1999, p. 140-141.

Le gouvernement par la loi quand il est remplacé par le gouvernement par les hommes autour des seuls marchés laisse sans intermédiaire le rapport entre classes sociales. Or ce souci de la séparation entre pouvoir des marchands et loi de régulation des marchés était déjà la préoccupation de ce même Adam Smith :

> La proposition de toute nouvelle loi ou règlement de commerce qui part de cet ordre (celui des marchands) doit toujours être écoutée avec beaucoup de précaution (…) Elle vient d'un ordre d'hommes dont l'intérêt n'est jamais exactement le même que celui du public, et qui, dans bien des occasions n'ont pas manqué de le tromper et de l'opprimer.[312]

Cette vision smithienne de la liberté qu'offre les marchés mais des rapports de force qui dictent les échanges et les prix va être remplacée au XIXe siècle. Une théorie positiviste va donner aux prix les caractéristiques d'une loi de la mécanique. C'est Bachelier qui en pose les bases. Il affirme dans sa thèse soutenue en 1900 et intitulée *Théorie de la spéculation* que l'évolution du prix à court terme suit une loi statistique. Or cette évolution à court terme est la préoccupation du spéculateur.

Bachelier fait l'hypothèse qu'un même nombre de spéculateurs croit à la hausse et croit à la baisse du prix. Il compare les résultats de l'observation à ceux de sa théorie et observe que le marché, à son insu, obéit bien à cette loi de probabilité qui le gouvernerait donc comme une loi physique. Comme pour Smith, une sorte de main invisible transforme la cupidité des spéculateurs en un « juste prix ».

---

[312] "To widen the market and to narrow the competition, is always the interest of the dealers…The proposal of any new law or regulation of commerce which comes from this order, ought always to be listened to with great precaution, and ought never to be adopted till after having been long and carefully examined, not only with the most scrupulous, but with the most suspicious attention. It comes from an order of men, whose interest is never exactly the same with that of the public, who have generally an interest to deceive and even oppress the public, and who accordingly have, upon many occasions, both deceived and oppressed it."
Adam Smith, *The Wealth Of Nations*, p.267.

La théorie dominante des cours de finance et d'économie de nos jours défend que le juste prix est atteint lorsqu'il y a une « Absence d'Opportunité d'Arbitrage ». L'arbitrage consiste à vendre et acheter des actifs aujourd'hui pour un même montant, donc sans mise initiale, et réaliser un gain certain dans l'avenir. Lorsque tous ces arbitrages sont faits, les prix de marché sont alors les « justes prix » (les anglais utilisent le terme de *fair-value*) et n'y a plus de repas gratuit (*There is no free-lunch*). Le marché est dit « efficient ». Pourtant dès 1996, Christian Walter est un des premiers chercheurs en finance à douter ouvertement de cette efficience des marchés :

> Il convient de s'interroger sur la nature des informations qui sont véhiculées par les prix. S'agit-il d'informations reflétant les perspectives de développement à long terme des activités concernées, d'informations tournées vers les évolutions de court ou très court terme ou d'informations sans rapport avec les réalités productives sous-jacentes ?[313]

Cette théorie des marchés efficients avec un prix d'équilibre et des lois mathématiques offre un coté rassurant pour maitriser l'avenir. Enseignant en finance à Polytechnique, Jean-Philippe Bouchaud, affirme qu'il ne sait parfois plus s'il fait de la physique ou de la finance[314] *et* que « curieusement, des modèles où l'on a l'impression qu'on ne sait rien sont prédictifs de quelque chose »[315].

Par ailleurs, les acteurs financiers contemporains s'appuient avant tout sur les prédictions de ces modèles mathématiques enseignés de façon quasi exclusive dans la formation des ingénieurs financiers :

---

[313] Christian Walter, « Une histoire du concept d'efficience sur les marchés financiers », *Annales. Histoire, Sciences Sociales*, n° 4, 1996, p. 873-905.

[314] David Larousserie, « Jean-Philippe Bouchaud, Un physicien dans la finance », Le monde, 25 octobre 2012, [en ligne], [http://www.lemonde.fr/sciences/article/2012/10/25/jean-philippe-bouchaud-un-physicien-dans-la-finance_1781109_1650684.html], (8 mars 2014).

[315] Voir la vidéo à partir de la 20ième minute :
Yves Michaud, « Les caprices des marchés financiers - invité Jean-Pierre Bouchaud», Université de tous les savoirs, [en ligne], 16 décembre 2000, [http://www.canal-u.tv/video/universite_de_tous_les_savoirs/les_caprices_de_marches_financiers_regularite_et_turbulences.1203], (8 mars 2014).

Les professionnels ont été, pour la plupart d'entre eux, préparés - si l'on ose dire - à leurs métiers dans l'industrie financière, *via* une formation quasi exclusive en techniques mathématiques (ainsi le couplage Ecole Polytechnique-Master de « Probabilités et Finance » de Paris VI (Mme El Karoui) constitue le parcours de formation de référence des opérateurs de marché, cursus prisé par les gestionnaires de fonds, tant en France qu'à l'international).[316]

Or peu de recherches, malgré la crise de 2008, mettent en lumière les limites de l'intérêt et de la formalisation de ces modèles (voir Dupré et Raufflet[317] ainsi que le rapport Hautcoeur sur l'avenir des sciences économiques à l'université française[318]).

La spéculation et ses outils étant les moteurs des marchés dits efficients, les porte-paroles de cette théorie sont conduits à nier les liens entre bulles financières et spéculations pour éviter une ingérence des régulations dans leurs activités.

Pourtant, une critique radicale est théorisée et disponible depuis maintenant des décennies. Développée par André Orléan, la théorie des bulles financières affirme que les investisseurs et spéculateurs se copient. Cette assertion s'ancre dans la philosophie de René Girard du désir mimétique.

Ce mimétisme peut être compris au travers de l'exemple qui suit. Quand le prix d'un produit industriel augmente, cela conduit à une baisse de la demande. Mais l'effet est inverse pour les actifs financiers. Le prix montant incite les investisseurs à participer à la hausse et donc à acheter l'actif. A un moment donné, lorsque certains se rendent compte que le prix n'est plus en cohérence avec les revenus futurs générés par cet actif, les ventes brutales induisent une baisse des prix qui se propage bien au-delà du prix d'équilibre que serait celui cohérent avec leurs

---

[316] Roland Pérez, « analyse de la crise financière ou crise de l'analyse financière ? », *Management & Avenir*, n° 35, mai 2010, p. 170–194.

[317] Denis Dupré et Emmanuel Raufflet, « L'enseignement de l'éthique en finance six ans après la crise : constats et perspectives françaises ». *Ethique Publique*, vol. 16, n°2, décembre 2014, p.11-30.

[318] Pierre Cyril Hautcoeur, *L'avenir des sciences économiques à l'Université en France*, Rapport remis au ministre de l'éducation nationale, de l'enseignement supérieur et de la recherche, 2014, page 40.

revenus futurs. Ce mimétisme, est le mécanisme qui permet la spéculation comme cela avait déjà été mis en lumière par Abeille en 1768 :

> Deux espèces de monopoleurs : de spéculation, consistant à répandre de faux bruits de disette ou de cherté pour faire hausser les prix et vendre cher le blé qu'ils possèdent ou ont arrhé ; d'imitation, ceux qui voyant la hausse s'abstiennent de vendre pour gagner plus. Moins coupables que les premiers, ils sont plus nombreux et font plus de mal. L'exemple étant donné, l'avidité gagne de proche en proche, créant une disette apparente aussi redoutable que la réelle, parce que il n'y a aucune différence pour le consommateur entre des blés qui n'existent pas et des blés que le propriétaire soustrait à la consommation.[…] Pour se conformer à la loi d'approvisionnement , ils envoient effectivement au marché de temps en temps des sacs de blé mais ils les font acheter par des personnes à gage qui leur remettent secrètement le blé et l'argent.[319]

La spéculation provoque des bulles qui induisent un risque. En effet, lorsque la bulle s'effondre, la crise financière devient crise économique de la manière suivante. La baisse de prix des actifs induit la baisse de valeur de l'épargne des ménages alors que les dettes restent fixes. La consommation baisse. La production s'adapte et les entreprises licencient. Un cycle sans fin de baisse des prix et des ventes s'enclenche.

Pourtant, les décideurs et financeurs de la recherche en finance ne veulent pas voir ces questions ou certaines vérités. Probablement parce que les modèles et les idées qu'ils véhiculent ne sont pas neutres et, comme le soulignaient Marx et Engel, « à toute époque, les idées de la classe dominante sont les idées dominantes ; autrement dit, la classe qui est la puissance *matérielle* dominante de la société est en même temps la puissance *spirituelle* dominante. »[320]

Dans ce sens, en 2003, le philosophe des sciences, Kitcher a expliqué que les relations entre science, argent et pouvoir conduisent à occulter une question majeure : « quel est le bien collectif que nous souhaitons voir promu par la recherche ? »[321].

---

[319] Louis Paul Abeille, « Principes sur la liberté du commerce des grains », avril 1768 sur http://gallica.bnf.fr/ark:/12148/bpt6k10536209.image
[320] K. Marx et F. Engels, « L'Idéologie allemande », (1845), dans Philosophie, Karl Marx, Maximilien Rubel, éd. Gallimard, coll. Folio, 1982, p. 338.
[321] Philip Kitcher, *Science, vérité et démocratie*, op. cit., p 122.

La théorie des marchés efficients semble être certaine que le « juste prix », assurerait la couverture des risques et permettrait d'informer tous les acteurs sur la rareté future de certains biens.

Pourtant la couverture du risque pourrait n'être qu'une illusion[322] car on a observé que les marchés s'arrêtent en cas de crise avant de reprendre sur des niveaux de prix sans rapport avec leur état précédent.

D'autre part, le philosophe Ulrich Beck[323] a montré que le risque engendre le risque quand on cherche à le maîtriser. Ainsi, en offrant des produits qui permettent de se couvrir, on met ces mêmes produits à disposition des spéculateurs. Jouer sur un risque que l'on ne détient pas entraine la multiplication illimitée de ces produits. Et, par cette démesure, un nouveau risque apparait. On l'appelle le risque systémique. Lorsque le risque se matérialise et que toutes les primes d'assurance doivent être versées, des difficultés concomitantes de paiement s'additionnent et déclenchent en cascade les faillites.

Pour certains, l'incertitude sur l'évolution des prix des actifs financiers est immaitrisable[324]. Frank Knight dès 1921 puis notre contemporain André Orléan[325] soutiennent qu'il est vain de chercher la probabilité des différents événements relatifs à un investissement et que le risque maitrisable devient incertitude lorsqu'une telle quantification objective des probabilités est impossible :

> Le fait essentiel et caractéristique ici est que chacun des "cas" est si complètement unique qu'il n'en est pas d'autres (du moins pas assez d'autres) pour que l'on puisse construire une classification. Il n'est donc pas possible d'inférer quoique ce soit de la valeur d'une probabilité réelle face aux phénomènes qui nous intéressent.[326]

---

[322] Denis Dupré et Preston Perluss, « Mastering risks: An illusion: Truth and tropes on jeopardy », *Research in International Business and Finance*, 2016, vol. 37, p. 620-628.

[323] Ulrich Beck, *La société du risque : sur la voie d'une autre modernité*, Aubier, Paris, 2001.

[324] Lanciné Kourouma, Denis Dupre, Gilles Sanfilippo et Ollivier Taramasco, «Is there a "good" Measure of Market Risk during a Financial Crisis?», *Bankers, Markets & Investors*, n° 126, septembre 2013, p. 45–60.

[325] André Orlean, Le pouvoir de la finance, Paris, Odile Jacob, 1999.

[326] Frank Knight, *Risk, Uncertainty and Profit*, Boston, reed. New-York, A. M. Kelley, 1964, p. 266.

Le risque de mouvements erratiques discontinus de prix des actifs à l'origine d'effondrements boursiers n'est pas calculable. L'assurance ou la couverture de risque, quand elle utilise des actifs dont les variations sont inverses du bien que l'on souhaite couvrir, devient impossible.[327]

Aujourd'hui, pour la préparation d'un avenir collectif, selon certains pour notre survie, il se trouve que l'estimation de la rareté présente et future d'une matière première est une clef de décision. Le prix du blé dépendra des changements climatiques et du niveau de population. Pour les partisans des marchés libres, la spéculation servirait à éclairer l'état du marché agricole et permettrait d'éviter une future crise alimentaire. Les producteurs anticipant alors de meilleurs prix pourraient investir, pousser la production et donc limiter la crise alimentaire future.

Or, non seulement, la rareté ne peut être lue dans le seul passé du prix, mais le prix ne reflète pas la rareté future selon l'économiste Bouleau[328]. Pour le prix du blé, de l'énergie, du carbone, les spéculateurs cachent les vraies questions.

Prenons des actifs comme des sources d'eau. Si personne ne prévoit leurs disparitions, le prix de l'eau peut ne pas augmenter et personne ne se préparera à un manque d'eau futur. Le spéculateur qui s'approprie l'eau pourrait être un signal révélateur pour que l'eau soit économisée. Si on envisage que l'eau devienne rare pour chacun dans le futur, des partisans du marché libre et ceux de la régulation ont des visions en opposition. La rareté est ressentie en positif pour les spéculateurs car cela assure une hausse continue du prix de marché de l'eau de source. Rendement fort sans risque pour le partisan du libre marché qui a pu s'acheter la source. La rareté est ressentie en négatif pour les autres car, si le prix monte, une répartition égalitaire entre pauvres et riches n'est plus assurée. Ainsi, le fait qu'un

[327] André Orléan, « Efficience, finance comportementale et convention : une synthèse théorique », in Les crises financières, Rapport du Conseil d'Analyse Économique, Paris, La documentation française, 2004, pp. 241-270.
[328] Nicolas Bouleau, Le mensonge de la finance: Les mathématiques, le signal-prix et la planète, Éditions de l'Atelier, 2018.

bien, utile à la collectivité, devienne une rareté est un risque pour la société, aggravé quand cette rareté se retrouve privatisée.

Dans cette perspective, dès 1944, Polanyi critiquait radicalement ce que porte la théorie de marchés efficients car il entrevoyait son expansion comme une destruction écologique, sociale et ontologique de l'être humain jusqu'à la disparition de l'espèce :

> Notre thèse est l'idée qu'un marché s'ajustant lui-même était purement utopique. Une telle institution ne pouvait exister de façon suivie sans anéantir la substance humaine et naturelle de la société, sans détruire l'homme et sans transformer son milieu en désert.[329]

Ainsi, en laissant la fonction spéculative de la monnaie sans régulation, la finance dévie de ses missions historiques[330]. Les libres marchés n'offrent plus la fonction d'allocation des ressources aux secteurs de l'économie où elles seraient les plus pertinentes, en rapport avec les valeurs de la société, et ils ne confient pas la fonction d'allocation des risques aux acteurs les plus à même de les assurer[331].

Spéculation et autonomies

Appelé à témoigner devant le congrès, l'un des gagnants du *corner* sur l'oignon en 1956 déclara *"If it's against the law to make money... then I'm guilty"*... Ses remords s'arrêtaient là.

Après la crise de 2008, a été décidée par les régulateurs la restriction de la spéculation pour les banques. Stephen Schwarzman, un gérant de *hedge fund*,

[329] Karl Polanyi, *La Grande Transformation*, 1944, Gallimard, 1983, p. 22.
[330] Bernard Paranque. *La finance autrement : Réflexions critiques sur la finance moderne*. Presses Universitaires du Septentrion, 2016.
John Cassidy, *How Markets Fail: The Logic of Economic Calamities*, Straus and Giroux, 2009.
[331] Paul Dembinski, *Finance servante ou finance trompeuse?*, Desclée De Brouwer, Paris, 2008.

dont la fortune était estimée à 3 milliards de dollars, a déclaré publiquement que cela était une attaque inadmissible contre son business privé : « *It's war. It's like when Hitler invaded Poland in 1939* ».

La spéculation reste perçue comme un outil légitime pour qui défend l'autonomie individuelle par la liberté de chacun de s'enrichir, d'entreprendre ou de faire commerce… et la possibilité de s'assurer une sécurité comme pour les producteurs agricoles.

La fonction spéculative est constructive quand l'un est spéculateur et que l'autre couvre son risque. Le premier assure le projet d'autonomie individuelle de l'autre et notre projet d'autonomie collective. Ce spéculateur doit être conservé.

Quand, comme le rapporte Aristote, Thales a bénéficié de ses anticipations sur la récolte d'olives, dans une année où elle allait être abondante, la fonction spéculative a été positive. Le prélèvement qui lui a assuré sa fortune n'a pas été fait sur une période de faible production mais dans une période de récoltes fastes où tout le monde avait profité des bienfaits de la nature et lui, un peu plus que les autres. Sa spéculation n'a pas pénalisé le plus pauvre des Grecs pour qui le prix de l'huile a dû baisser. Sa spéculation semble avoir servi l'autonomie individuelle comme l'autonomie collective.

En période de superproduction comme après la Première Guerre mondiale, la réglementation américaine a mesuré l'impact de la spéculation sur l'autonomie individuelle et la juste rémunération des fermiers. Elle a cherché à limiter la baisse des cours liée à la spéculation. En période de sous-production dans les années 1930, les législateurs ont reconnu l'impact de la spéculation sur l'autonomie individuelle des citoyens-consommateurs et ont voté pour limiter la hausse des cours liée à la spéculation. Pourtant, dès les années 2000, toute réglementation fut enlevée et la fonction spéculative libérée. Cette déréglementation se basait sur un impact faible de la spéculation sur la volatilité des prix des matières agricoles, mais aussi sur des profits formidables de la finance sur les produits dérivés bénéficiant entre autres aux spéculateurs. La réglementation américaine a donc évolué en un siècle pour soutenir différents intérêts. Défendant les fermiers producteurs, puis les citoyens consommateurs, la réglementation qui visait une certaine autonomie alimentaire du pays n'est plus son objectif.

Nous remarquons à travers les exemples historiques que la pratique de la régulation de la spéculation se développe après une crise avant d'être levée progressivement lorsque la crise s'éloigne car persiste la tension entre les valeurs de **liberté de propriété privée** dont fait partie la possibilité de parier et celles d'**autonomies individuelle et collective**.

Pourtant pour Kant, le lien social et l'autonomie collective dominent les valeurs revendiquées par Adam Smith de liberté, de propriété et d'autonomie individuelle. Kant justifie cette hiérarchie car il perçoit le lien entre prix et dignité. Selon lui, l'impératif de toujours traiter autrui comme une fin et non un moyen promeut l'autonomie collective et le lien social comme valeurs supérieures :

> « Dans le règne des fins, tout a un prix ou une dignité. Ce qui a un prix peut être aussi bien remplacé par quelque chose d'autre, à titre d'*équivalent* ; au contraire, ce qui est supérieur à tout prix, ce qui, par suite, n'admet pas d'équivalent, c'est ce qui a une dignité. [332]

Ce n'est pas la manière dont le prix se forme que Kant remet en question mais, comme le rappelle de nos jours le philosophe Sandel (voir chapitre 9), ce sur quoi peuvent porter ou non les transactions pour ne pas voir abimer des valeurs que nous souhaitons préserver.

Par ailleurs, pour ceux qui attachent de l'importance à la sociabilité, la spéculation définie par Proudhon comme « l'ensemble des moyens non prévus par la loi, ou insaisissables à la justice, de surprendre le bien d'autrui »[333]demeure une spoliation d'autrui.

[332] Emmanuel Kant, (1785), *Fondement de la métaphysique des mœurs*, Traduit de l'Allemand en français par Victor Delbos (1862-1916) à partir de l'édition de 1792, Les classiques des sciences sociales,[http://classiques.uqac.ca/], p 56.

Aujourd'hui bien que la libre spéculation mette en péril la résilience des territoires, nos autonomies collectives et, par ricochet, l'autonomie individuelle du plus grand nombre, les réglementations nationales et internationales défendent de façon largement partagée, les intérêts des financiers et des spéculateurs.

---

[333] Pierre-Joseph Proudon, *Manuel du spéculateur à la Bourse*, Garnier Frères, 1857.

Enquête 8 : le *bitcoin* peut-il être une monnaie pour l'autonomie ?

C'est à l'initiative de Jean-Michel Servet, qui voyant apparaitre les crypto-monnaies, a voulu en savoir plus sur leurs apports ou leurs dangers, que nous avons mené une enquête collective[334] pour comprendre le détail des mécanismes et des enjeux de l'emblématique *bitcoin*.

Qu'est ce qu'un *bitcoin* ?

Une monnaie électronique est apparue en octobre 2008. Sa valeur 10 ans plus tard, le 23 octobre 2018, est de 98 763 369 999 euros. Le terme *bitcoin* (de l'anglais *coin* : pièce de monnaie et *bit* : unité d'information binaire) désigne à la fois un système de paiement à travers le réseau *Internet* et une unité de compte utilisée par ce système de paiement. Introduit par un groupe inconnu, il a pris de la valeur par effet grégaire. En octobre 2012, 10 millions de *bitcoins* avaient été distribués, sans aucune transparence sur les bénéficiaires bien que le *bitcoin* pouvait alors s'échanger contre 12 dollars.

Le *bitcoin* et le seigneuriage.

La monnaie est traditionnellement dans nos imaginaires un des aspects de la souveraineté. En effet, la souveraineté nécessite notamment de frapper sa monnaie, faire ses lois, rendre sa justice et déclarer la guerre et la paix. La différence entre ce que rapporte la monnaie mise en circulation et ce que coûte la monnaie pour la fabriquer, est appelée seigneuriage, le bénéfice assuré par le fait de battre monnaie. Le seigneuriage peut être au bénéfice d'un seigneur ou du particulier chargé d'émettre la monnaie.

---

[334] Denis Dupré, Jean-François Ponsot, Jean-Michel Servet. « Le bitcoin contre la révolution des communs », *5ème congrès de l'Association Française d'Économie Politique (AFEP), L'économie politique de l'entreprise*, Lyon, 1 au 3 juillet 2015, [en ligne], [https://hal.archives-ouvertes.fr/hal-01169131], (28 juillet 2015).

Les schtroumpfs reconnaissent ce droit de seigneuriage au schtroumpf financier, le petit malin qui bénéficie de la fabrication de la monnaie.

Libre inspiration par Marie Dupré de : Peyo, Le schtroumpf financier, Lombard, 1992.

Quand la mise à disposition de la richesse du seigneuriage se fait au bénéfice de toute la communauté, il s'agit d'un seigneuriage comme bien commun. Celui qui bénéficie du seigneuriage est alors le peuple lui-même. Nombre d'entre nous établissons un lien direct entre la monnaie et son utilisation par nos gouvernements pour servir les projets collectifs. Nous pensons souvent que c'est notre gouvernement qui dispose du seigneuriage et nous en fait profiter.

Les règles européennes et la *Banque Centrale Européenne* font qu'aujourd'hui, s'est déplacée la question de savoir qui récolte cette richesse créée et à quoi elle est affectée. Par ailleurs, ce privilège de battre monnaie peut aussi, paradoxalement même en démocratie comme le note le prix Nobel d'économie Maurice Allais, être confié au libre choix des actionnaires des banques privées sans que ces banques paient une quelconque redevance à l'État. En effet, les banques privées battent monnaie sous forme des crédits qu'elles octroient sans même que des dépôts équivalents leur aient été confiés par des clients :

> Il est aujourd'hui pour le moins paradoxal de constater que, pendant des siècles, l'Ancien Régime avait préservé jalousement le droit de l'État de battre monnaie, et le privilège exclusif d'en garder le bénéfice, alors que la république démocratique a, elle, abandonné pour une grande part ce droit et ce privilège à des intérêts privés.[335]

Mais depuis une dizaine d'années, une forme plus insolite encore que la cession de la création monétaire aux banques privées se multiplie. Des monnaies apparaissent, semblant surgir de nulle part, sous le contrôle d'aucunes autorités nationales ou internationales. Le *bitcoin* est l'exemple le plus connu. Il est fabriqué par des inconnus sous une procédure qui rend anonyme les bénéficiaires du seigneuriage pour chaque *bitcoin* créé. Avec le *bitcoin*, le seigneur est totalement anonyme.

Or, faisons un calcul d'ordre de grandeur du seigneuriage pour les *bitcoins* : la plus-value des 10 millions de *bitcoins* déjà distribués en octobre 2012 atteint dix milliards de dollars lorsque le cours dépasse les 1000 dollars en novembre 2013[336]. En 2017, les 5 millions de *bitcoins* supplémentaires émis ont assuré une plus-value nouvelle de 10 milliards de dollars avec un cours de 2500 dollars en juin 2017. Le cours du bitcoin a atteint 19379 dollars le 17 décembre 2017. 100 milliards de seigneuriage et on ne connait toujours pas les identités de ceux qui touchent le seigneuriage des *bitcoins* !

---

[335] Maurice Allais, *L'impôt sur le capital et la réforme monétaire*, Hermann, 1977.
[336] Il faudrait tenir compte du coût d'émission composé d'ordinateurs, d'électricité, de locaux, de réfrigération, etc.

Le bitcoin, monnaie privée ou bien commun ?

Actuellement, l'usage de nouvelles techniques de communication et le recours à des supports informatiques sont propices à l'essor de multiples et nouvelles pratiques de partage qui peuvent être reconnues comme instituant des communs[337], autrement dit des ressources auto-organisées et auto-gouvernées.

Un « commun » se caractérise par l'usage d'un bien ou d'un service organisé de telle façon qu'il puisse être mutualisé par le rapprochement volontaire, coordonné et sans relation de domination, des intérêts particuliers de ses parties prenantes. L'idée de « commun » se différencie ainsi de celle de « bien privé » et celle de « bien public ». Les caractéristiques instituant ou reconnaissant un commun doivent répondre à différentes conditions.

La première condition d'existence ou de reconnaissance d'un « commun » est la définition de la communauté l'utilisant. Il faut définir un groupe de co-producteurs ou d'usagers (multiples et interdépendants) et en conséquence fixer des frontières (avec une ouverture plus ou moins grande à l'extérieur) et préciser les rôles, fonctions ou qualités de chacun au sein de cet espace. L'universalité potentielle de la circulation des *bitcoins*, la revendication d'un franchissement sans contrôle des frontières et l'absence d'une réelle coordination entre ses différentes parties prenantes en dehors de relations concurrentielles s'opposent à la définition d'une communauté. Celle-ci ne peut être simplement définie par un groupe échangeant dans l'anonymat le plus absolu et dont la relation se réduirait à une seule circulation monétaire et à des échanges d'informations et d'idées via des sites.

Une fois établie la condition d'une communauté clairement définie, il faut connaître les conditions d'accès, d'appropriation, d'exclusion, de distribution,

---

[337] Elinor Ostrom. *Governing the commons: the evolution of institutions for collective action*, Cambridge university press, 1990.

de prélèvement et de reproduction de ce commun. Manquent pour le *bitcoin* beaucoup d'informations concernant tant ses utilisations que sa gestion collective.

La troisième condition de définition du commun dépend des précédentes : il faut contrôler l'usage d'un commun et les capacités d'en tirer des revenus. La réalité du *bitcoin* est contraire puisque la totale liberté de son utilisation est promue comme un bienfait.

Il serait illusoire de croire que le recours à l'informatique et l'usage d'une plateforme pour accéder et stocker des informations créent *ipso facto* un commun, et partant de là, un monde de gratuité. L'économiste Jeremy Rifkin[338] contribue à diffuser cette illusion d'un lien entre internet et la production de nouveaux communs. Or, un commun suppose une volonté politique forte de transformation solidaire des activités de production, d'échange, de financement et de consommation[339]. L'usage d'une plateforme même collaborative peut parfois servir des objectifs lucratifs concurrentiels, voire dissimuler des rentes de situations.

Hors de toute considération monétaire et financière, les pratiques dites « collaboratives » à travers des plateformes peuvent être empreintes d'un caractère anti écologique quand elles encouragent à des surconsommations. Le *bitcoin* est de fait, très énergivore dans son émission : sa fabrication emploie une énergie produite en grande partie à partie de ressources non renouvelables et dans des conditions portant atteinte à l'environnement. Selon le *Corriere della sera*[340], un PC fonctionnant 24 h sur 24 h qui produisait entre 3 et 5 centimes de *bitcoin* par jour en 2015, consommait 0,72 kilowatt. En octobre 2018, des scientifiques ont estimé que l'extension du *bitcoin*[341] pourrait conduire, à elle seule, à dépasser dès 2033 le seuil

---

[338] Jeremy Rifkin, *La nouvelle société du coût marginal zéro*, Les liens qui libèrent, 2014.

[339] Jean-Michel Servet, « Un douteux retour du partage et de la gratuité », in : Vershuur Christine, Guérin Isabelle, Hillenkamp Isabelle (ed.), Une économie solidaire peut-elle être féministe ? Homo Oeconomicus, Mulier Solidaria, Paris, L'Harmattan, 2015, p. 139-151.

[340] Massimo Sideri, « Bitcoin, ancora sospesa la principale Borsa europea Bitstamp con i conti degli italiani », *Corriere della Serra*, 7 janvier 2015.

[341] Camilo Mora, Randi L. Rollins, Katie Taladay, Michael B. Kantar, Mason K. Chock, Mio Shimada, Erik C. Franklin, « Bitcoin emissions alone could push global warming above 2°C »,

des 2 degrés pour le réchauffement climatique. Le bilan de la production de *bitcoin* est donc inquiétant sur le cout des externalités écologiques. Cette absence de prise en compte des coûts de production des *bitcoins* en terme énergétique éloigne fortement le *bitcoin* de l'idée de commun.

La définition d'un commun implique aussi l'arbitrage d'éventuels conflits dans l'activité commune ou son utilisation. Dans la mesure où les plateformes de stockage et d'échange de *bitcoins* ne prétendent exercer aucun contrôle, il n'existe aucune instance d'arbitrage promue par les usagers du *bitcoin*. D'où le manque de sécurité des portefeuilles détenus en *bitcoins* et les piratages possibles de plateformes à partir desquelles il est possible d'échanger des devises contre des *bitcoins* et réciproquement[342].

Ainsi l'institution ou la reconnaissance d'un commun suppose l'introduction d'une échelle de sanctions et la définition des modes de répression voire d'exclusion de ceux qui ne se conforment pas aux règles et aux normes informelles collectivement acceptées. Ces normes sont des valeurs promues en prescrivant des actions ou des résultats et sont constitutives et régulatrices. La gestion des communs nécessite un droit lié à la propriété et une institution qui fasse respecter ce droit puisque : « Un bien commun est géré collectivement dans un cadre privé comme un régime de propriété spécifique avec une distribution de droits d'usage ; à chaque système de ressources correspond un système de droits de propriété avec leur système de gouvernance »[343]. Là encore les plateformes permettant les transactions en *bitcoins* n'ont aucune vocation à se livrer à ce genre de régulation.

Nature Climate Change, 2018.

[342] MtGox, alors leader du secteur, en février 2014 a subi la disparition de l'équivalent de 850 000 bitcoins et le vol de données personnelles des utilisateurs. Bitstamp début janvier 2015 a subi la disparition de 19 000 bitcoins soit l'équivalent de 4,3 millions d'euros. Les détenteurs n'ont plus pu alors ni les vendre, ni les retirer.

[343] Jean-Pierre Chanteau, Benjamin Coriat, Agnès Labrousse et Fabienne Orsi, « Introduction », *Revue de la régulation*, 14, automne 2013, [en ligne], [http://regulation.revues.org/10516], (12 décembre 2013).

Enfin, un élément est essentiel pour l'organisation et le fonctionnement d'un commun : un processus démocratique de prise de décision par les parties prenantes. Cela permet de bien distinguer un bien collectif public d'un bien commun. Il s'agit là de savoir s'il y a partage du pouvoir entre parties prenantes, qui se distingue donc de droits établis sur la base de la seule propriété privée. Là encore le mode de diffusion du *bitcoin* et l'absence de relations, hormis celle de l'échange lui-même du *bitcoin*, permet l'institution du *bitcoin*, ou sa reconnaissance, en dehors de tout processus démocratique.

A qui servent les *bitcoins ?*

Pourtant, en février 2015, le second rapport de la *Banque Centrale Européenne* sur les crypto-monnaies, indiquait que chaque jour le *bitcoin* faisait l'objet de 60 000 transactions dans le monde. Si on compare ce chiffre aux 274 millions de transactions quotidiennes de détail ne se faisant pas avec des pièces ou billets dans la seule Union Européenne, c'est bien peu. Mais seulement le centième des transactions en *bitcoin* correspondrait effectivement à des achats et ventes de biens et services et le reste devrait être catalogué comme blanchiments de fonds. Même si les partisans du *bitcoin* peuvent faire valoir que les monnaies nationales servent aussi pour des activités délictueuses, on doit remarquer que la libre circulation et l'anonymat réclamés pour le *bitcoin* ne peuvent qu'être propices à ce type d'utilisation[344].

---

[344] L'absence de transparence dans la gestion du *bitcoin*, peut être illustrée par la personnalité trouble de Mark Karpelés qui, en 2011, a acquis la plateforme Mt. Gox de gestion des portefeuilles au Japon en *bitcoin*. Pourtant, Mark Karpelés avait été condamné en 2010 à un an de prison par le tribunal d'instance de Paris pour piratage de données informatiques et poursuivi par le Trésor américain pour ne pas s'être déclaré comme organisme de transfert de fonds aux États-Unis.
Silk road, nom anglophone de la route de la soie, est un marché noir sur Internet qui assure l'anonymat à la fois des acheteurs et des vendeurs, dans le cadre de vente de produits illicites, notamment des stupéfiants.
Entre 2011 et 2013, *Silk Road* a été le plus grand site au monde de ventes d'abord de champignons hallucinogènes, puis avec ce premier succès, il est devenu un site de commercialisation du cannabis, de cocaïne, de MDMA, de stéroïdes, d'antidépresseurs et autres médicaments dérivés en drogues récréatives… et même jusqu'à du cyanure. Ross Ulbricht, le créateur du site était en relation avec Mark Karpeles. L'équivalent en bitcoins de 134 millions de dollars ont convergé depuis *Silk Road* vers les portefeuilles virtuels de son créateur. Après la fermeture du site *Silk Road* et l'arrestation de

Le bitcoin, de la rareté à une promotion performative

Le *bitcoin* ne lutte pas contre la rareté. Il la produit, et même l'accroît. Sa production, en quantité décroissante et de plus en plus coûteuse par unité produite ne peut être viable que si la demande s'accroit et son cours augmente. Ainsi sa rareté augmente au profit de ceux qui le détiennent déjà. Il faut noter la volatilité très forte de son cours.Valant au départ quelques centimes, il a atteint 1200 dollars en novembre 2013 et a connu une phase à 172 dollars suivie de périodes en montagnes russes pour monter à 20 000 dollars en janvier 2018 et s'effondrer à 6000 dollars dès février 2018. La principale raison évoquée pour expliquer cette volatilité est la concentration des *bitcoins* entre les mains d'un nombre limité de personnes et des conséquences des effets d'annonces de telles ou telles autorités financières, favorables ou défavorables à ce nouvel actif financier. D'où le fort investissement des détenteurs de *bitcoins* dans la promotion de l'instrument auprès du public des acquéreurs potentiels et auprès des responsables financiers et politiques pour que le *bitcoin* soit reconnu comme monnaie à part entière.

Que dit-on du *bitcoin* ?

Le point de vue de Bern Bernanke

A la même époque, deux présidents de la banque centrale des États-Unis ont eu des positions contradictoires, l'un affirmant que le *bitcoin* est une monnaie, l'autre non. On peut lire en filigrane dans leurs discours la définition qu'ils donnent à la monnaie et l'importance qu'ils accordent à l'autonomie.

Auditionné par une commission du Sénat sur les monnaies virtuelles en septembre 2013, Bern Bernanke[345], alors président de la FED (Réserve fédérale, la

---

Ross Ulbricht par le FBI le 1er octobre 2013, Ross Ulbricht a été condamné en mai 2015 à la prison à vie et à rembourser 183 millions de dollars.

[345] Ben Shalom Bernanke, né le 13 décembre1953 est un économiste américain, du courant nouveau

banque centrale des États-Unis), trouvait dans le *bitcoin* les avantages d'un système de paiement fiable. Il le valorisait comme étant une « innovation technique » pour un marché plus efficient. Selon le *Financial Times* du 18 novembre 2013, l'intervention de Ben Bernanke a constitué un discours plein d'onction à l'intention du *bitcoin*. Il a provoqué un bond de son cours de 500 dollars à 785 dollars en deux jours.

Dans la lettre d'audition de Bernanke, une première analyse sémantique fait apparaitre deux points qui justifient son soutien au *bitcoin*, monnaie « virtuelle ». Tout d'abord, il lui confère un des attributs de la monnaie à savoir être une **valeur de réserve** (*store value*). Ensuite, il penche en sa faveur parce qu'il serait « un système de moyen de paiement plus efficient, rapide et sûr ». Efficient est un adjectif valorisé positivement en finance et associé au terme de « marché efficient ».

Bernanke utilise le terme d'innovation technique pour qualifier le *bitcoin*. Ce terme d'innovation est également valorisé positivement dans notre société[346]. Bernanke ne fait pas allusion aux trafics que le *bitcoin* semble faciliter.

Il défend dans sa lettre une vision néolibérale de la monnaie, de type de celle proposée par Hayek. Un groupe d'individus doit pouvoir fabriquer à sa guise une monnaie et l'échanger librement. Le gouvernement ne doit, selon lui, ni interférer ni taxer l'enrichissement suite à la variation de valeur de cette monnaie par rapport à la monnaie légale. Pour Bernanke, l'essentiel dans la définition d'une monnaie est sa **fonction d'échange**. A ce titre, le *bitcoin* est une monnaie.

---

keynésien. Il a enseigné la théorie monétaire à l'université Stanford de 1979 à 1985, a donné des conférences à la London School of Economics et a été professeur invité à l'université de New York. À partir de 1985, il est professeur au département d'économie de l'université de Princeton. Le 24 octobre2005, George W. Bush a nommé Bernanke à la tête de la Réserve fédérale, Il fut président de la Réserve fédérale des États-Unis pour 2 mandats jusqu'au 31 janvier 2014.

[346] Une polarisation négative de la notion d'innovation est proposée par Jacques Ellul dans « La technique ou l'enjeu du siècle » qui dénonce dès 1954 l'autopropulsivité de la technique puis par le sociologue Pierre-André Taguieff dans son livre « Résister au bougisme » en 2002.

En février 2014, après l'escroquerie concernant la principale plateforme gérant les comptes en *bitcoin* et sa chute vertigineuse, les faits vont contraindre le fisc américain à prendre une position contraire à celle de principe du président de la FED et à ne pas reconnaitre le *bitcoin* comme monnaie. Le fisc considérera ainsi le 25 mars 2014 que « Les "monnaies virtuelles" peuvent être utilisées pour acheter des biens et des services ou être stockées comme investissement (...), mais elles n'ont pas de valeur légale ». Le *bitcoin* sera alors traité comme un « bien » et les plus-values qui en seront tirées seront imposées comme les gains sur le capital…ce qui n'est pas le cas pour une monnaie.

Le point de vue d'Alan Greenspan

Dans l'interview[347] du 4 décembre 2013 sur la première chaine d'informations financières, *Bloomberg TV*, l'ancien président de la FED, Alan Greenspan[348], jugeait que le *bitcoin* était une bulle financière mais il n'en mettait pas en cause la légalité.

Interview d'Alan Greenspan sur le *bitcoin*

> T.R. : An asset that has been climbing significantly and it is not housing it is *bitcoin*, Doctor Greenspan, *bitcoin* is up this year...what is your thought on it : is *bitcoin* in fact a bubble ?

---

[347] Trish Regan, « Greenspan on bitcoin: I Guess It's a Bubble », "Street Smart.», vidéo, Bloomberg TV, 4 décembre 2013, [en ligne], [http://www.bloomberg.com/video/greenspan-on-bitcoin-i-guess-it-s-a-bubble-Mu~7aDC9Q8i_b0hSa4i6XA.html], (8 juin 2014).

[348] Alan Greenspan (né le 6 mars 1926 à New York), économiste de formation, a été le président de la FED de 1987 à 2006. En 1977, il soutient sa thèse à l'université de New York et obtient son doctorat en sciences économiques. En 1979, il entre dans l'équipe de campagne présidentielle de Ronald Reagan, qui devient président en 1981 et sera réélu en 1985. Le 11 août 1987, Greenspan est nommé 13e président du conseil de la Réserve fédérale des États-Unis par Ronald Reagan, remplaçant Paul Volcker. Deux mois seulement après son arrivée à la tête de cette institution, il doit faire face au krach d'octobre 1987. Il sera ensuite approuvé à son poste par les présidents suivants George H. W. Bush, républicain, et Bill Clinton, démocrate. En 2004, George W. Bush le renomme pour servir un 5e et dernier mandat. Il cède son poste le 1er février 2006 à Ben Bernanke. Il a été un ami de Ayn Rand et se définit républicain libertarien. Milton Friedman, père du monétarisme, le considérait comme le meilleur gouverneur de la Réserve fédérale.

A.G. : I guess so. But let me say, if currency is to be exchangeable it has to be backed by something. When we had a gold standard, gold and silver had intrinsic value and people that were willing to exchange their good and services for gold and silver and would never ask where the money came from.

Alternatively when we went into currencies, it was the backing of the issuer of the currency, In other words, if some individuals had great credit standard, his checks can circulate as money. But the question is, I do not understand where the backing of *bitcoin* is coming from. There is no fundamental issue of capabilities of repaying anything which is universally acceptable which even intrinsic value of the currency or the credit or trust of the individual which is issuing he money whether it is the government or an individual. Individuals with a very high network or a good reputation could create their currency because people will be willing to exchange their checks with other probably at par. It is not the case with the *bitcoin*.

T.R. : not the case...Could it be the new gold ?

A.G. : laugh

T.R : smile

AG : No. It has to have intrinsic value. You have to really stress your imagination to infer what the intrinsic value of *bitcoin* is. I have not been able to do it, may be somebody else can....but, if you ask me is it a bubble in *bitcoin*, ya it is a bubble

L'interview de Greenspan sur le *bitcoin* se situe quelques semaines après la lettre de Bernanke au Sénat américain. L'analyse praxéologique du dialogue de cet entretien met en lumière les « non-dits » de l'arrière-plan du discours qui révèlent la vision qu'Alan Greenspan a de la monnaie et de l'autonomie.

Cet interview d'Alan Greenspan sur *Bloomberg* est un exercice de style particulier. Comme le souligne Wittgenstein, il existe une multiplicité de jeux de langage. Chaque jeu a sa propre grammaire. Le langage fait partie d'une activité ou d'une forme de vie. Ici, nous sommes dans le monde financier pour lequel cette chaine de télévision a été créée. Les jeux articulent discours et actions car : « Ce que nous disons reçoit son sens du reste de nos actions. »[349].

Austin[350] souligne la multiplicité des usages du discours commandés par des règles sociales. Ici, l'interview est réglée pour mettre en valeur l'affirmation de l'expert et valoriser l'individualisme. La journaliste qui réalise l'interview travaille

[349] Ludwig Wittgenstein, *De la Certitude*, coll. Tel, Gallimard, 1965.
[350] John Langshaw Austin, *Quand dire c'est faire*, Seuil, Paris, 1970.

aussi pour NBC, chaine à tendance néolibérale, où intervient également la femme d'Alan Greenspan.

T.R. : Un actif qui augmente de manière significative, et ce n'est pas l'immobilier, est le *bitcoin*, Dr Greenspan, le *bitcoin* s'est envolé cette année... Qu'en pensez-vous : est-ce une bulle ?

La journaliste reconnait Greenspan comme l'expert au sens platonicien, celui qui connait la vérité et doit diriger la cité. Le titre de docteur qu'il a obtenu à 51 ans est le symbole de l'expertise. La notion de bulle[351] qui ne sera pas définie, est présentée avec une polarisation négative par Greenspan. Il l'explique comme une conséquence de ce qu'il a appelé, lors de la crise de la bulle internet, « l'exubérance irrationnelle des marchés » et de la cupidité des agents.

A.G. Je le pense. Si la monnaie doit être échangeable elle doit s'appuyer sur quelque chose. Quand l'or était l'étalon, l'or et l'argent avaient une valeur intrinsèque et les gens qui souhaitaient échanger leurs biens ou leurs services contre de l'or et de l'argent ne se demandaient pas d'où venait l'argent ;
De manière alternative en ce qui concerne les devises, c'était l'adossement à des richesses de l'émetteur de la monnaie; En d'autres termes, si certaines personnes inspiraient une très grande confiance, leurs billets pouvaient avoir la même valeur que l'argent. Mais le problème est que je ne vois pas sur quoi s'appuie le *bitcoin* ; Il n'y a pas fondamentalement de moyens d'acheter quoique ce soit qui soit universellement acceptable , sans la valeur intrinsèque de la devise ou du crédit ou de la confiance de la personne qui émet la devise , que ce soit le gouvernement ou un individu.

La première phrase de cet extrait est une réponse directe à la question : « Va-t-il y avoir un krach ? » Pourtant Greenspan continue pour répondre à une question qui n'a pas été explicitée par la journaliste : le *bitcoin* est-il une monnaie ? Pour Greenspan, la monnaie doit avoir valeur intrinsèque, c'est à dire doit être adossée à l'or ou à la confiance dans des individus. Il ne mentionne qu'à la fin l'État comme possible créateur de monnaie, ce qui reflète la vision négative[352] qu'il en a.

---

[351] Le mot bulle est repris par André Orléan, économiste français du courant de la théorie de la régulation. Il pose que les bulles financières infirment la notion de "marché efficient" supposé donner un prix "incontestable" grâce à l'information parfaite pour tous et le libre jeu de l'offre et de la demande. Son analyse de la monnaie ave Michel Aglietta, comme rapport de violence, repose sur une analyse anthropologique inspirée de De Copet avec le concept de désir mimétique introduit par René Girard.

[352] Ayn Rand, philosophe libérale qui a fortement inspiré Greenspan, prône un état minimal se réduisant à assurer la sécurité des hommes et des biens. Adepte d'un libertarianisme anti-État, Rand préconise un État minimal. L'ancien président de la « Fed », Alan Greenspan, a beaucoup été influencé par Rand et déclara à son propos : « Elle m'a montré que le capitalisme n'est pas seulement efficace, mais aussi moral ». Cette philosophe, scénariste et romancière américaine d'origine russe, juive athée, est née le 2 février 1905 à Saint-Pétersbourg et morte le 6 mars 1982 à New York. Ayn

A.G.
les personnes qui ont un très bon réseau de relations ou une bonne réputation pourraient créer leur
devise car les gens désireraient échanger leurs monnaies au pair ; Ce n'est pas le cas du *bitcoin*

La « bonne réputation » dans un réseau de relations est une notion clef de la
philosophie individualiste d'Ayn Rand. Dans son système de pensée,
l'enrichissement des individus nécessite le respect des contrats qui se nouent, il se
base sur la réputation individuelle des agents et non sur la force de la loi puisque
l'Etat doit être minimal.

Une seule fois, lors de ses multiples auditions par le Sénat sur ces responsabilités
dans la crise financière de 2008, Greenspan lâchera un aveu d'erreur liée à cette
confiance absolue dans la sphère privée. Il a alors reconnu, après des heures
d'audition où il était mis en cause, qu'il avait pensé à tort que les banques se
réguleraient d'elles-mêmes pour ne pas perdre leurs réputations et donc leurs clients[353].

Rand est considérée comme la théoricienne d'un capitalisme individualiste ainsi que d'un
libertarianisme refusant toute forme de coercition et prônant les valeurs de la raison, du travail et de
l'« égoïsme rationnel », son concept central. Figure de l'anticommunisme radical, Ayn Rand prône
l'indépendance et le « laisser-faire » face à toute forme de collectivisme ou de religion établie. Elle a
trouvé en Ludwig von Mises, lui aussi émigré aux États-Unis, le grand théoricien contemporain du
laisser-faire qui complétait sa compréhension de l'économie. De nombreuses personnalités, comme
Alan Greenspan, le président Ronald Reagan ou le fondateur de Wikipédia, Jimmy Wales, se
réclament de ses conceptions.
En 1950, Ayn Rand et quelques proches, notamment Alan Greenspan, créent un groupe qui prend
par provocation le nom de « Le Collectif » En 1957 est publiée sa principale œuvre, *Atlas Shrugged*
(La Grève), qui met en scène des entrepreneurs qui décident de cesser d'être les esclaves d'un
étatisme pré-totalitaire qui ravage la société à l'image du New Deal de Roosevelt. Le livre devient
rapidement un best-seller mondial. Rand met en avant ce qu'elle nomme l'« égoïsme rationnel », ou «
égoïsme de l'intérêt personnel », seul principe moral digne d'être suivi par opposition à l'altruisme,
de mentalité collectiviste. L'individu est selon elle la base de toute morale, « il se doit d'exister pour
lui-même » écrit-elle en 1962 et de « ne jamais se sacrifier pour les autres».
One of the most influential business books ever written is a 1,200-page novel published 50 years
ago, on Oct. 12, 1957. [...]The book is "Atlas Shrugged," Ayn Rand's glorification of the right of
individuals to live entirely for their own interest. For years, Rand's message was attacked by
intellectuals whom her circle labeled "do-gooders," who argued that individuals should also work in
the service of others. Her book was dismissed as an homage to greed. [...]
Harriet Rubin, « Ayn Rand's Literature of Capitalism », *The New-York Times*, September, 15, 2007.
[353] Extraits d'auditions d'Alan Greenspan au Sénat suite à la crise financière :
Bernie Sanders Confronts Alan Greenspan, [en ligne],
[https://www.youtube.com/watch?v=WJaW32ZTyKE], (8 juin 2014).

Mais cet aveu n'a pas été renouvelé et dans l'interview que nous étudions, Greenspan confirme sa confiance sans faille dans la sphère privée.

T.R : pas le cas... Est-ce que cela pourrait être le nouvel or ?

La journaliste pose étrangement une question à laquelle elle vient juste d'avoir une réponse précise. Cela démontre comment ce dialogue est réglé avec des questions posées à l'avance et ne tenant pas compte des réponses. Ce « faux dialogue » permet l'évitement de questions taboues et qui, avec la réponse précédente, auraient dû naturellement émerger.

Par exemple : En qui doit-on avoir confiance ? L'État ? Pourquoi faire confiance aux intérêts privés après la crise dans laquelle nombre d'institutions privées comme les banques, les agences de notations ou agents privés ont failli ? Les marchés financiers continuent de créer des bulles qui déstabilisent l'économie, ne faut-il pas réguler ? L'omission permet de garder le sourire.

A.G. : rire
T.R : sourire

Le retour sur la même question déclenche un rire de Greenspan puis un sourire de détente complice de la journaliste. La journaliste est une professionnelle de ce jeu réglé et il n'y aura pas ces questions embarrassantes. Le jeu bien réglé dans cette interview sur une chaine financière est un modèle du genre.

A.G : Non, il faut que ça ait une valeur propre. Il faut faire un gros effort d'imagination pour trouver quelle est la valeur propre du *bitcoin*. Je n'en ai pas été capable, peut être que quelqu'un d'autre le pourra, mais si vous me demandez si le *bitcoin* est une bulle, je vous réponds oui.

La touche d'humour fait partie du jeu de l'interview dans les shows américains. Ici, l'expert joue le jeu de l'humble citoyen qui n'est pas le roi des experts que toute cette mise en scène affiche pourtant « Je n'ai pas été capable de trouver une valeur intrinsèque au *bitcoin* ». Puis il y a la fausse ouverture : « peut être quelqu'un le peut ». De fait aucun autre expert n'est invité, encore moins un expert qui pourrait mettre en évidence l'idéologie de la position. Enfin l'expert clôt l'interview par un conseil qui renforcera sa position d'expert : « Le *bitcoin* est une bulle ». C'est une assertion, un acte pragmatique fort d'engagement (*kraft*) comme le définit Frege par le concept de force assertive, qui engage le locuteur.

Mais n'en restons pas à ce premier niveau d'analyse locutoire et passons au second niveau, illocutoire. La force pragmatique de l'acte consiste pour Greenspan à se poser en gourou de la finance qui prévoit une chute des cours qui se réalisera effectivement. Il y a enfin un troisième niveau, perlocutoire, des objectifs et des effets sur l'auditeur de l'acte de discours, comme le spécifie Austin :

> Dire quelque chose provoquera souvent - le plus souvent - certains effets sur les sentiments, les pensées, les actes de l'auditoire, ou de celui qui parle, ou d'autres personnes encore. Et l'on peut parler dans le dessein, l'intention, ou le propos de susciter ces effets.[354]

Ainsi, dans le discours de Greenspan, sous des apparences d'évaluation neutre et technique du *bitcoin*, émergent des idéologies et des croyances : des notions idéologiques valorisées positivement comme la responsabilité individuelle, ou négativement comme le rôle de la communauté et de la cité.

Ainsi pour Greenspan la cupidité est un bien[355]. Greenspan souhaite donc seulement que les plus malins évitent la bulle *du bitcoin* et continuent à promouvoir le modèle de laisser-faire.

L'interview de Greenspan et la lettre de Bernanke mettent en évidence leur désaccord sur le fait que le *bitcoin* puisse assurer une fonction de **réserve de valeur** que Greenspan nomme **fonction d'accumulation**. Cependant, c'est bien la question

---

[354]John Langshaw Austin, *Quand dire c'est faire*, op. cit., p. 114.
[355] Shortly after "Atlas Shrugged" was published in 1957, Mr. Greenspan wrote a letter to The New York Times. [...]" 'Atlas Shrugged' is a celebration of life and happiness. Justice is unrelenting. Creative individuals and undeviating purpose and rationality achieve joy and fulfillment. Parasites who persistently avoid either purpose or reason perish as they should.
Harriet Rubin, « Ayn Rand's Literature of Capitalism », *The New-York Times*, September, 15, 2007.

de l'autonomie, tant individuelle que collective qui apparait en contexte d'arrière-plan de leur opposition sur le *bitcoin*.

Le point de vue de Jean-François Ponsot

Jean-François Ponsot est un des économistes du courant de la régulation. Il est Professeur en sciences économiques à l'Université Grenoble-Alpes. Ses travaux portent sur la monnaie, les innovations monétaires et l'Amérique latine. Il est membre du groupe des Economistes Atterrés et a écrit un livre avec deux économistes Michel Aglietta et Pepita Ould Ahmed : *La monnaie entre dette et souveraineté*[356]. Dans un article qui a fait l'objet d'une conférence en 2015 et d'un rapport ministériel sur les monnaies locales complémentaires[357], il ne considère pas le *bitcoin* comme une monnaie. La raison qu'il avance est qu'une monnaie ne peut ni être détachée de la notion de bien public ni être déconnectée de toute autorité souveraine assurant sa liquidité et sa pérennité.

Le *bitcoin* est une innovation de paiement désincarnée fondée sur l'utilisation des nouvelles technologies numériques qui entretient l'illusion d'une communauté. Il se caractérise par l'absence de centralisation monétaire – le fonctionnement se fait en mode pair à pair. Il se distingue de la monnaie créée par les banques à travers l'octroi de crédit : en cas de fléchissement des activités économiques, les règles organisant son émission sont incapables de permettre des actions publiques de relance.

---

[356] Michel Aglietta, Pepita Ould Ahmed et Jean-François Ponsot, *La monnaie entre dettes et souveraineté*, Odile Jacob, 2016.

[357] Denis Dupré, Jean-François Ponsot et Jean-Michel Servet, « Le *bitcoin*, une tragédie du marché » *in Rapport de la mission d'études sur les monnaies locales complémentaires*, Ministère de l'économie sociale et solidaire, Paris, 2015, [en ligne], [https://drive.google.com/file/d/0B-nph-n_lIAaNTY4Z0htaXF1Znc/view], (8 juin 2015).
Denis Dupré, Jean-François Ponsot et Jean-Michel Servet, « Le bitcoin contre la révolution des communs », *5ᵉ congrès de l'Association Française d'Économie Politique (AFEP), L'économie politique de l'entreprise*, Lyon, 1 au 3 juillet 2015.

Les supporters du *bitcoin* semblent pour la plupart motivés par des thèses crypto-anarchistes et libertariennes en vogue depuis les années 2000 et le *bitcoin* est souvent promu comme une monnaie virtuelle anti-banque, anti-État. Son développement répond également à la réaction des citoyens contre les monnaies « officielles » qui leur semblent ne plus correspondre aux besoins de l'économie réelle. Le *bitcoin* séduit certains de ses utilisateurs en leur donnant l'illusion qu'ils s'approprient la monnaie et se débarrassent de l'intervention jugée nocive des acteurs qui semblent la contrôler traditionnellement (États, banques centrales et banques).

Cependant il convient de mettre en lumière ce qui distingue le *bitcoin* d'une monnaie à part entière, c'est-à-dire d'une part d'une institution au service de la collectivité, reposant sur la confiance et sa légitimité et, d'autre part d'un bien économique au service de l'économie réelle.

D'après l'approche institutionnaliste de la monnaie[358], la monnaie participe au rapport d'appartenance des membres d'une collectivité à cette collectivité dans son ensemble. Elle institue un rapport social avant de fonctionner comme un instrument d'échange.

Se pose alors une première question : comment et par qui la monnaie est-elle « instituée » et ensuite acceptée ? De nombreux exemples attestent au fil du temps que le souverain, ou l'État, a pu jouer un rôle moteur pour instituer la monnaie. En effet, en obligeant notamment les sujets à payer l'impôt en monnaie, l'usage des monnaies dans les échanges est devenu un passage obligé pour satisfaire l'exigence du souverain. Celui-ci, guerroyeur, devait lever des armées pour

[358] Philippe Bernoux et Jean-Michel Servet, *La construction sociale de la confiance*, Paris, AEF, Montchrestien, 1997.
Michel Aglietta et André Orléan, *La monnaie souveraine*, Paris, Odile Jacob, 1998
Michel Aglietta, Pepita Ould Ahmed et Jean-François Ponsot, « La monnaie, la valeur et la règle », *Revue de la Régulation* 17, 2015.

beaucoup composées de mercenaires et, en les payant et en exigeant de ses sujets l'impôt sous forme de pièces, il transformait la société entière en un très efficace système d'approvisionnement de ses soldats. La monnaie, en tant qu'institution, apparaît indissociable de l'État ou d'une autorité monétaire. Si on s'appuie sur cette conception de la monnaie, il devient clair que le *bitcoin* n'est pas une monnaie car il est détaché de la souveraineté.

Par ailleurs, sans circulation monétaire et donc sans liquidité, pas de production, et donc pas d'échanges. Cela signifie que la monnaie doit être au service de l'économie réelle. Pourtant, la libéralisation financière et les innovations financières ont transformé le métier du banquier, si bien qu'une infime partie de la monnaie créée finance réellement la production[359]. Par exemple, dans les économies modernes, la monnaie est créée par les banques sur la base d'une reconnaissance de dettes de ceux à qui elles accordent des crédits et non plus en tant qu'intermédiaire entre épargnants et investisseurs emprunteurs.

Le *bitcoin*, quant à lui, ne repose ni sur un système bancaire hiérarchisé chapeauté par une banque centrale, ni sur un système de compensation permettant d'assurer la pérennité des paiements. Complètement décentralisé, il n'est donc pas en mesure d'assurer à tout moment la parfaite liquidité nécessaire à tout système de paiements. En conséquence, le *bitcoin* n'est pas capable de garantir le financement de l'économie réelle et la liquidité du système. Il n'apporte ni le crédit, ni la liquidité. Le *bitcoin* ne serait donc pas une monnaie car il n'est pas au service de la production de l'économie réelle.

Par nature, le *bitcoin* ne peut répondre ni à l'actuel désordre monétaire international actuel, ni à la recherche de la stabilité monétaire et financière et le nécessaire apport de liquidités à la production de biens et services utiles, en

---

[359] Par exemple, Adair Turner considère que seulement 15% des nouveaux crédits servent à financer l'investissement productif au Royaume-Uni. Adair Turner, "Too much of the Wrong Sort of Capital Flow", Conference on Capital Account Management and Macro-Prudential Regulation for Financial Stability and Growth Centre for Advanced Financial Research and Learning, Reserve Bank of India, New Delhi, January 2014.

particulier dans un contexte de transition énergétique. Dans ce sens, quand l'économiste Ponsot soutient que le *bitcoin* n'est pas une monnaie, c'est aussi que selon lui, il n'assure pas la fonction de lien social et qu'il ne peut être considéré comme un bien commun.

Comment le *bitcoin* peut faciliter la destruction des communs ?

Nous ne pouvons que constater que le *bitcoin* ne répond pas aux critères d'une institution de communs parce que la logique au cœur de son fonctionnement est celle de la concurrence et de l'enrichissement personnel, assurés par la production de la rareté. En se référant à Pierre-Joseph Proudhon quand il décrit l'opposition du mutualisme à l'exploitation, il est possible d'affirmer que dans le *bitcoin* une minorité de ses initiateurs et promoteurs cherchent à s'approprier les effets bénéfiques de la mise en relation des échangeurs. Notre enquête nous conduit à chercher si le *bitcoin* pourrait contribuer à détruire les communs ou, pour le moins, à bloquer leur essor.

En fait, si on stigmatise le *bitcoin* comme destructeur de communs ce n'est pas parce qu'il aurait contribué directement aux privatisations de ressources rares comme l'eau, les terres cultivables ou l'énergie. Les monnaies nationales y contribuent aussi très bien. Mais son anonymat, la masse monétaire en jeu devenant importante, peut en faire un outil permettant d'échapper aux prélèvements fiscaux, et donc à la contribution nécessaire à la reproduction d'un certain type de biens collectifs, susceptibles d'être gérés comme des communs. Sa contribution à des transactions illicites, comme nous l'avons vu précédemment avec la *silk road*, a d'évidence le même effet.

Pour différents motifs, les promoteurs du *bitcoin* visent à échapper au contrôle de l'État. Or, l'État, socle minimal de reconnaissance des règles communautaires, rend possible et durable la gestion de biens et en particulier les biens communs, par une communauté, en s'inscrivant dans un cadre légal protecteur des droits de possession. L'économiste Paul Krugman a même décrit le *bitcoin* comme une arme pour détruire les banques centrales et l'État perçu comme un collecteur d'impôt[360].

Le *bitcoin* a-t-il jamais servi à financer le crédit pour le développement de communs ? Si crédit il y a, la part que peut prélever le capital *via* le taux d'intérêt ne pourrait être que raisonnable pour ne pas mettre en cause la pérennité du commun. Cela ne correspond pas aux préoccupations des détenteurs de *bitcoin*. D'autre part, comme il a été dit précédemment, la volatilité du *bitcoin* rendrait la trésorerie du commun en *bitcoin* inadaptée au stockage de valeur (du fait même des fluctuations erratiques de son cours). Tant pour le crédit que pour la liquidité, le *bitcoin* apparaît inadapté à aider la gestion des communs.

Ainsi pour toutes ces raisons, aujourd'hui le *bitcoin* joue un rôle plus destructeur des communs que les monnaies nationales du type dollar, livre ou euro. Or, il n'y aura demain possibilité d'**autonomie collective** que si les biens vitaux d'une communauté restent des biens communs dans le champ de décision collective.[361]

Le *bitcoin*, un reflet de notre désir ?

Pourtant le *bitcoin* apparait comme un médiateur de notre agir ensemble sur un monde. Il n'est pas un objet figé mais une dialectique sociale de construction

---

[360] « What about the normative economics? Well, you should read Charlie Stross: BitCoin looks like it was designed as a weapon intended to damage central banking and money issuing banks, with a Libertarian political agenda in mind to damage states ability to collect tax and monitor their citizens financial transactions. »
Paul Krugman, "Bitcoin Is Evil", *The New-York Times*, 28 December 2013.
[361] Denis Dupré, «How finance can help to manage "vital goods" in the coming collapse? », "Change Finance Forum", Financewatch, 5th december 2017, Bruxelles, [en ligne], [https://www.youtube.com/watch?v=3RyJTn0a-ZA&t=11s], (28 février 2018).

de la réalité. D'une certaine façon, il est monnaie parce que ses utilisateurs le nomment comme telle. Searle souligne que les faits sociaux sont souvent sui-référentiels et qu'il en est ainsi pour le concept et la définition même du mot « argent » qui fait nécessairement référence à lui-même.

> Pour que le concept « argent » s'applique à cette chose qui est dans ma poche, il faut que ce soit le genre de chose que les gens pensent être de l'argent. Si tout le monde cesse de croire que c'est de l'argent, il cesse de fonctionner comme de l'argent, et cesse finalement d'en être.[362]

L'énonciation performative est ainsi au cœur de la création des faits institutionnels. Elle reste l'étape créatrice avec risque d'avortement car le processus instituant est : le dire... le penser... et le faire. Ceci est clair pour le *bitcoin* : il est monnaie pour ceux par qui il a été créé monnaie. Mais outre la performativité de la monnaie, le *bitcoin* nous informe sur la construction sociale d'une monnaie qui émerge. Nous assistons peut être à la naissance d'une monnaie qui va durer dans le temps.

Le *bitcoin* est considéré par ses opposants comme une monnaie qui ne sert pas un bien commun. Pourtant, ne doit-on pas reconnaitre la criminalité, l'évasion fiscale comme des pratiques sociales organisées (on parle bien d'organisations criminelles internationales). La monnaie d'un collectif du crime ne peut-elle pas faire institution ? Le *bitcoin* est peut être une des institutions de ce type d'organisation en société, un des communs d'une institution qui prend de l'ampleur. Une société émergente ou cependant, comme dans les autres formes de société, « l'homme chez lui dans sa société est aussi à l'aise qu'un poisson dans l'eau ou que l'œil dans son orbite.»[363]

Pour Searle, les aptitudes d'arrière-plan des individus aimantent le groupe social vers une fonction-statut de l'argent. La fonction-statut de l'argent doit être collectivement acceptée pour que les fonctions qui lui sont assignées (moyen

---

[362]John Searle, *La construction de la réalité sociale*, Paris, Gallimard, 1998, p. 50.
[363]*Ibid.*, p 62.

d'échange, réserve de valeur, etc.) soient effectives. La monnaie peut trouver diverses sources de légitimité : « dans le cas de la monnaie marchandise, la chose est un moyen d'échange parce qu'elle a de la valeur ; dans le cas de la monnaie fiduciaire, la chose a de la valeur parce que c'est un moyen d'échange »[364]. Dans le cas du *bitcoin*, cette monnaie a de la valeur depuis la fin 2016 parce qu'elle permet, pour exemple, à nombre de chinois d'échapper au contrôle de l'État pour faire sortir leurs capitaux[365]. Elle a chuté ensuite quand les mêmes autorités chinoises ont décidé de lutter contre le *bitcoin*. Avec la monnaie *bitcoin*, ce qui correspond dans ma taxinomie à la valeur **liberté de propriété,** est valorisée positivement. Le *bitcoin* est pour certain un bon moyen de protéger le bien monétaire comme propriété privée.

En 2017, quand Ugueux se demande si le cours du *bitcoin* ne va pas s'effondrer comme celui de la tulipe au XVIᵉ siècle, il pose la question de l'avenir pour le *bitcoin*. Une monnaie est une dynamique car elle reflète à chaque instant l'intérêt pour les valeurs qu'elle porte. L'homme utilisateur de *bitcoin* et le *bitcoin* marchent ensemble pour fabriquer une réalité sociale nouvelle. L'homme, individu et *zoonpolitikon*, construit la réalité sociale est, à son tour, il est construit par elle :

> La réalité est construite – cela veut dire que la réalité n'est et ne saurait être rien autre que l'actualisation de structures cognitives, cette actualisation pouvant s'effectuer sous forme d'images mentales, de perceptions, de volitions, d'actes de langage, d'actions singulières ou collectives ;
>
> La construction de la réalité résulte des activités d'un moi socialisé – cela veut dire que les représentations au moyen desquelles la réalité est construite sont génétiquement

---

[364]*Ibid.*, p 62.
[365] En 2016, on estime le flux de capitaux des riches chinois fuyant le contrôle d'un pouvoir étatique fort à 700 milliards de dollars. Sur *BTC China*, la plus grosse plateforme mondiale pour l'achat ou la vente de *bitcoins*, le volume quotidien d'échanges s'est envolé à 28 milliards de yuans en décembre 2016 (3,8 milliards d'euros) contre environ 1 milliard de yuans trois mois auparavant, tandis que dans le même temps le prix du *bitcoin* en yuans grimpait de 70%. En février 2017, la *Banque centrale chinoise* (PBOC) a annoncé durcir ses contrôles sur la monnaie virtuelle qui permet la fuite des capitaux.

conditionnées par des phénomènes collectifs dans la mesure où les sujets de ces représentations sont les produits des structures sociales de la réalité.

La synthèse de ces deux dynamiques créatrices peut être nommée : dialectique sociale. Elle implique l'abandon de la pensée causale qui régit habituellement l'explication des phénomènes du réel en s'appuyant sur les dichotomies traditionnelles du sujet et de l'objet, de l'individu et de la société, de la nature et de la culture, l'un des termes étant toujours tenu pour l'origine, la cause linéaire de l'autre, sans que la présence ou l'action de la cause elle-même ne soit jamais expliquée.[366]

Cette vision épistémologique pragmatique peut expliquer que le *bitcoin* soit fait monnaie. Si l'homme fait le *bitcoin*, le *bitcoin* fabrique une société qui construit à son tour l'homme. Le *bitcoin* participe à construire la trajectoire sociale-historique de nos sociétés.

Malgré toutes les critiques qui concernent l'opacité et la non régulation du *bitcoin*, l'avenir est peut-être à des crypto-monnaies régulées par et pour une communauté. La technologie efficace du système d'échange du *bitcoin* est en train d'être récupérée par les banques, les entreprises du web, les acteurs de l'économie solidaire, voire les banques centrales. Sous contrôle, de « bonnes » crypto-monnaies pourraient chasser la mauvaise en étant au service de collectivités susceptibles alors de véritablement promouvoir les communs.

L'utilité et la valeur monétaire du *bitcoin* demain seront construites par les usages. Il sera une bulle éphémère s'il ne correspond pas aux valeurs communément partagées de la société de demain. Il sera monnaie forte dans le cas contraire.

Mais dans tous les cas, le *bitcoin* a participé et participe aujourd'hui à fabriquer une société. Celle de l'autonomie individuelle. Celle de la destruction de l'autonomie collective.

---

[366]Cédric Cognat, *La construction collective de la réalité*, Paris, L'Harmattan, 2004, p. 18.

Partie 4

-

L'imaginaire de la monnaie et

l'autonomie collective

Nous venons d'enquêter sur cette forme de gouvernement que sont les marchés libres. Pour autant, la question de l'autonomie collective et de son rapport à la monnaie n'a pas encore été abordée de front. Gardons en mémoire que l'autonomie collective est un fait politique, car son objet, comme le soulignait le philosophe Castoriadis, est de « créer les institutions qui, intériorisées par les individus, facilitent le plus possible leur accession à leur autonomie individuelle et leur possibilité de participation effective à tout pouvoir explicite existant dans la société.»[367]

La monnaie peut-elle participer à construire une forme d'autonomie collective ?

Les membres d'une communauté humaine peuvent choisir les usages de leur monnaie en vue de finalités individuelles et collectives, à la condition de pouvoir exprimer et partager leurs imaginaires. L'imaginaire pour être partagé doit devenir un discours raisonné, un *logos*. L'imaginaire pour prendre pied dans le réel doit aller au-delà d'une construction intellectuelle d'un possible. Elle doit prendre prise sur le temps. Le possible devient à faire ensemble. L'imaginaire devient

---

[367]C. CASTORIADIS, *Fait et à faire*, Paris, Seuil, 1997, p. 62.

instituant quand le dialogue se transforme en projet, en lois, en usages pour construire le monde.

Imaginaire instituant ne veut pas dire imaginaire institué. Il se peut que se heurtant aux lois du monde réel, un imaginaire instituant soit incompatible avec les lois de la physique et de la nature. Peut-être en est-il ainsi de l'imaginaire devenu institué du marché libre, marché qui porterait un bonheur à tous et pour toutes les générations.

Enquêtons.

Enquête 9 : la monnaie et l'autonomie collective

Cette enquête est partie du constat d'un exemple concret où une communauté ne peut mettre en œuvre un projet d'autonomie collective qui nécessiterait une création monétaire dédiée, car l'institution monétaire échappe à son contrôle. Nous sommes allés ensuite interroger de grands penseurs de l'autonomie collective pour comprendre les liens entre monnaie et conditions de possibilité de cette autonomie collective.

Notre première question était : « Pourquoi l'euro ne peut-il financer la transition énergétique ? ». L'Europe affiche dans son discours sa volonté de transition énergétique : moins d'énergie fossile, moins d'émissions de gaz à effet de serre pour protéger le climat. En 2015, le rapport Canfin-Grandjean estimait à 90 000 milliards d'euros par an au niveau mondial les investissements[368] à réaliser sur quinze ans pour parvenir à cette transition énergétique. L'économiste Grandjean propose que la création monétaire des banques centrales soit orientée pour soutenir en priorité la transition énergétique[369].

La BCE crée de l'ordre de 1000 milliards par an de monnaie depuis 2010 et finance les banques privées et les entreprises. Mais l'objectif principal[370] de la BCE est de garantir la stabilité des prix en agissant conformément aux principes d'une économie de marché ouverte où la concurrence est libre. Une seule

---

[368] Lire Alain Grandjean et Mireille Martini, *Financer la transition énergétique: carbone, climat et argent*. Éditions de l'Atelier, 2016.
[369] Voir : Alain Grandjean, L'appel Green QE et la campagne QE for People, Blog de l'Anthropocène, [en ligne], [https://alaingrandjean.fr/aller-plus-loin-2/green-qe/], (6 juillet 2018).
[370] Lire : La politique monétaire européenne, Fiche technique sur l'Union Européenne, 2018, [en ligne], [http://www.europarl.europa.eu/ftu/pdf/fr/FTU_2.6.3.pdf], (6 juillet 2018).

contrainte, l'article 28 du traité de Rome, oblige le président de la BCE à présenter un rapport annuel au Parlement européen.

Ce qui se passe au sein de la BCE reste donc le plus souvent opaque comme par exemple, les votes au sein du conseil des gouverneurs qui ne sont pas rendus publics. De plus, comme le stipule l'article 130 du traité de Rome, les institutions de l'UE et les États membres de l'union monétaire ont interdiction de chercher à influencer les décisions de la BCE :

> Dans l'exercice des pouvoirs et dans l'accomplissement des missions et des devoirs qui leur ont été conférés par les traités et les statuts du SEBC et de la BCE, ni la Banque centrale européenne, ni une banque centrale nationale, ni un membre quelconque de leurs organes de décision ne peuvent solliciter ni accepter des instructions des institutions, organes ou organismes de l'Union, des gouvernements des États membres ou de tout autre organisme.

Cette BCE si indépendante affecte la création monétaire suivant la seule loi de contrôle de l'inflation. A ce jour, rien n'est fait pour cibler la transition énergétique car orienter la création monétaire vers la transition énergétique nécessiterait de rendre le marché « un peu moins libre », à savoir orienter le crédit. Or ni les états ni les citoyens n'ont d'emprise sur la BCE, bien que les débats qui émergent montrent que la création monétaire par la banque centrale comme l'encadrement de la création monétaire par les banques privées sont questionnés par la société civile[371].

Ainsi, alors que de nombreux citoyens européens jugent urgent une création monétaire au service des projets allant dans le sens de la transition, l'institution de la monnaie Euro ne le permet pas. Ce projet de transition énergétique dont seule l'échelle européenne permettrait notre autonomie collective

---

[371] Par exemple, le blog d'Etienne Chouard (6 millions de visiteurs) propose de reprendre le contrôle de la monnaie et de notre pouvoir de faire nos lois [en ligne], [http://etienne.chouard.free.fr/Europe/monnaie.php], (6 mars 2016).
Lire aussi le référendum Suisse sur une monnaie pleine 100 % gagée : Christian Gommez, « Monnaie pleine : un référendum en Suisse pour brider la finance », *Le Temps De Genève,* 15 janvier 2016.

à moyen et long termes se trouve empêché par le fonctionnement de l'institution monétaire européenne qui est souveraine.

La monnaie pour Aristote : au service de quelle autonomie ?

Du temps d'Aristote la monnaie est liée aux intérêts d'une petite communauté et sert de mesure d'échange dans une plus large communauté qu'est l'empire athénien. La monnaie est associée à une vision d'ordre et de pouvoir. Elle permet la stabilité de l'organisation sociale. La monnaie est donc pour Aristote l'outil de l'autonomie collective. Il ne peut concevoir une monnaie qui n'aurait pour objectif de servir la cité, et particulièrement dans son rôle pour financer la guerre contre les autres cités. Aristote ne peut oublier que la première guerre ayant permis la survie des Athéniens contre l'empire Perse a été financée, grâce à Thémistocle, par les drachmes fabriquées avec l'argent extrait des mines collectives du Laurion. Les Athéniens avaient en effet décidé ensemble de consacrer cet argent à la construction d'une flotte de guerre.

Pour Aristote, la société est la structure de l'humanité de l'Homme. Celui qui s'isole et qui ne se réunit pas à ses semblables est en dehors de l'humanité : « C'est ou une brute ou un dieu. ». La société est la fin et la perfection de l'être humain. Mais la nature des hommes est complexe. L'Homme n'échappe pas à la possibilité de l'emprise du chaos. Pour éviter le désordre, la cité doit se suffire à elle-même. Elle a dans sa nature son autosuffisance (*autarkeia*) qui est : « à la fois une fin et quelque chose d'excellent »[372]. La vie bonne pour la communauté (*koinônia*) est assurée par l'amitié entre les citoyens (*philia*) et la sagesse des décisions communes. Un comportement de réciprocité (*antipeponthos*), que reprendra Mauss dans la notion de don et contre-don, est une disposition à assumer

---

[372]Aristote, *Les Politiques*, Paris, Le monde de la philosophie, Flammarion, 2008, p. 12.

les charges à tour de rôle et à partager. Il structure l'organisation de la vie entre les hommes.

Le collectif prime pour Aristote, selon une raison que nous pourrions qualifier d'utilitariste. En effet, selon lui, la discussion entre individus différents, même si considérés individuellement ils sont ordinaires, favorise une meilleure décision que celle de quelques experts : « C'est comme un repas à frais communs, qui est toujours plus splendide que le repas donné par un seul convive. »[373]

Aristote a repéré trois types de gouvernements possibles sans préjuger de la supériorité de l'un sur l'autre[374] : selon lui, le pouvoir peut être remis à un seul, à plusieurs, ou à tous. Aristote a décrit les trois déviations signalées par Platon : la tyrannie qui est la déviation de la royauté, l'oligarchie, qui est celle de l'aristocratie et enfin la démagogie qui menace la démocratie. Une cause unique est source de la corruption de ces trois formes de gouvernement : la substitution d'un intérêt particulier à l'intérêt général. Et la monnaie pour Aristote peut faciliter cette substitution.

Pourquoi la substitution d'un intérêt particulier à l'intérêt général est-elle un danger ? Parce que cette substitution induit des démesures alors que selon Aristote la véritable force de la société réside dans les citoyens dont la fortune est autant éloignée d'une excessive richesse que d'une extrême pauvreté. L'*hubris*, la démesure, peut s'emparer des sociétés pour engendrer le chaos. C'est contre elle que les tragédies grecques mettent en garde les citoyens assemblés lors des chorégies.

---

[373] *op. cit.*, p 240.

[374] Aristote ne valorise pas la démocratie et donne même un rôle fondamental aux hommes brillants qui « auraient » un meilleur entendement humain de la complexité : le génie dans la cité. Quand tous doivent être égaux, un personnage dont le mérite est rare comme Périclès n'a-t-il pas assuré la prospérité de la cité et le bonheur des hommes qui la composent alors? La loi commune pour Aristote doit être en harmonie avec leurs visions car « Ces êtres supérieurs sont des dieux parmi les hommes ; la loi n'est pas faite pour eux, parce qu'ils sont eux-mêmes la loi vivante. ». Le peuple, prouvant ainsi sa sagesse, doit en faire le chef de la cité, non pas pour lui, mais pour elle.

Quel rôle joue la monnaie dans le monde que nous dépeint Aristote? La monnaie permet de donner une unité de compte. Pourtant Aristote entrevoit qu'elle est aussi un des outils de cette substitution illégitime de l'intérêt individuel sur celui collectif. La **chrématistique** en est une occasion qui peut conduire à l'accumulation de richesse chez l'un mais aussi, à ce que la dette des autres s'accumule sans limite, transformant alors les plus pauvres en esclaves, comme cela avait été le cas à Athènes avant les réformes de Solon. Cette démesure peut avoir comme adjointe la monnaie. Pour Aristote, la cité démocratique d'Athènes n'est pas compatible avec l'accumulation démesurée. C'est pourquoi il condamne clairement la chrématistique où l'argent devient un moyen d'assouvir des désirs mais aussi une fin :

> La jouissance réside dans un excès, les gens cherchent ce qui produit cet excès qui donne la jouissance. Et s'ils ne peuvent pas y parvenir par la chrématistique, ils s'y efforcent par d'autres moyens, faisant de chacune de leurs qualités un usage contraire à la nature. Le but du courage n'est pas de faire de l'argent mais de rendre hardi, de même pour la stratégie et la médecine, dont le but n'est pas de faire de l'argent mais de donner la victoire et la santé. Pourtant ces gens-là rendent tout cela objets de spéculation, dans l'idée que c'est cela le but et qu'il faut tout diriger vers ce but.[375]

C'est bien dans le même esprit qu'Aristote, qu'au XXᵉ siècle, à l'époque de l'essor des marchés libres et du profit comme objectif majeur, alors que la chrématistique est valorisée, Polanyi, dans son livre *La Grande Transformation*, défendra la nécessité d'un ordre de valeur politique pour surplomber les usages de la monnaie. Il soulignera que cela a souvent été historiquement le choix de nos ancêtres :

> L'idée qu'on puisse rendre universelle la motivation du profit ne traverse à aucun moment l'esprit de nos ancêtres. Jamais avant le deuxième quart du XIXᵉ siècle les marchés ne tiennent une place autre que subordonnée dans la société…Les relations sociales sont désormais enchâssées dans le système économique alors qu'autrefois le système économique était enchâssé dans les relations sociales.[376]

---

[375] Aristote, *Les Politiques*, Paris, Le monde de la philosophie, Flammarion, 2008, p. 37.
[376] Karl Polanyi, *Our obsolete market mentality*, Commentary, vol III, n°2, 1947, p. 109.

Fin observateur de sa société, Aristote se soucie d'un « juste » prix. Une négociation exclusive entre l'acheteur et vendeur peut ne pas aboutir au « juste » prix et le résultat de cette négociation nuire à la cohésion de la communauté au lieu de la renforcer. Cette volonté aristotélicienne de recherche d'une valeur d'échange éthique qui refléterait les valeurs partagées par toute la communauté est une préoccupation qui ressurgira fortement au moyen-âge. En effet, cette valeur de « juste » prix est au XIIIᵉ siècle la préoccupation de Saint Thomas d'Aquin qui rejette non seulement au nom de la communauté, mais aussi au nom de Dieu l'exploitation des positions de faiblesse de celui avec lequel on échange :

> Le prix d'une chose, ce n'est pas l'argent, ce n'est pas la marchandise donnée par celui qui en fait l'acquisition. Le prix, c'est l'estimation d'une chose, sa valeur présumée. Il n'y a rien dans le prix que de spirituel et d'idéal […] Le prix étant l'estimation de la valeur d'une chose, si vous me la vendez probablement plus qu'elle ne vaut, l'égalité de la justice entre vous et moi est détruite. Je vous donne plus que je ne reçois, vous êtes détenteur de mon bien. Donc la justice nous défend de vendre une chose plus cher, de l'acheter moins cher qu'elle ne vaut […] Je suppose qu'ayant de l'argent vous manquez de blé et n'en pouvez trouver que chez moi ; ne puis-je profiter de la circonstance et vous vendre mon blé plus qu'il ne vaut réellement ? Il ne sera jamais trop cher pour vous qui allez mourir de faim ne pouvant mordre dans vos écus. Si la vente de votre blé vous causait un dommage particulier vous ne seriez pas obligé de me le céder à son prix ordinaire : votre dommage vous donnerait le droit d'exiger, outre le prix, une compensation, ou, pour mieux dire, des dommages-intérêts. Mais si la vente ne vous cause aucun préjudice, vous ne pouvez profiter de ma détresse, elle est à moi, non à vous. Ce serait vendre ce qui ne vous appartient pas, mon bien et non le vôtre. [377]

L'économie et son support la monnaie ne se conçoivent pour Aristote que dans la visée de l'autonomie du collectif et du juste échange.

Pour ce penseur si proche des premières expériences de démocratie et de leurs fragilités, une monnaie était un outil précieux pour consolider la cité mais les excès permis par la **fonction accumulation** pouvaient se révéler des dangers pour sa cohésion.

---

[377] *Théologie de saint Thomas* ou *Exposition de la somme théologique* en français, question 77. Par l'abbé Georges Malé, [en ligne], [https://gallica.bnf.fr/ark:/12148/bpt6k27930g/]

La monnaie chez Marx : aliénation d'une classe sociale

En 1516, Thomas Moore, dans son livre *Utopia* imaginait que seul un monde sans argent permettrait une société apaisée et heureuse :

> En Utopie, au contraire, où tout appartient à tous, personne ne peut manquer de rien, une fois que les greniers publics sont remplis. Car la fortune de l'État n'est jamais injustement distribuée en ce pays ; l'on n'y voit ni pauvre ni mendiant, et quoique personne n'ait rien à soi, cependant tout le monde est riche. Est-il, en effet, de plus belle richesse que de vivre joyeux et tranquille, sans inquiétude ni souci ? Est-il un sort plus heureux que celui de ne pas trembler pour son existence, de ne pas être fatigué des demandes et des plaintes continuelles d'une épouse, de ne pas craindre la pauvreté pour son fils, de ne pas s'inquiéter de la dot de sa fille ; mais d'être sûr et certain de l'existence et du bien-être pour soi et pour tous les siens, femme, enfants, petits-enfants, arrière-petits-enfants, jusqu'à la plus longue postérité dont un noble puisse s'enorgueillir ? [378]

Mais à l'époque où Marx analyse la monnaie, les principaux économistes sont bien loin de penser que l'utopie de Moore est possible et souhaitable. Par Smith au XVIIIe siècle, Ricardo, Malthus et Say au début du XIXe siècle, l'économie est décrite en termes de prix, de salaires, de profit, de capital, de travail, de valeurs, de marchés. La monnaie n'est selon eux qu'un phénomène secondaire, substitut du troc, un voile. Tout d'abord, Marx adhère à cette vision et défend que s'il y a une aliénation dans le capitalisme, elle n'est pas due à l'argent lui-même :

> Marx décrit l'économie à l'aide d'autres notions et tout ce qui pourrait s'exprimer en termes d'argent est ramené à du « travail accumulé », à de la « valeur » et à du « capital. »; […] enfin, tout dans le premier manuscrit laisse à penser que s'il y a une aliénation dans le capitalisme, elle n'est pas à due à l'argent lui-même. [379]

---

[378] Thomas More, *Utopia*, *op.cit.*, p. 81.
[379] Matthieu Dubost, « Argent et aliénation dans les *Manuscrits de 1844* de K. Marx », *Archives de Philosophie*, 71, mars 2008, p. 489.

Dans cette première analyse, ce sont les **fonctions de moyen de paiement et d'échange** de la monnaie qui permettent de faire émerger les projets individuels, ceux basés sur les besoins :

> Elle offre les conditions de la création de la richesse en général, et elle seule en est capable [...] afin que puisse surgir, même comme simple possibilité, le besoin qualitatif « pur », c'est-à-dire non pas en tant que besoin « donné par la division naturelle du travail » mais purement et simplement en tant que besoin individuel.[380]

Marx analysera plus tardivement, la **fonction accumulation** de la monnaie. Et c'est par la perception des travers liés à son accumulation excessive que Marx dévoilera que non seulement l'argent réduit les objets à des quantités, mais il élève la quantité au rang de valeur. Ainsi, la monnaie, loin de n'être qu'un simple voile qui cache les relations entre les objets et les pouvoirs, est perçue par Marx comme une valeur en soi. La transformation de la quantité (moyen) en une valeur (fin) à accumuler sans limites est un fléau qu'il nomme l'aliénation :

> Son culte devient une fin en soi. Les objets, isolés de ce médiateur, ont perdu leur valeur. C'est donc pour autant qu'ils le représentent qu'ils possèdent une valeur, tandis que primitivement il semble que l'argent n'avait de valeur que dans la proportion où c'est lui qui représentait les choses.[381]

Marx repère la part du revenu du travail qui est arrachée par le capitaliste au travailleur et dans ce qui se joue pour accumuler la monnaie Marx met en lumière que les règles sont faussées. Si Marx a analysé antérieurement la monnaie comme un possible atout qui sert les besoins des individus, il en voit alors les dangers.

La critique de Marx porte sur une autre conséquence de la **fonction d'accumulation**. L'accumulation permet de détenir et concentrer les moyens de production (capital). Marx éclaire le rapport social qui s'établit entre les deux classes issues de l'essor industriel : celle vivant de son travail et celle vivant des

---

[380] Karl Marx, *Critique de l'économie politique*. Schleicher frères, 1899.
[381] Karl Marx, *Œuvres économiques*, T. II, Paris, Gallimard, La Pléiade, p. 17.

revenus de son capital. Marx considèrera que l'argent détruit la **valeur sociale de juste rémunération du travail**.

Marx contestera aussi à la monnaie sa **fonction de moyen de paiement**. Selon lui, la monnaie dans sa fonction de moyen de paiement universel transforme l'homme en marchandise. La monnaie détruit (parce qu'elle les remplace) les médiations qui devraient réguler les échanges entre les hommes :

> L'argent est le bien suprême, donc son possesseur est bon ; au surplus, l'argent m'évite la peine d'être malhonnête et l'on me présume honnête. Je n'ai pas d'esprit, mais l'argent étant l'esprit réel de toute chose, comment son possesseur manquerait-il d'esprit ? Il peut en outre s'acheter les gens d'esprit, et celui qui est le maître des gens d'esprit n'est-il pas plus spirituel que l'homme d'esprit ? Moi qui puis avoir, grâce à l'argent, tout ce que désire un cœur humain, ne suis-je pas en possession de toutes les facultés humaines ? Mon argent ne transforme-t-il pas toutes mes impuissances en leur contraire ? [382]

Marx décrit le rôle de l'argent dans ce qu'aujourd'hui on appellerait la « marchandisation du monde », terme polémique qui concerne l'extension supposée des domaines de ce qu'on peut acheter et vendre sur les marchés.

> Le processus consisterait à transformer tous les échanges non marchands (santé, culture, etc) en marchandise classique. Les utilisateurs de ce terme péjoratif attribuent ainsi l'expression marchandisation du monde aux effets de la mondialisation qu'ils considèrent comme un méfait de la pensée néo-libérale. La marchandisation des services publics, c'est-à-dire l'application des règles du marché aux services publics, est le principe de base de la nouvelle gestion publique dont le postulat de base considère que les marchés sont plus efficients que la planification. [383]

Marx explique également que plus la production marchande se développe et s'étend, moins la fonction de la monnaie comme **moyen de paiement** est restreinte à la sphère de la circulation des produits. La monnaie devient la marchandise générale des contrats. Et chaque contrat qui nous rapproche de nos désirs de jouissance, nous pousse à l'accumulation d'argent et nous éloigne des autres humains :

---

[382] Karl Marx, *Manuscrits de 1844*, p. 207.
[383] Définition de la marchandisation du monde par wikipedia, [en ligne], [https://fr.wikipedia.org/wiki/Marchandisation], 14 février 2017.

L'argent, qui possède la qualité de pouvoir tout acheter et de s'approprier tous les objets, est par conséquent l'objet dont la possession est la plus éminente de toutes. Universalité de sa qualité est la toute-puissance de son être ; il est donc considéré comme l'être tout-puissant. L'argent est l'entremetteur entre le besoin et l'objet, entre la vie et le moyen de vivre de l'homme. Mais ce qui me sert de médiateur pour ma propre vie me sert également de médiateur pour l'existence d'autrui. Mon prochain, c'est l'argent.[384]

Marx a articulé les concepts d'aliénation et d'argent. Il n'est pas indifférent de retrouver dans l'étymologie des mots « aliénation » et « dette » la notion de lien. Les anglais utilisent le terme *bond* qui signifie aussi carcan pour désigner des obligations (des créances). La monnaie est une créance, un lien. Un lien qui unit peut facilement devenir, et c'est l'analyse de Marx, un lien qui étrangle quand il ment sur les valeurs :

Si l'argent est le lien qui me relie à la vie humaine, à la société, à la nature et aux hommes, l'argent n'est-il pas le lien de tous les liens ? Ne peut-il pas nouer et dénouer tous les liens ?

Shakespeare fait ressortir surtout deux propriétés de l'argent : C'est la divinité visible, la métamorphose de toutes les qualités humaines et naturelles en leur contraire, la confusion et la perversion universelles des choses. L'argent concilie les incompatibilités. C'est la prostituée universelle, l'entremetteuse générale des hommes et des peuples. [385]

De plus, pour Marx, l'argent participe à la création de besoins artificiels qui accroissent la dépendance de l'individu. Marx va définir la monnaie comme un moyen d'échange certes mais qui finit par séparer l'Homme et de lui-même et des autres. L'argent n'est plus médiateur mais dominateur :

Il est enfin nécessaire que, sous la forme du capital, la propriété manifeste dans cette concurrence sa domination tant sur la classe ouvrière que sur les propriétaires eux-mêmes. (…) Alors (…) apparaîtra le proverbe moderne : « l'argent n'a pas de maître », où s'exprime la domination de la matière inerte sur les hommes.[386]

---

[384] Karl Marx, Manuscrits de 1844, p. 165.
[385] Karl Marx, Manuscrits de 1844, p. 189.j
[386] Karl Marx, *Manuscrits de 1844*, Paris, GF Flammarion, 1996, p. 18.

Marx analyse la monnaie comme un lien qui anonymise la domination, à la différence de la propriété foncière qui met face à face le propriétaire rentier et le locataire des terres. L'argent est selon lui la forme la plus pure, la plus mobile et la plus abstraite de propriété. Ainsi, il explique que la distinction entre la puissance de la propriété foncière basée sur des rapports personnels de domination et la puissance impersonnelle de l'argent, se trouve clairement exprimée dans les dictions français : « Nulle terre sans seigneur » ou bien « L'argent n'a pas de maître ». Marx fait la remarque que dès le monde antique le mouvement de la lutte des classes a eu la forme d'un combat- entre créanciers et débiteurs. Il décrit le parcours de la propriété privée à l'indigence :

> Sous le régime de la propriété privée chacun s'applique à susciter chez autrui un besoin nouveau pour le contraindre à un nouveau sacrifice, pour le placer dans une nouvelle dépendance et le pousser à un nouveau mode de jouissance, donc de ruine économique. Chacun cherche à créer une force essentielle étrangère dominant les autres hommes pour en tirer la satisfaction de son propre besoin égoïste.

> Avec la masse des objets augmente donc l'empire des êtres étrangers auxquels l'homme est soumis. Tout produit nouveau renforce encore la tromperie réciproque et le pillage mutuel. L'homme devient de plus en plus pauvre en tant qu'homme; il a de plus en plus besoin d'argent pour s'emparer de l'être hostile, et la puissance de son argent diminue en raison inverse de l'accroissement du volume de la production. Autrement dit, son indigence augmente à mesure que croît la puissance de l'argent. [387]

En affirmant que l'aliénation par l'argent est du même ordre que celle par la religion, Marx veut dénoncer le pouvoir hétéronome de la monnaie :

> Ce que Dieu est à la vie théorique, l'argent l'est à la vie pratique, dans ce monde à l'envers : le pouvoir aliéné des hommes, leur activité vitale mise à l'encan. L'argent est la valeur humaine exprimée en chiffres, il est la marque de notre esclavage, le stigmate ineffaçable de notre servitude. Les hommes qui peuvent s'acheter et se vendre sont bien des esclaves. [388]

---

[387] *Ibid.*, p. 185.
[388] Elisabeth de Fontenay, *Les figures juives de Karl Marx*, p. 124.

Si bien que pour permettre l'**autonomie collective** à laquelle il est attaché, Marx propose de court-circuiter la monnaie en passant directement du travail à la répartition de la richesse produite car, selon lui, c'est bien le travail qui permet la richesse. L'argent n'est qu'un outil dans les mains du détenteur du capital, inutile si le capital est propriété commune des ouvriers.

> Au fur et à mesure que le travail se fait travail salarié, le producteur se fait capitaliste industriel.
> C'est le rapport entre le capitaliste et le salarié qui fait du rapport monétaire, du rapport entre l'acheteur et le vendeur, un rapport immanent à la production même. Mais ce rapport a son fondement dans le caractère social de la production, non du mode d'échange ; au contraire, c'est celui-ci qui résulte de celui-là.
> C'est d'ailleurs le lot de la conception bourgeoise, pour laquelle tout se ramène à de bonnes petites affaires, de ne pas voir dans le caractère du mode de production le fondement du mode d'échange qui y correspond mais l'inverse.

Par la révolution, Marx souhaitait imposer à la monnaie une autre valeur : une **monnaie comme bien commun** au service d'une **production responsable**. En tant que bien commun, elle doit être selon lui, au service de la désaliénation du travail et donc viser une forme bien particulière de **juste rémunération du travail**. Mais pour ce faire, elle doit interdire au capital la **fonction d'accumulation** de la monnaie et garantir la possibilité que les ouvriers prennent leur autonomie par la prise en main des outils de production. L'argent ne doit plus permettre de privatiser les moyens de production.

Se dessinent ainsi de plus en plus précisément les qualités que devrait avoir la monnaie d'une communauté qui désire l'autonomie collective.

La monnaie chez Ellul : corruption de la possibilité d'autonomie

L'historien, sociologue et théologien protestant Jacques Ellul publie en 1954 une critique radicale : « L'homme et l'argent ». Ellul se pose implicitement cette question qui fait écho à celle de notre enquête : en quoi l'argent corromprait-il nos projets et les transformerait-il à notre insu ? La question s'adresse à chacun, individuellement car pour Ellul, c'est l'individu, et non la société, qui doit faire face à la question morale que pose l'usage de l'argent :

> Le problème moral, le problème individuel apparait comme subordonné au problème collectif, au système économique global. Si untel est un voleur, ce n'est pas sa faute, il était dans des conditions économiques telles qu'il ne pouvait pas être autre chose. Prenons bien garde, car si nous sommes très prêts à accepter cette excuse lorsqu'il s'agit d'un pauvre, il faut aussi la faire valoir pour tous.[389]

Ellul décrit la difficulté de sortir de l'hétéronomie constituée par la loi de l'argent. Il affirme que pour suivre ses propres lois (autonomie) ou suivre celles d'un dieu, quel que soit son nom, (hétéronomie), il convient d'abord de sortir de l'emprise des lois de vie que nous dicterait l'argent. Ellul présente l'argent non comme objet, mais comme sujet autonome. Son autonomie se fait souvent au détriment de notre propre possibilité d'autonomie. Nous serions alors individuellement en concurrence avec lui :

> Ce que Jésus révèle, c'est que l'argent est une puissance. La puissance est ce qui agit par soi-même, qui est capable de mouvoir autre chose, qui a une autonomie (ou prétend l'avoir), qui suit sa propre loi et se présente comme un sujet […] La puissance n'est jamais neutre, elle est orientée, elle oriente aussi les hommes […] Ainsi lorsque l'homme prétend se servir de l'argent, il se trompe lourdement. Il peut à la rigueur se servir de la monnaie, mais c'est l'argent qui se sert de l'homme et le fait servir en le pliant à sa loi en le subordonnant à ses buts.[390]

> La puissance Argent tient les riches aussi solidement assujettis que les pauvres. Les uns par l'épargne, les autres par le désir, le souci, l'inquiétude – et tous également par convoitise.[391]

Selon Ellul, l'argent est une puissance qui a un effet inhibiteur sur notre volonté d'autonomie. Si les passions humaines pour beaucoup représentent leur « autonomie », elles sont le plus souvent égoïstes et intéressées. L'argent qui

[389] Jacques Ellul, L'homme et l'argent:(nova et Vetera). Neuchâtel: Delachaux et Niestlé, 1954, p.8.
[390] *Ibid.*, p. 97.
[391] *Ibid.*, p. 139.

permet de libérer les plus fortes passions, anesthésie notre conscience. Or, pour Ellul, l'autonomie individuelle est de l'ordre de la conscience :

> Dans l'anéantissement de la conscience réside la seule issue qui permettrait au système, en effet, de régler à la fois l'organisation objective de la société et le drame humain engagé aux origines, celui de la passion, tour à tour soumettant et soumise à la puissance de l'argent.[392]

L'argent multiplie les désirs. Ellul souligne l'étymologie du mot argent qui vient d'un verbe qui signifie « désirer - languir après quelque chose ». Le but d'accumuler de l'argent comme projet majeur est signe de l'espoir que la réalisation d'autres désirs comble nos angoisses et nous procure l'apaisement. Or nombre des désirs demeurent inassouvis et frustrés :

> La faim de l'argent n'est jamais que le signe, l'apparence d'une autre faim. Faim de puissance, de dépassement, de certitude, amour de soi-même que l'on veut sauver, du surhomme, de survie et d'éternité. Et quel meilleur moyen que la richesse pour atteindre cela ? Dans cette recherche hallucinée, haletante, ce n'est pas seulement la jouissance que l'Homme cherche, mais l'éternité, obscurément. Or, à cette faim et à cet amour, l'argent n'apporte aucun apaisement et aucune réponse.[393]

L'argent fait que nos projets ne sont plus pensés comme des actions pour construire de façon délibérée notre monde futur. Nos actions n'ont plus un dessein précisé *ex ante*. La production n'est plus résultante d'un projet d'un individu ou d'un groupe d'individus. Elle répond à des demandes, des stimuli, d'une multitude d'autrui avec qui nous ne dialoguons pas. Finalement, pour Ellul, notre participation n'est pas engagée par l'adhésion au projet mais par le revenu monétaire qu'elle nous procure pour consommer :

> C'est réellement le pouvoir de l'argent lui-même qui réduit tout à la situation de marchandise. En effet, non seulement « tout se vend, tout s'achète », mais encore tout se fait **en vue de** vendre et d'acheter, et l'acte explicatif de toutes les relations, c'est la réduction de chaque bien à l'état de marchandise [...] La loi de la marchandise existe partout où l'argent existe. Le seul problème est de savoir si l'argent est dominant ou

---

[392] *Ibid.*, p. 25.
[393] *Ibid.*, p. 87.

non, c'est-à-dire, si en chacun et en même temps dans les structures, on laisse libre cours à la puissance de l'argent et à sa loi.[394]

Ellul précise en quoi l'individu dans ses propres valeurs peut être perverti par l'argent. Il repère dans son ouvrage cinq valeurs.

La première valeur est la vergogne. Historien, fin connaisseur du monde antique, Ellul se réfère aux Grecs qui ont formalisé cette valeur comme primordiale dans leurs mythes. Zeus, de peur que notre espèce n'en vînt à périr tout entière, envoie Hermès porter à l'humanité la Vergogne et la Justice, pour constituer l'ordre des cités et les liens d'amitié qui rassemblent les hommes[395]. Selon Ellul, cette amitié porteuse de paix, indispensable pour souder les communautés disparait entre riches et pauvres :

> Et ceci parait bien une réalité, que le riche écrase le pauvre par le Système (système capitaliste fondé sur l'exploitation, ou communiste fondé sur l'oppression), ou par une attitude personnelle : cela importe peu, c'est la même réalité qui est désignée. En définitive, le riche cherche à tuer le pauvre. L'attitude derrière est celle de Caïn tuant Abel ou du pharisien tuant Jésus. Il en est ainsi parce que le riche est exaspéré d'être lui-même remis en question par Dieu par l'intermédiaire du pauvre.[396]

La deuxième valeur est la vérité. Ellul rappelle comment les textes bibliques montre que le riche, celui qui a accumulé l'argent, est propagateur du mensonge :

> Parlant de celui-ci [le riche], le jugement est toujours radical. « Leurs maisons sont pleines de fraude et de mensonge : c'est ainsi qu'ils sont devenus puissants (Jér. 5. 27,29).[397]

La troisième valeur est la justice. Celle-ci ne peut exister que dans une répartition équitable. Or la richesse est souvent « en excès ». Cette chrématistique est source d'injustice quand la misère, autre démesure, en est sa conséquence. Aussi

---

[394] Ibid., p. 221.
[395] Platon, *Protagoras*, Trad. Frédérique Ildefonsse, Flammarion, p.84-87
[396] Jacques Ellul, *op. cit.*, p. 210.
[397] Ibid., p. 182.

l'homme sage va demander à son Dieu de le mettre à distance de la puissance de l'argent « Garde moi de la misère et garde moi de la richesse» (Proverbes, 30. 8). Richesse et justice sont radicalement incompatibles. Ellul cite aussi Jérémie qui prévient son roi, s'il veut établir la justice, qu'il ne peut être riche de biens matériels car toute richesse est incompatible avec la justice :

> Malheur à celui qui bâtit sa maison par l'injustice et ses chambres par l'iniquité ; qui fait travailler son prochain sans le payer, sans lui donner tout son salaire ; malheur à celui qui dit : Je me bâtirai une maison plus vaste et des chambres spacieuses, et qui fait y percer des fenêtres, la lambrisse de cèdre et la peint en rouge. Est-ce que tu règnes parce que tu as la passion du cèdre ? » (Jérémie : 22,13). Cette prophétie qui s'adresse rigoureusement au roi, est en définitive valable pour tous les riches.[398]

> Ce n'est pas en vain que l'hypocrisie est souvent rattachée dans la bible à la richesse. Le riche qui se conduit bien pense être juste, or c'est précisément non par sa conduite mais sa qualité même de riche qui fait, dans la pensée biblique, son injustice. Celle-ci ne cesse qu'au moment où il remet la totalité de sa richesse à Dieu.[399]

La quatrième valeur est la volonté de coopération. Or, l'argent peut être un mécanisme qui met les hommes en concurrence jusqu'à transformer l'homme en esclave :

> La pauvreté conduit à une mise à la disposition totale du pauvre entre les mains du riche, avec sa vie familiale et sa vie intérieure. […] Or, cette subordination n'a pas forcément lieu dans les seules ventes d'esclaves ou de la force de travail, mais dans chaque comportement de vente, car il s'établit forcément ici une relation de concurrence destructrice même lorsque la vente porte sur un objet quelconque. De toute façon l'on cherche une situation de supériorité à l'égard de l'autre. L'idée que la vente puisse être un service est un mensonge ; il n'y a en fait qu'une volonté de puissance qui s'exprime, une volonté de subordination de la vie à l'égard de l'argent.[400]

La cinquième valeur est typiquement chrétienne. Luther s'est opposé aux indulgences de l'Église catholique qui mêlaient l'argent et le salut. Il a proposé un Dieu qui accorde le premier sa Grâce à l'Homme, quels que soient ses péchés,

[398] Ibid., p. 184.
[399] Ibid., p. 52.
[400] Ibid., p. 100.

inconditionnellement. Pour Ellul, le cœur du message chrétien, qu'exprime le protestantisme, est l'amour gratuit qui par nature, ne peut s'acheter.

> Ce qui caractérise le monde de Dieu, c'est la gratuité. La grâce est grâce précisément parce qu'elle ne s'achète pas. « Venez, vous qui n'avez pas d'argent, prenez et mangez gratuitement, sans verser de prix » […] L'amour créé par l'argent et la vente est exactement l'inverse de l'amour créé par la grâce et le don. C'est ce que fait ressortir Nygren par exemple en opposant les motifs dominants de l'*Eros* et de l'*Agapé*.[401]

Selon Ellul, l'usage de la monnaie peut corrompre les valeurs « intérieures » que sont amour, coopération, justice, vérité et vergogne. Or toutes ces valeurs sont indispensables à la préservation de l'empathie[402], à la valeur de **sociabilité** entre les hommes.

Dans l'analyse qu'Ellul fait de la monnaie, il s'attache à décrire deux des fonctions traditionnellement citées par les économistes.

La première fonction est la **fonction accumulation**. Comme l'ont fait Locke et Rousseau, Ellul voit l'accumulation au-delà de ce qui est nécessaire aux projets comme une démesure. D'autant que pour lui, même dans une richesse mesurée, la puissance de l'argent s'oppose à celle de la puissance de Dieu, et seul le dépouillement permet de juguler cette puissance pour qu'elle ne soit pas dominante :

> La vision chrétienne prône le dépouillement matériel (vends tous tes biens), le dépouillement spirituel (suis-moi), la mise au rang des pauvres, sans qu'il y ait de solution sociale pour améliorer le sort des pauvres (donne-le aux pauvres).[403]

La deuxième fonction de l'argent analysée par Ellul est la **fonction d'échange**. Il propose une voie pour dominer la puissance de l'argent. L'amour et le don, au moment même de l'acte de vente, doivent dominer le pouvoir de l'argent :

---

[401] Ibid., p. 112.
[402] C'est cette capabilité empathique, *aïdos*, que Zeus envoyait pour changer d'âge les hommes et éviter la guerre de tous contre tous pour permettre enfin aux Grecs de créer les premières cités.
[403] Ibid., p. 213.

> Il faut ici, au contraire, que la gratuité utilise les instruments mêmes habituels à la vente, qu'elle pénètre la puissance de l'argent : car c'est à ce moment que Mammon, détruit par la grâce, cesse d'être une puissance redoutable.[404]

La **valeur sociabilité** paraissait centrale pour les projets humains dans les visions hétéronomes des Grecs et des chrétiens il y a des siècles. Envisageant les projets d'aujourd'hui, qu'ils soient autonomes ou hétéronomes, faire du lien entre les hommes est, pour Ellul, un préalable à l'action. La capacité de développer la **valeur sociabilité** dans nos projets, nécessite pour lui de conserver pour soi et collectivement la maitrise des fonctions d'échange et d'accumulation de la monnaie.

La monnaie chez Sandel : de la corruption des valeurs à l'outil d'un mode de gouvernement autonome

> And so, in the end, the question of markets is really a question about how we want to live together. Do we want a society where everything is up for sale? Or are there certain moral and civic goods that markets do not honor and money cannot buy.[405]

Le philosophe américain Michael Sandel[406], s'est posé la question de savoir si nous voulons vivre une vie dirigée par la seule logique de l'achat et de la vente. Il affirme en 2015 dans *What Money Can't Buy* que le marché totalement libre peut détruire nos valeurs quand il fait irruption dans de nouvelles sphères jusqu'ici préservées.

---

[404]Michael Sandel, *What money can't buy: the moral limits of markets*, Macmillan, p. 126.

[405] *Ibid.*, p. 203 : « et ainsi, la question des marchés est au fond la question de ce que nous voulons vivre ensemble. Voulons-nous une société où tout est disponible à la vente ? Ou y-a-t-il des biens publics et moraux que les marchés ne peuvent faire prospérer et que l'argent ne peut acheter. » Notre traduction.

[406] Michael J. Sandel (né en 1953 à Minneapolis) est un philosophe politique américain, professeur à Harvard, au sein du département de science politique. On peut rattacher son œuvre au courant communautarien de la philosophie politique américaine, notamment avec la critique de la théorie de la justice de John Rawls qu'il a développée dans *Liberalism and the Limits of Justice* (1982).

Deux questions sont distinguées par Sandel pour mieux comprendre les enjeux de commercialisation de services. L'une étudie la question de qui détient l'argent et donc de l'accès au service, l'autre se penche sur la question du service en lui-même qui peut être modifié par l'introduction de la monnaie dans l'échange :

> Two kinds of arguments reverberate through debates about what money should and should not buy. The fairness objection asks about the inequality that market choices may reflect; the corruption objection asks about the attitudes and norms that market relations may damage or dissolve.[407]

> The fairness objection points out that some choices are not truly voluntary. Market choices are not free choices if some people are desperately poor or lack the ability to bargain on fair terms. […] It offers no basis for objecting to the commodification of goods (whether sex or kidneys or college admission) in a society whose background conditions are fair.

> The corruption argument, by contrast, focus on the character of the goods themselves and the norms that should govern them. This is because markets are not mere mechanisms. They embody certain values. And sometimes, market values crowd out nonmarket norms worth caring about.[408]

> Sa thèse : rendre marchandes certaines des relations d'échange dans la société pose un double problème, d'équité et de dignité. La question d'équité est que le passage d'une interaction non marchande à un échange marchand peut exclure celui qui, précisément, n'a pas beaucoup d'argent. Dès lors que la pauvreté est une notion relative, qui dépend du regard de l'autre, cette exclusion est stigmatisante. Si de plus, comme le soutient Sandel, les marchés couvrent un nombre croissant d'activités autrefois à l'abri de transactions pécuniaires, on réduit les domaines où l'on traite sur un même pied celui qui a de l'argent et celui qui n'en a pas.

> La question de dignité ou de non-corrosion est que l'échange marchand n'est pas neutre sur la qualité du bien échangé. Il peut corrompre le bien lui-même ou la personne d'un côté ou de l'autre de la transaction. Le marché n'est pas un simple « mécanisme », utile pour une allocation « efficace » des ressources. Il exclut les biens communs, par exemple. Il porte des valeurs et ces valeurs en évincent d'autres, faites de solidarité, d'entraide, de bien vivre, etc. Des sujets qui font l'ordinaire de la vie civique se transforment en « transactions ». Pecunia non olet, dit-on, mais s'il n'a pas d'odeur, l'argent peut tacher.[409]

[407] *Ibid.*, p. 110.
[408] *Ibid.*, p. 112.
[409] François Meunier, « Peut-on tout acheter? », *Esprit*, mai 2015, [en ligne], [http://www.esprit.presse.fr/news/frontpage/news.php?code=374]

Sandel considère qu'il n'y a pas neutralité des marchés (et de l'argent) mais que ceux-ci peuvent être jugés à la mesure des effets qu'ils induisent. Il a proposé une méthodologie qui permet, dans chaque cas où la question de la « marchandisation » se pose, de juger de l'utilité d'autoriser ou non un marché en fonction des effets sur les échanges et sur les valeurs qui sont promues ou disparaissent.

Par ailleurs, les incitations financières sont les outils des économistes pour changer les comportements. Cette manière de faire se développe au détriment de l'éducation morale. Or Sandel décrit sur de nombreux exemples comment les incitations financières peuvent avoir des effets pervers sur l'objectif même qu'elles sont supposées viser :

> Wether an incentive « works » depends on the goal. And the goal, properly conceived, may include values and attitudes that cash incentives undermine.[410]

Voici un exemple que donne Sandel pour concrétiser la corruption des valeurs. Devant le nombre croissant de parents qui arrivaient en retard pour chercher leurs enfants, des crèches israéliennes ont établi des amendes. Il s'agissait d'inciter les retardataires à avoir un comportement plus « vertueux ». Or, la mesure a eu l'effet inverse : les retards ont augmenté. Pourquoi ? Avant, les parents se sentaient une obligation d'arriver à l'heure et coupables de contraindre les puéricultrices à les attendre. Dès lors qu'ils payaient leur retard, la signification même du retard changeait. Ils n'avaient plus de raison de se sentir coupables, ils payaient pour un service. L'amende était confondue avec les frais d'un surtravail. De plus, quand ils ont supprimé ce système d'amendes, les usages de respect des heures ne se sont pas rétablis. Quand l'argent imprègne les règles de vie sociale, certaines normes et certaines valeurs peuvent être définitivement perdues :

---

[410] *Ibid.*, p. 60.

Marketizing can change its meaning. Putting a price on late pickups changed the norm. What was once seen as a moral obligation to arrive on time – to spare the teachers an inconvenience – was now seen as a market relationship, in which late-arriving parents could simply pay teachers for the service of staying longer. As a result, the incentive backfired.[411]

Sandel évoque également l'exemple des collectes du sang où l'incitation financière se révèle contre-productrice et limite les échanges :

> En comparant les États-Unis (où la collecte du sang est pécuniaire) et le Royaume-Uni (où elle est caritative), le don est plus efficace car ce dernier fait appel à des valeurs altruistes. Si on m'offre de l'argent pour donner mon sang, on me fait quitter le domaine du don, on s'adresse à mon lobe *homo œconomicus* et je me mets à calculer si le prix offert est satisfaisant.[412]

Cette problématique n'est pas secondaire et elle éclaire particulièrement l'enjeu majeur de notre époque à savoir notre responsabilité dans les changements climatiques et un avenir de notre planète de plus en plus hostile à l'Homme. Pour Sandel, notre responsabilité relève de l'éducation morale et les incitations financières ne suffisent pas à insuffler l'effort que nécessite l'avenir de l'Homme. Pour exemple, les marchés financiers qui ont émergé avec l'objectif de limiter la pollution pourraient bien être contre-productifs en nous ayant dédouanés de notre responsabilité individuelle :

> Global action on climate change may require that we find our way to a new environmental ethic, a new set of attitudes toward the natural world we share. Whatever its efficiency, a global market in the right to pollute may make it harder to cultivate the habits of restraint and shared sacrifice that a responsible environmental ethic requires.[413]

De ces exemples et des travers qu'ils témoignent, le constat est la perversion possible des valeurs par l'argent. Sandel développe une proposition éthique d'usage de l'argent, une manière de remettre en vigueur les valeurs

---

[411] *Ibid.*, p. 90.

[412] François Meunier, « Peut-on tout acheter ? », *Esprit*, mai 2015, [en ligne], [http://www.esprit.presse.fr/news/frontpage/news.php?code=374].

[413] Michael Sandel, *What money can't buy: the moral limits of markets*, Macmillan, p. 76.

souhaitées par une communauté pour guider les échanges. Cet usage éthique de l'argent réside selon lui dans une régulation éthique des marchés.

> Markets reflect and promote certain norms, certain ways of valuing the goods they exchange. In deciding whether to commodify a good, we must therefore consider more than efficiency and distributive justice. We must also ask whether market norms will crowd out nonmarket norms, and if so, whether this represents a loss worth caring about.[414]

> To decide whether to rely on financial incentives, we need to ask whether those incentives will corrupt attitudes and norms worth protecting. To answer this question, market reasoning must become moral reasoning.[415]

Les positions de Sandel ne sont pas largement partagées. En particulier, le prix dit Nobel d'économie Jean Tirole a exprimé un point de vue très divergent considérant neutre tant la monnaie que les marchés par rapport aux valeurs.

Jean Tirole développe sa pensée dans un discours en janvier 2016 lors de son entrée à l'Académie des sciences morales et politiques[416]. Il y critique Sandel parce que ce dernier affirme que le marché peut dysfonctionner et qu'il souhaite lui fixer des limites morales. En effet, pour Sandel, il existe certains produits et services qui ne sauraient être marchands, comme l'adoption d'enfants, la GPA, l'admission dans une université prestigieuse, les organes humains, une véritable amitié, un prix Nobel.

Tirole préfère se référer au professeur Gary Becker qui remarquait à propos du don d'organes que l'interdiction de vendre son rein limitait les donations, condamnant ainsi chaque année des milliers de personnes aux États-Unis à mourir

[414] Michael Sandel, *What money can't buy: the moral limits of markets*, Macmillan, p. 78.
[415] *Ibid.*, p. 91.
[416] Jean Tirole, « La moralité et le marché », audio, Conférence inaugurale de Jean Tirole, Prix Nobel d'Économie, à l'Académie des sciences morales et politiques, 11 janvier 2016, [en ligne], [http://www.canalacademie.com/ida11036-La-moralite-et-le-marche.html], (6 avril 2016). Jean Tirole siège dans la section IV de l'Académie, dédiée à l'économie politique aux côtés de Michel Pébereau, l'ancien président de BNP Paribas, Yvon Gattaz, président du CNPF (ex-Medef) entre 1981 et 1986 et Denis Kessler, dirigeant de la SCOR qui a affirmé dans la revue Challenges le 4 octobre 2007 « La liste des réformes ? C'est simple, prenez tout ce qui a été mis en place entre 1944 et 1952, sans exception. Elle est là. Il s'agit aujourd'hui de sortir de 1945 et de défaire méthodiquement le programme du Conseil National de la Résistance ! »

faute de donneurs. Tirole instruit le procès de Sandel : « On ne peut pas se targuer de moralité quand on est contre le commerce des organes ». Suivant une logique utilitariste, Tirole explique que si l'achat d'un organe va tuer le donneur mais lui permettre de nourrir ses enfants et de les envoyer à l'école, sa compréhension du dilemme du tramway[417] permet légitimement de reconnaitre cet échange comme un « bon *deal* ». Parce qu'il considère que les bonheurs futurs des hommes sont prévisibles, le dilemme célèbre du tramway justifie selon Tirole le besoin de calculs utilitaristes dans tous les domaines de la vie.

Tirole dit en quelque sorte à Sandel « Pourquoi refuser de penser ce type de calcul? Pourquoi ce tabou? ».

Mais on pourrait demander à Tirole s'il peut lire le futur avec une grande précision et sonder les reins et les cœurs. Or que connait-on du futur dans ce cadre du tramway ? Laissons vagabonder notre imagination. Et si les cinq épargnés se révèlent stériles alors que l'homme sacrifié aurait eu la descendance d'Abraham ? Et si les cinq sont des imprudents récidivistes qui se feront tuer autrement le lendemain ? Et si les cinq sont en train de programmer des crimes ? Et si l'homme sacrifié est Bill Gates qui aurait créé le lendemain sa fondation pour soigner des millions de personnes ? Et si et si et si… Certes, ces hypothèses n'ont rien de scientifique. Mais est-ce bien scientifique pour un utilitariste de croire un monde prédictible alors qu'il reste imprévisible ?

Par ailleurs, Tirole estime que reprocher au marché son amoralité est hypocrite :

> Une personne qui serait scandalisée par l'idée même de la prostitution ou de relations tarifées, peut néanmoins rester avec son conjoint, sans amour, par désir de sécurité financière ou par simple peur de la solitude. Parfois, le marché est donc notre bouc-émissaire : il endosse les critiques que nous pourrions adresser à l'humanité même car il révèle ou met en évidence ce qui peut déplaire dans la nature même de l'humain.

---

[417] Ainsi l'utilitariste décidera de faire dérailler un tramway sur une voie, tout en sachant que cela va tuer une personne, plutôt que de le laisser poursuivre sa course folle sur une autre voie ce qui entrainerait la perte de cinq autres vies.

Au contraire, Tirole pense que le marché nous libère des violences des types d'économie alternative comme celle des sociétés plus « traditionnelles » basée sur des habitudes rituelles d'échanges et de partages :

> L'économie du don et du contredon implique une relation de dépendance, voire de domination du donateur sur le donataire dans le cadre d'une relation de générosité sans calcul, qui peut se traduire par une violence entre les acteurs.

Au contraire, Tirole pense que le marché nous libère de l'esclavage :

> Qui déplorerait la distension de certains liens, autrefois si forts : ceux qui unissaient l'esclave à son maître ? Le marché, qui introduit du choix dans les liens, les distend donc. [...] Montesquieu parlait ainsi du doux commerce.

Selon Tirole, seul le marché doit régir les échanges car il est seul capable d'assurer la justice qui consisterait à respecter les désirs des hommes. Tirole compte sur une cupidité bien régulée :

> Comme l'a montré Adam Smith, l'égoïsme est moteur du lien social : l'intérêt personnel motive à l'échange et à l'enrichissement des relations [...] En soi, la cupidité n'est donc ni bonne ni mauvaise: canalisée au service d'un comportement novateur, concurrentiel, dans le cadre d'un système de lois et de régulation bien conçu, elle peut servir de moteur de l'innovation et aboutir à un développement harmonieux, bénéficiant à chacun.

Pour lui, des individus égoïstes peuvent fabriquer des sociétés aux règles altruistes. Si Tirole refuse le besoin de morale suggéré par Sandel, il soutient pour réguler les échanges la théorie des incitations financières :

> La théorie des incitations permet d'éviter ces écueils moralement condamnables, tout en bénéficiant des vertus du marché dont les philosophes proposent de se passer : il faut aligner les objectifs individuels avec les objectifs collectifs, par des incitations.

Pourtant, n'est-ce pas une aporie : si tout le monde est égoïste comme il l'envisage, d'où viendrait le système régulateur à vocation altruiste auquel il se réfère ? Qui fixerait la forme et le prix de ces incitations, si comme Jean Tirole le pense « l'économiste n'a pas de jugement éthique à apporter » ?

Quand Tirole veut justifier un marché des organes, il oublie qu'il y a une troisième voie qui ne mettrait en jeu ni la survie du donneur ni celle de ses enfants: un monde plus juste.

Selon Sandel, les marchés créent un système de liberté parfois contraire au développement de l'autonomie des plus pauvres et mettent en péril la possibilité d'un monde juste. Pour le plus riche, les marchés permettent la réalisation de ses désirs. Pour le plus pauvre, certains marchés offrent de nouvelles possibilités de vendre ce qui fait partie parfois de ses besoins vitaux et affaiblit ce que Amartya Sen appelle les capabilités.

Sandel envisage pour l'outil des marchés, la monnaie, une valeur **sociabilité** comme l'enjeu central d'une société où les classes sociales tendent à se cliver :

> Our only hope of keeping markets in their place is to deliberate openly and publicly about the meaning of the goods and social practices we prize. In addition to debating the meaning of this or that good, we also need to ask a bigger question, about the kind of society in which we wish to live.[...] At a time of rising inequality, the marketization of everything means that people of affluence and people of modest means lead increasingly separate lives.[418]

Dans la conclusion de son livre, Sandel affirme que la question fondamentale, jamais traitée par les économistes, est « Dans quel monde voulons-nous vivre? ». Il défend l'idée d'une régulation des marchés par le surplomb de choix politiques qui reflèteraient le type de société dans laquelle nous aimerions vivre. Ainsi, après avoir décortiqué l'impact de la monnaie sur les valeurs, la question du choix d'un **mode de gouvernement autonome** apparait fondamentale pour Sandel.

Ainsi, face à cet enjeu pour l'Europe de financer la transition énergétique, Aristote ne comprendrait pas qu'une monnaie puisse être contraire aux

---

[418] Michael Sandel, *What money can't buy: the moral limits of markets*, Macmillan, p. 201.

volontés politiques affichées de la majorité et que la frappe de la monnaie puisse être soustraite au regard des citoyens. Marx redirait la question du contrôle des moyens de production comme le point central de l'action d'une politique de transition. Il pointerait que l'euro participe à enlever ce contrôle au peuple. Ellul centrerait sa critique sur la destruction des valeurs par l'euro : amour, coopération, justice, vérité et vergogne. Or la transition nécessite la prévalence de ces valeurs indispensables pour une sobriété collectivement acceptée. Sandel nous redemanderait dans quel monde voulons-nous vivre. Et si nous voulons un monde vivable dans des conditions dignes pour tous, il nous inciterait à contrôler les dégâts de la monnaie sur les valeurs nécessaires pour arriver à cette fin.

Enquête 10 : Enquête sur l'enquête : vers un concept de monnaie

Ces enquêtes m'ont largement nourri et je pourrais les poursuivre. Mais il me semble bon maintenant de me retourner pour interroger mon propre cheminement dans ce travail sur la monnaie.

Je souhaitais bâtir une taxinomie de la monnaie pour appréhender son fonctionnement et pour comprendre nos rapports collectifs et individuels avec la monnaie. Pour ce faire, les enquêtes m'ont guidé… pour ne pas penser dans le vide. Un va et vient qui me semble être le mode même de fabrication de la pensée conceptuelle. En effet, un concept doit être un élément pour la conception ou le jugement. Avec l'exigence que la signification soit ferme et ancrée et ait des conséquences intellectuelles d'entendement du monde, le concept évite le flou de la notion. Un concept est donc un dialogue entre le monde sensible et la pensée :

> Sans la sensibilité, nul objet ne nous serait donné ; sans l'entendement, nul ne serait pensé. Des pensées sans matière sont vides ; des intuitions sans concepts sont aveugles. Aussi est-il tout aussi nécessaire de rendre sensibles les concepts (c'est-à-dire d'y joindre un objet donné dans l'intuition), que de rendre intelligibles les intuitions (les ramener à des concepts). [419]

Faciliter les dialogues quand les représentations sont différentes

Une monnaie peut, dès sa création, faire l'objet de malentendus entre ses créateurs eux-mêmes. Il convient de s'entendre sur le type de monnaie et ses usages dans un dialogue suffisamment précis et fouillé pour qu'il permette de construire un monde commun. Le partage avec d'autres est un dialogue à la condition qu'il ne soit pas affirmation d'une vérité sur la monnaie mais qu'il pose un ensemble de questions pertinentes et ouvertes qui espèrent des réponses des

---

[419] Emmanuel Kant, (1787), *Critique de la raison pure*, Gallimard, Paris, 1980. p 111.

autres. Le dialogue autour de la monnaie ouvre toujours sur quelle économie faire ensemble :

> Toute interaction langagière (verbale, gestuelle, posturale, etc.) constitue un processus ouvert et créatif au cours duquel locuteur et allocutaire négocient le sens et la référence de leurs énonciations et construisent ensemble une image du monde partagée. Mais cette interaction est hétéronome en ce qu'elle répond à des finalités transactionnelles. Elle dépend à la fois d'une transaction intersubjective au cours de laquelle les interlocuteurs se reconnaissent mutuellement (dimension psychologique (profil), sociologique (faces) et institutionnelles (places)) et d'une transaction intramondaine au cours de laquelle les agents partagent la même situation, identifient ensemble un problème et coopèrent pour lui apporter une solution en construisant un monde commun.[420]

Bâtir le concept de monnaie, c'est préciser le potentiel du faire ensemble avec cet outil monnaie. Le faire est d'autant plus complexe que la monnaie n'est pas seulement un outil qui fait. C'est aussi un outil puissant qui fait faire.

Le concept plonge dans le geste même de celui qui fond l'argent ou l'or pour fabriquer une monnaie ou dans le processus qui donne de la valeur à un compte électronique. La fabrique de la monnaie commence par la mise en accord des hommes qui vont battre monnaie. Et c'est l'objet du concept :

> La philosophie est l'art de former, d'inventer, de fabriquer des concepts. … Nietzsche a déterminé la tâche de la philosophie quand il écrivit « Les philosophes ne doivent plus se contenter d'accepter les concepts qu'on leur donne, pour seulement les nettoyer et les faire reluire, mais il faut qu'ils commencent par les fabriquer, les créer, les poser et persuader les hommes d'y recourir ».[421]

> La philosophie est une discipline qui consiste à créer ou à inventer des concepts. Et les concepts, ça n'existe pas tout fait, et les concepts n'existent pas dans une espèce de ciel où ils attendraient qu'un philosophe les saisisse. Les concepts, il faut les fabriquer. Alors, bien sûr, ça ne se fabrique pas comme ça, on ne se dit pas un jour « Tiens, je

[420] Denis Vernant, « Le renversement praxéologique ou l'intelligence du Renard», *Le langage comme action, l'action par le langage*, Recherches sur la philosophie et le langage, Anna Krol dir., n°31, Paris, Vrin, 2014.

[421] Gilles Deleuze et Félix Guattari, *Qu'est-ce que la philosophie?* Minuit, 2013, p. 18.

vais faire tel concept, je vais inventer tel concept ». Pas plus qu'un peintre ne se dit un jour « Tiens, je vais faire un tableau comme ça ». Il faut qu'il y ait une nécessité. [422]

Le concept est un signe du langage évolué qui doit apporter dans le sillage du mot un large arrière-plan commun à tous. Elément de construction du dialogue, le concept est aussi construit par le dialogue. Dialoguer avec soi et avec les autres permet de raconter un peu du monde commun désirable, un peu de nos espoirs sur l'économie.

> Tout concept renvoie à un problème, à des problèmes sans lesquels il n'aurait pas de sens, et qui ne peuvent eux-mêmes être dégagés ou compris qu'au fur et à mesure de leurs solutions. [...] Mais le concept n'est pas donné, il est créé, à créer. [423]

Le concept de monnaie est un élément structurant du dialogue sur l'économie. Avec lui, au-delà de la notion vague de monnaie et des malentendus qu'elle véhicule, un vrai dialogue peut apparaitre. Les membres d'une communauté humaine peuvent choisir les usages de leur monnaie en vue de finalités individuelles et collectives. La monnaie n'est pas un outil neutre de l'échange et le concept de la monnaie permet de mieux comprendre au travers des échanges ce que les acteurs cherchent à construire en utilisant un type de monnaie avec des usages socialement construits.

Un concept de monnaie nécessite de préciser explicitement trois registres d'informations.

Le premier registre est une définition courte qui permet rapidement de partager avec d'autres un même « imaginaire »[424] qui évoque « de quoi l'on parle » et « ce que l'on veut construire ».

---

[422] Gilles Deleuze, Qu'est-ce que l'acte de création ? vidéo, conférence donnée dans le cadre des « mardis de la fondation Femis », 17 mai 1987, [en ligne], [http://contemporaneitesdelart.fr/quelle-place-pour-lart-en-ce-xxieme-siecle/gilles-deleuze-quest-ce-que-lacte-de-creation/], (6 mars 2016).

[423] Gilles Deleuze et Félix Guattari, *Qu'est-ce que la philosophie?* Minuit, 2013, p. 21.

[424] « Par *imaginaire instituant*, il faut entendre l'œuvre d'un collectif humain créateur de significations nouvelles qui vient bouleverser les formes historiques existantes; et par *imaginaire institué* non pas l'œuvre créatrice elle-même (« l'instituant »), mais son produit (« l'institué ») – soit l'ensemble des institutions qui incarnent et donnent réalité à ces significations, qu'elles soient

Le deuxième registre est une taxinomie des caractéristiques de cet objet dans différents environnements dans lequel il peut être observé. Derrière chaque monnaie et sous chaque échange, se cachent des imaginaires instituants[425] dans la mesure où ces imaginaires forgent nos institutions et nos règles d'échanges. Mais ce sont aussi ces institutions, dans notre cas la monnaie, qui fabriquent en partie nos imaginaires. Ce sont ces imaginaires et ces « mondes à construire » qui sont dévoilés par la taxinomie des monnaies.

Enfin, le troisième registre est un modèle de représentation du monde[426] qui mettra en relation le concept de monnaie avec d'autres concepts. C'est l'explicitation des relations entre les concepts qui fait théorie. Pour exemple, une théorie de l'« économie soutenable » devra être un modèle de représentation du monde précisé par de nombreux concepts, dont celui de monnaie.

Sans cette analyse complète sous ces trois aspects (définition, taxinomie, théorie), le concept ne permettrait pas un dialogue défini dans son acceptation praxéologique. Le concept, contrairement à la notion, permet qu'un groupe de personnes utilise le *logos* pour agir ensemble « rationnellement » en partageant à la fois une représentation du monde mais aussi des actions possibles et leurs conséquences.

Grâce à cela, nous allons, vous et moi, naviguer ensemble dans un espace de langage. Un espace restreint certes mais qui va nous permettre d'analyser les liens entre monnaie et autonomie. Car ces enquêtes n'ont de sens que par la

---

matérielles (outils, techniques, instruments de pouvoir…) ou immatérielles (langage, normes, lois…) ».
Nicolas Poirier, « Cornelius Castoriadis. L'imaginaire radical. », *Bulletin du MAUSS*, n°21, 1er trimestre, 2003, p. 383-404, [en ligne], [www.cairn.info/revue-du-mauss-2003-1-page-383.htm], (2 mai 2016).
[425] Lire Cornélius Castoriadis, *L'Institution imaginaire de la société*, Paris, Seuil, 1975.
[426] « Système où les concepts prennent leur positivité ».
Michel Foucault, *Naissance de la biopolitique, cours au Collège de France 1978-1979*, Seuil/Gallimard, 2004, p. 177.

question politique qui les a faites émerger, à savoir le rôle de la monnaie dans les projets d'autonomie.

En effet, au fil de mes premières enquêtes, j'ai commencé à entrevoir des liens entre la monnaie et un autre concept : celui d'autonomie. J'ai posé un embryon de définition de cette autonomie en spécifiant deux sens bien différents du mot. Autonome peut qualifier le fait de ne pas dépendre trop des autres comme il peut qualifier un individu ou un groupe qui édicte ses propres règles de vie. Dans ce second sens, j'ai ainsi différencié l'autonomie collective de l'autonomie individuelle.

Concept et dialogue.

Le rapport entre autonomie et monnaie m'est apparu dans la perception que la monnaie est elle-même une forme de langage. Si le langage est le support du dialogue, la monnaie est, de plus en plus souvent et dans de plus en plus de domaines de la vie, le support des échanges. Dans l'utilisation de la monnaie comme dans l'utilisation du langage, il s'agit de bâtir ensemble un monde partagé et de coordonner les échanges socialement acceptés par un groupe. Et c'est peut-être la fonction principale et du langage et de la monnaie.

La monnaie a donc des similitudes avec le dialogue. Or, si le dialogue est connu pour être *logos*, une raison cosmique, on oublie souvent qu'il est aussi *polemos*. Le *polémos* est un principe de mouvement et de génération de toute chose : « ce qui est contraire est utile et c'est de ce qui est en lutte que nait la belle harmonie ; tout se fait par discorde »[427]. *Polémos* est la bonne *éris* (discorde) intimement réglée comme la lutte athlétique :

> Il faut savoir le vrai nom de ce *polemos* universel qui recèle en lui-même la paix. Ce nom est *éris* qui est justice (*diké*), la bonne *éris* d'Hésiode. [428]

---

[427] Jean Voilquin, *Les penseurs grecs avant Socrate*, Garnier-Flammarion, 1964, p.74.

Dans cette optique, les conflits sont les frottements indispensables au préalable à l'action.

Notre concept de monnaie est support du *polemos* et facilite par exemple une lutte entre économistes partisans du marché libre et ceux de la régulation. L'affrontement est un phénomène naturel, normal et fatal. Mais le concept, avec les règles du dialogue, peut éviter l'*hybris* de la guerre dévastatrice. *Polemos* conserve ainsi toute sa place à la justice.

La lutte réglée du dialogue peut permettre aux lutteurs de continuer à partager et construire un monde ensemble. Ils doivent cependant être au moins d'accord sur un point. Si l'on parle la même langue, c'est que l'on a un monde commun à partager, à défendre et toujours à construire. La langue commune est l'outil de cette lutte réglée qui nous permet d'être plus fort chacun et collectivement dans le dialogue.

Puis après le temps du *polemos*, qui a lieu sur l'*agora* d'Athènes, où chacun peut défendre et invectiver, il y a le temps de la décision qui est le vote démocratique sur les points de désaccord où il faut trancher par une loi que chacun respectera. C'est ce mécanisme démocratique qui peut faire tomber la tension du *polémos*. Une fois l'on perd, mais la prochaine fois c'est peut être notre règle qui s'imposera à tous. La démocratie arbitre ainsi la lutte réglée du dialogue. Dans sa forme idéale, elle unit la communauté. Comme après les vifs débats, lorsque les orientations possibles auront été discutées et la décision prise par le vote sur la colline du *pnyx*, tous devront continuer à protéger ensemble la cité, la communauté, lorsqu'elle sera menacée par l'extérieur, en acceptant les ordres d'un chef de guerre, expert choisi pour un temps limité.

Par ailleurs, de même que la philosophie du langage sait décoder un dialogue, non à partir des seuls mots mais aussi en analysant les buts de l'échange

---

[428] Héraclite, *Fragments*. Texte établi, traduit et commenté par Marcel Conche. Paris, Puf, 1986, vol. 15, no 21, p. 437.

verbal, de même il faut comprendre la monnaie, non à partir des seuls flux d'échanges mais aussi des buts de l'échange. Une analogie peut être faite entre les usages de la monnaie et les phrases des dialogues chargées des mythes de leurs utilisateurs.

Comme l'ont décrit, pour le dialogue, des philosophes du langage tels Wittgenstein[429], Grice[430], Searle[431] et Austin[432], la monnaie aussi influence les actions et les valeurs d'une société.

Le caractère politique de la monnaie imprègne tout autant le discours sur la monnaie que la transaction matérielle et le transfert de biens ou services qu'elle permet.

Ainsi, si la monnaie peut permettre de construire un monde commun où l'on partage un même territoire avec une même monnaie, les différences et conflits doivent pouvoir être exprimés et un collectif, un « nous », peut en s'appuyant sur le concept de monnaie, partagé pour dialoguer, tracer les lignes d'action et les lois que la communauté édictera. C'est à ces conditions seulement que la monnaie sera au service des projets d'autonomie.

Or le projet d'autonomie collective, celui qui concerne aussi le plus faible, nécessite une remise en question permanente de la loi dont le tropisme naturel va vers la défense des intérêts du plus fort :

> La contestation de l'origine transcendante de la loi, l'affirmation du pouvoir instituant de la collectivité [qui] apparaissent dans les luttes politiques de l'Antiquité classique, portées par le *démos* contre les *oligoi*, par la plèbe contre les patriciens.[433]

---

[429] Ludwig Wittgenstein, *De la Certitude*, coll. Tel, Gallimard, 1965.

[430] Paul Grice, « Meaning ». *The philosophical review*, 1957, p. 377-388.

[431] John Searle, *Speech acts: An essay in the philosophy of language*. Cambridge university press, 1969.

[432] John Austin, *Quand dire, c'est faire* (1962), *Paris, Seuil*, 1970.

[433] Cornélius Castoriadis, *Histoire et création, textes philosophiques inédits (1945-1967)*, 2009, Seuil, p 164.

Pour certains la monnaie peut et doit viser à servir des projets d'autonomie collectifs. Pour d'autres, ce sont les projets individuels qui priment. Dans une optique démocratique, il faut débattre avant de choisir. Les valeurs importantes pour les uns ne le sont pas pour les autres. Il faut mettre des mots sur nos désaccords.

Lever certains malentendus n'est pourtant pas l'objectif premier de ceux qui dialoguent sur le rôle de la monnaie. De quoi débattent les interlocuteurs ? Le plus souvent, ils ne décrivent pas des fonctionnements observés, mais veulent agir sur le monde. Agir sur le monde pour tendre à fabriquer leur monde « idéal », aussi bien par des fonctionnements d'institutions créées par les hommes que par la diffusion des valeurs qui y sont promues et qui créent ces institutions. Chaque intervenant arrivera-t-il à dévoiler et à faire comprendre à l'autre sa vision du monde idéal ? Les interlocuteurs arriveront-ils à préciser, par le dialogue, l'action sur le monde qu'ils peuvent avoir par leurs actions communes ? Les principales questions dans les discussions portent en fait sur les liens entre les fonctions de la monnaie et les valeurs. Concernant le *bitcoin*, la question vraiment centrale se trouve être une question politique « Le *bitcoin* peut-il servir les projets d'autonomie ? » et non pas celle hâtivement exprimée « Le *bitcoin* est-il une monnaie ? ».

De fait, des malentendus apparaissent quand on ne s'appuie pas sur une taxinomie claire. L'usage de ma taxinomie permettrait de cerner méthodiquement l'objet de ces différends. Reprenons le cas du *bitcoin* et de ce qu'en ont dit certains économistes à travers des extraits choisis de nos enquêtes.

Ma taxinomie clarifie les différends sur les fonctions de la monnaie.

Le *bitcoin* offre deux caractéristiques classiques d'une monnaie puisqu'il permet l'**échange** et qu'il est **moyen de paiement** efficace et sûr. Mais

Alan Greenspan souligne que cette monnaie ne sera pas une référence stable comme l'or et donc n'est pas une bonne **réserve de valeur**. Elle n'assure donc pas la fonction d'épargne. Quant à la **fonction de spéculation**, elle est perçue positivement par Greenspan comme une bonne « sélection naturelle » car ceux qui parient et se trompent en spéculant méritent de disparaitre ruinés.

Ma taxinomie révèle les conflits sur la forme de gouvernement de la monnaie.

Greenspan se méfie de l'État et préfère favoriser ce qui sert l'individu. Il est partisan d'un marché libre qui, par le **prix**, peut selon lui maximiser la satisfaction globale des désirs des individus. Greenspan souhaite le marché libre comme forme de **gouvernement hétéronome**.

L'économiste de l'école de la régulation André Orléan défend une autre vision[434] où le gouvernement par tous est assuré dans les décisions par un **État régulateur**.

Ma taxinomie dévoile les désaccords sur les valeurs de la monnaie.

Exemple de valeur : la **rémunération juste du travail**

Pour une rémunération juste du travail, il convient que certaines formes de risque, comme la maladie, soient socialisées. L'impôt ou la taxe sont les pratiques usuelles pour ce faire. Or, le *bitcoin* ne permet pas de lever l'impôt. Cela est un problème pour Orléan qui croit en la régulation pour atteindre le bien vivre.

---

[434] Je remercie André Orléan pour nos échanges sur sa position dans le cadre de l'article :
Denis Dupré, « Un concept nouveau de monnaie par une approche philosophique praxéologique ». 6ᵉ congrès de l'Association Françoise d'Economie Politique (AFEP) « La frontière en économie», Mulhouse, France, juillet 2016, [en ligne], [https://hal.archives-ouvertes.fr/hal-01326630].

Pour Greenspan, c'est un dégât collatéral car il défend une société qui serait basée sur la stricte compétition et il croit en l'innovation qui assurerait la richesse et protègerait le marché et la **valeur liberté de propriété**.

Exemple de valeur : la **valeur d'autonomie**

Les économistes de courants différents sont d'accord, souvent sans l'expliciter, sur le fait que le *bitcoin* favorise l'autonomie individuelle et détruit l'autonomie collective. Ma taxinomie permet d'éclairer cette notion d'autonomie car elle accorde à la monnaie les **deux valeurs**, celle d'**autonomie individuelle** et celle d'**autonomie collective** pour permettre de la positionner par rapport à ces valeurs. Telle monnaie peut être favorable à préserver l'autonomie collective pour ceux qui se méfient d'un excès d'autonomie individuelle. Telle autre monnaie peut au contraire faciliter l'autonomie individuelle et réduire drastiquement l'autonomie collective.

Pour Greenspan, le *bitcoin* permet une grande liberté d'autonomie individuelle en échappant au contrôle de l'État. Pour lui, ce n'est pas le rôle ni d'une monnaie ni de l'État de faire la loi. Pour qu'il y ait croissance et production maximale, il faut la concurrence de tous avec tous. Grâce à cela, et à la notoriété qui trie les hommes et les structures efficaces, les désirs vont guider les échanges et imposer ce qu'il faut produire. Selon Greenspan le *bitcoin* disparaitra par la seule loi du marché, quand les « clients » de cette monnaie n'en voudront plus.

Selon Orléan, le *bitcoin* qui a pu déjà servir aussi bien aux trafiquants de drogue qu'aux maffieux russes pour échapper à la taxation des dépôts lors de la crise chypriote, ne permet pas de transmettre les valeurs que nous voulons défendre dans notre société. Le *bitcoin* renforce la possibilité d'autonomie individuelle au détriment des possibilités d'autonomie collective, justement parce que le pouvoir politique n'a plus de contrôle sur cette monnaie.

Pour Orléan, l'utilité globale ne peut être une stricte somme d'utilités individuelles. Les marchés ne sont pas la clef de juste répartition des biens.

L'altruisme et la coopération correspondent parfois plus aux désirs profonds des hommes que la violence et la concurrence à laquelle peut participer la monnaie. Suivant la pensée de René Girard, on peut dire que le désir mimétique est au cœur de la course à la possession de la monnaie. Sans freins, il conduit au déchainement de la violence contre des innocents que nous sacrifions sur l'autel des marchés.

Autre exemple : la valeur seigneuriage

Ceux qui ont créé, fabriqué et conservé les premiers *bitcoin* avant de les revendre quand leurs prix ont flambé, ont pu gagner des milliards de dollars. Pour Orléan, le seigneuriage doit appartenir à l'Etat qui doit battre monnaie et utiliser cette manne pour le bien commun. Il rejoint donc Maurice Allais sur la **vocation de bien public de la création monétaire**, la valeur seigneuriage…comme bien commun.

Autre illustration : les valeurs de production et de consommation responsables.

J'ai inséré les valeurs de production et de consommation responsable dans ma taxinomie. Cette notion « responsable » est récente. Mais on mesure bien dans leurs discours comme les économistes y prêtent implicitement attention. Greenspan pense que guider production et consommation n'est pas la fonction d'une monnaie ni de l'Etat. Il croit que les enjeux, écologiques et autres, pourront être résolus, non grâce à la monnaie, mais par davantage de technologie, de croissance et d'innovation.

Orléan conviendrait que le *bitcoin* n'est pas conçu pour porter ces valeurs de production et de consommation responsables alors même que nous sommes à l'aube d'une raréfaction des ressources naturelles, d'une pollution inédite des sols et d'une disparition de la biodiversité et que nous sommes devant l'évidence du réchauffement climatique[435].

[435] André Orléan et Rainer Diaz-Bone, « Entretien avec André Orléan », *Revue de la régulation*, [En ligne], 14 | 2e semestre / Autumn 2013, mis en ligne le 12 décembre 2013, consulté le 12 décembre

La nécessité d'une définition de la monnaie

Dans les documents qui ont servi à nos enquêtes, l'ancien président de la FED, Alan Greenspan, ne considère pas le *bitcoin* comme une monnaie sans cependant donner une définition explicite de la monnaie et André Orléan partisan de la théorie monétaire de la régulation, lui non plus, ne parvient pas à expliciter la définition du mot monnaie à propos du *bitcoin* [436]. Orléan et Greenspan ne cherchent pas à donner une définition de la monnaie, mot qu'ils utilisent tout le temps. Le mot « monnaie » est utilisé par ces économistes sans avoir reçu une définition partagée. Ce qui entretient la confusion dans la discussion.

Il faut selon moi, ne serait-ce que pour que ces deux économistes puissent envisager un dialogue entre eux et avec nous, une définition de ce mot. Elle doit être axiologiquement neutre, à savoir ne pas prendre position sur les valeurs, les fonctions, les modes de gouvernement.

2018. URL : http://journals.openedition.org/regulation/10305 ; DOI : 10.4000/regulation.10305

[436] Ecouter à partir de 1 heure 38 minutes : André Orléan, « Présentation et discussion de « *L'empire de la valeur. Refonder l'économie*" (Seuil, La couleur des idées 2011) », Vidéo, rencontres "Lire les sciences sociales", par Stéphane Dorin en présence de l'auteur, 6 juin 2014, [en ligne], [https://www.youtube.com/watch?v=5obchS4isIg], (6 aout 2014). (Séance du 6 juin 2014)

Je propose, suite à nos enquêtes, cette définition[437] de la monnaie :

La monnaie est un instrument, physique ou virtuel, qui offre le service à des agents économiques sur un territoire, de posséder, d'évaluer ou de décider de la destination et de l'usage de matières premières ou transformées, de territoires, de temps de travail ou de talents d'autres agents économiques. Tout cela soit de façon instantanée immédiate, soit de manière différée dans le temps car la monnaie permet de devenir destinataire de biens et services futurs. Un agent économique est une personne physique ou un groupement de personnes (institution) ayant une capacité de stocker, d'échanger et de produire du temps de travail, de la matière première ou transformée.

La nécessité d'une théorie économique : les liens avec les autres concepts

Comprendre le lien entre monnaies et projets d'autonomie, fabriquer des outils pour lever les malentendus des dialogues sur la monnaie, voilà bien ce qui répondait à la question « Pourquoi (*Why*) me suis-je mis à enquêter sur la monnaie ? » Mais en partie seulement. Car, à la réflexion, mon but n'était pas cette seule analyse, bien qu'elle soit à l'origine de mes recherches. Il m'a fallu me reposer la question du pourquoi dans une autre acceptation de ce terme : Pourquoi (*What for*) me suis-je mis à enquêter sur la monnaie ?

De fait, mon questionnement profond est de savoir en quoi la monnaie peut répondre à l'urgence d'une économie soutenable[438]. Et là, non seulement

---

[437] Denis Dupré, *Les concepts de monnaie et de risque, Master* de philosophie, histoire de la philosophie et philosophie du langage, UPMF, Grenoble, 2014.

[438] Au-delà même du développement durable qui reste une notion très floue. Gro Harlem Brundtland, Premier Ministre norvégien (1987), en donnait une première définition dans le du *Rapport Bruntland* (WCED, 1987, p.43): « sustainable development is development that meets the needs of the present without compromising the ability of future generations to meet their own needs ». « Un développement qui répond aux besoins du présent sans compromettre la capacité des générations

l'espace des mots doit s'élargir, mais les relations entre les mots doivent prendre cohérence selon une théorie qui chercherait à expliquer ce que veut dire « économie soutenable ». Cette théorie, comme toute théorie, devrait préciser les concepts qu'elle mobilise et les liens entre les concepts. Il conviendrait en particulier de mettre en relation ces concepts avec celui de monnaie.

La monnaie est un pilier de l'économie puisqu'elle affecte des valeurs sociales, sociétales et écologiques ainsi que les formes de gouvernements. C'est bien dans une « théorie globale de l'économie » que doit s'insérer un concept de monnaie.

Or, l'économie, celle qui m'intéresse dans l'objectif de la possibilité d'autonomie collective, est une économie qui rend l'autonomie encore possible dans le futur, ceci malgré l'effondrement probable de nos sociétés industrielles[439]. J'appelle ce type d'économie « économie soutenable ».

Dans cette « théorie globale de l'économie soutenable », de multiples concepts nécessiteraient de recevoir une définition et une taxinomie. Si un locuteur énonce que « la monnaie doit servir l'altruisme », il faudrait que l'allocutaire donne une signification à ce mot altruisme. Si un écologiste indique « qu'une monnaie locale doit favoriser la consommation responsable », il faudrait définir consommation responsable. Si Greenspan dit « une monnaie doit favoriser la liberté individuelle », il faudrait que le concept de « liberté » permette de décoder la vision du monde de Greenspan.

Ma taxinomie est une ébauche qui permet cependant de comprendre quelles valeurs d'une monnaie permettent à nos sociétés une perspective de

---

futures à répondre aux leurs ».
L'économie soutenable est un concept plus précis qui exige que le stock de capital ne diminue pas dans le temps. Ce stock de capital comprend à la fois le capital physique, construit et le capital naturel, englobant les actifs naturels fournissant des services économiques et écologiques dans le temps.
[439] Denis Dupré et Véronique Métay, *Effondrement - Choisir la violence ou la révolution*, Editions Jouquetti Libre, 2018, [en ligne], [https://drive.google.com/file/d/1lL9DonWjsusgiQ6CWz6o0LOFjF7gGVzH/view].

transition vers une économie durable[440]. Elle permet de comprendre qu'une monnaie véhicule des valeurs et les supporte par les usages et les pratiques de ceux qui l'utilisent. Le prix reflète les modifications des désirs et des besoins et donc les évolutions de la relative importance des objets et services dans les sociétés. Ces désirs et besoins concernent tant les objets physiques que les valeurs et mythes.

Ma taxinomie permet de comprendre les conflits et tensions concernant l'échange, les capacités des individus et l'autonomie des territoires. Pour favoriser les échanges d'une économie soutenable il faut que la monnaie favorise la consommation adéquate et finance une production adaptée à ces besoins. La société qui veut une économie soutenable a besoin de développer les capabilités[441] des citoyens, la rémunération juste du travail et la possibilité de nouer des liens sociaux.

Le feu des conflits indispensable à la forge de la monnaie

La présence de la taxinomie dans le dialogue permet au locuteur et à l'allocutaire, non pas forcément de trouver un consensus, mais de comprendre sur quels points ils sont en accord ou pas. Ceci devrait concerner « l'économie idéale » que les participants au dialogue veulent construire. Ceci devrait éclairer également la manière dont la monnaie peut y participer. Comme le souligne la philosophe Marie-Laurence Desclos :

> La question est du ressort du caractère essentiellement politique du *logos* qui doit permettre d'exprimer la vérité, le juste, puis de le justifier pour « amener les autres citoyens à tomber d'accord au sujet de ce qui leur est utile, prendre les mêmes résolutions et à exécuter les décisions prises en commun.[442]

---

[440] Nous définirons ici la transition comme la capacité à transmettre dans le temps des structures de société permettant une vie collective « bonne » définie selon des règles d'autonomie.

[441] La capabilité est la liberté d'un individu à utiliser ses biens pour choisir son propre mode de vie : « *a set of vectors of functionings, reflecting the person's freedom to lead a type of life or another* » - « un ensemble de vecteurs de fonctionnements, qui reflètent la liberté dont dispose actuellement la personne pour mener un type de vie ou un autre » (notre traduction) dans Amartya Sen, *Inequality reexamined*. Clarendon Press, 1992, p. 40.

[442] Aristote, *Les Politiques*, Paris, Classique en poche bilingue, Belles Lettres, 2012, p 32.

Lever un malentendu dans les débats ne veut pas dire obtenir consensus et la taxinomie servira notamment à expliciter les divergences de points de vue. De plus, tous ces différends n'ont pas la même importance pour chacun. Si, par exemple, un groupe social juge fondamentale la valeur d'autonomie collective, il doit être en mesure de faire porter le débat sur l'attachement ou le rejet par chacun de cette valeur.

Je ne souhaite pas, ni ne pourrais, construire tous les concepts indispensables au dialogue sur une économie soutenable. Je voudrais juste souligner les enjeux et évoquer la méthodologie qui pourrait être utilisée pour réaliser une « théorie de l'économie soutenable ». On pourrait commencer par situer la monnaie dans cette théorie. En voici une illustration possible.

Dans une économie, la monnaie peut être créée par le **politique** ou par des **individus**. Sa circulation (dépôt, crédit) peut être régie ou non par des **lois**. Elle participe au fonctionnement de **l'économie** qui implique des échanges de richesses entre les humains et des prélèvements de la société dans l'espace local et lointain et dans le temps. Elle participe à **l'écologie** en gérant les actions des hommes sur leur environnement. L'économie soutenable doit permettre des relations harmonieuses et durables entre les hommes.

Maintenant nous pouvons entrer dans l'atelier qui fabriquerait cette monnaie. Nous pouvons nous affronter avant de choisir ensemble l'alliage et la gravure de notre monnaie ainsi que les règles de son usage.

Retourner la monnaie pour qu'elle impose notre loi

Faire des lois pour quoi faire ?

Certains biens et services sont nécessaires à la vie physique, d'autres favorisent une vie de consommation jugée agréable. Certains sont en quantité limitée, d'autres même deviennent de plus en plus rares. Dans certains cas, et de plus en plus souvent, ils doivent être produits par le travail humain de multiples intervenants.

Pour ces raisons, un groupe d'humains peut vouloir décider ensemble de la gestion de certains biens. Pour ce groupe, ces biens deviennent alors des communs.

Que veut dire faire ses lois pour un groupe d'humains ?

A minima, un groupe autonome doit définir quelles relations à l'intérieur du groupe sont souhaitées (ses valeurs), quelles actions communes sont envisagées et quelles libertés individuelles sont laissées à chacun (son mode de gouvernement).

Pour que le groupe autonome n'éclate pas sous l'effet des conflits internes ou que la domination des uns sur les autres ne détruise pas l'autonomie collective, ce groupe fixera probablement des limites et des règles. Ce groupe autonome déterminera donc des limites d'accumulation et d'usage des biens et services par les individus, et contrôlera plus ou moins la répartition de ceux-ci entre individus.

Dans le champ de l'économie, cela peut concerner les conditions de production des biens et services, la propriété privée, l'endettement et les paris. La monnaie y est un élément clef. Aussi la monnaie est centrale dans les lois que vont spécifier un groupe autonome. D'abord parce qu'elle est un instrument d'accès à ces biens et services. Mais aussi, parce qu'elle développe certains types de relation à l'intérieur du groupe et oriente les actions communes. Enfin parce que la monnaie révèle sa puissance sous de multiples formes. L'autonomie collective pour se perpétuer nécessite que le groupe réaffirme qu'il préfère ce mode de gouvernement à toutes les formes de jouissance des autres puissances.

Par ses puissantes fonctions et multiples usages, la monnaie bouleverse les valeurs que portent les « gens ordinaires ». Ces valeurs sont des représentations du monde idéal que le groupe veut vivre, et que Castoriadis appelle imaginaire. Or, selon Castoriadis, l'imaginaire est collectivement instituant. Cela veut dire qu'il porte une force révolutionnaire à même de bouleverser toutes les institutions, y compris les modes de gouvernement. La monnaie revêt donc une importance cruciale pour maintenir ceux qui gouvernent. Elle est donc parti intégrante des attributs de la souveraineté. Qui gouverne et fait les lois doit maitriser la monnaie. Que le mode de gouvernement soit celui d'un seigneur, d'une oligarchie, d'un tyran, qu'il soit celui d'un peuple assemblé visant l'autonomie, pour perdurer ce gouvernement devra fixer les limites de la puissance de la monnaie.

La puissance de la monnaie-*krema* est d'être un « bien de valeur » que l'on utilise et qui facilitait au puissant roi de Lydie le prélèvement du tribut :

> En Lydie, cet or revenait au roi et aux principaux dignitaires du royaume. Le début de la transformation en monnaie implique qu'il soit marqué d'un sceau, σῆμα. Si le sceau est indispensable, c'est qu'il porte une indication nouvelle, la valeur garantie par l'autorité qui va permettre d'en faire usage (χρῆσθαι). [443]

L'affirmation de la constitution d'un groupe autonome transforme, *de facto*, la monnaie en une autre forme de monnaie, la monnaie-*nomisma*. La monnaie

---

[443] Olivier Picard, Conférence extraite du colloque Hommage à Jacqueline de Romilly : l'empreinte de son œuvre, Ecole normale supérieure, [en ligne], [http://savoirs.ens.fr/expose.php?id=1438].

(*numis*) est alors une loi (*nomos*), un objet légal de paiement, certifié par et au service du développement de la cité :

> Une innovation importante est introduite par Égine avec la création des « tortues »…. Tout désormais s'efface derrière l'évocation de la cité […] Si la monnaie ne s'appelait pas encore nomisma, c'est, à mon sens, à ce moment qu'elle pris ce beau nom d'objet légal […] Athènes a créé une nouvelle monnaie, la chouette. Celle-ci constitue une étape décisive dans le développement de l'emploi de l'image de la cité sur la monnaie. Comme la tortue à Égine, l'animal continue à donner son nom à la monnaie. Mais désormais le droit est occupé par l'effigie d'Athéna, la patronne des Athéniens, qui est effectivement l'image la plus parlante de la cité.[444]

La monnaie a donc prouvé historiquement qu'elle pouvait participer à faire la loi d'un groupe autonome. Mais elle est un outil particulier, puissant et difficilement contrôlable[445]. Aussi, sans contrôle, dans la pleine liberté que lui offre aujourd'hui le marché libre, elle finit par faire, non la loi du groupe autonome, mais sa loi dans le groupe, groupe qui devient hétéronome de ce fait.

En soulignant la fragilité de l'autonomie collective et son lien avec la monnaie, une prise de conscience peut renforcer dans l'imaginaire d'un groupe autonome le « prix » de l'autonomie. En partageant un concept de monnaie, en utilisant une même taxinomie, les membres d'une communauté peuvent concevoir leur monnaie. Ce groupe décide alors, effectivement car explicitement, de contrôler les effets de la monnaie sur les valeurs que le groupe souhaite préserver.

Imaginons un peu. Supposons que la population européenne assemblée décide de redessiner la monnaie commune en listant point par point les éléments de

---

[444] *Id.*

[445] La lutte contre le pillage des biens communs, stratégique et coordonnée, repose sur le contrôle et la traçabilité des richesses. Or les montages financiers des prédateurs savent être opaques. Des règles simples pour permettre aux juges financiers de lutter contre cette opacité ont été proposées en 1996 par sept juges européens dans leur « appel de Genève » mais n'ont pas eu d'écho en Europe, ni chez les politiques, ni chez les citoyens. Depuis, les cas d'indulgences envers les pratiques douteuses, voire maffieuses, sont habituels. Nous sommes loin de la situation du début du Vᵉ siècle avant JC où la peur du contrôleur était forte, et souvent bonne conseillère pour les magistrats d'Athènes qui, même après leur mandat, devaient faire face à une longue période de vérifications tatillonnes sur leur enrichissement. Nous sommes plutôt proches de la situation où la démocratie s'effondre à Athènes suite à la corruption décrite par Démosthène.

notre taxinomie de la monnaie. Elle donnerait peut-être comme mandat que la création monétaire favorise les objectifs des valeurs de production responsable et de consommation responsable.

Un *Green QE*, qui est création monétaire pour financer les entreprises de la transition énergétique, pourrait dans ce cas aujourd'hui déjà être à l'œuvre. Et même si cela n'avait pas été gravé dans le marbre à la création de l'euro, cette décision pourrait être prise à chaque moment par une population assemblée qui se veut autonome. Castoriadis l'affirme, la possibilité de changer ses lois est le critère même d'autonomie d'un mode de gouvernement :

> Nous concevons l'autonomie comme la capacité – d'une société ou d'un individu – d'agir délibérément et explicitement pour modifier sa loi, c'est-à-dire sa forme. [446]

Tout groupe qui veut perdurer dans son autonomie doit réviser en continu les lois de sa monnaie pour qu'elle renforce ses valeurs collectives. D'autant plus que les valeurs collectives du groupe autonome sont elles-mêmes évolutives pour pouvoir saisir les opportunités et éviter les écueils dans un monde qui bouillonne.

La monnaie a une forme donnée par les règles et les usages. Quand cette forme devient incompatible avec les valeurs définies par la société, il convient de retourner la monnaie, à savoir en modifier les règles et les usages.

Quels sont les projets aujourd'hui de notre communauté ?

Parlons-en et dessinons enfin notre monnaie.

---

[446] Cornélius Castoriadis, *Les carrefours du labyrinthe: Fait et à faire*, Paris, Seuil, 1997, p. 207.

Ombre et lumière d'une passion humaine

de Jean-Michel Servet

Dans *La fabrique collective de la monnaie*, Denis Dupré initie ses lecteurs aux mystères de l'argent. Et pour se faire il initie l'ouvrage, autrement dit il l'introduit, par une reproduction et un bref commentaire d'un tableau peint par Quentin Metsys en 1514 à Anvers.

Au fil des pages Denis Dupré recourt ainsi fort judicieusement à de nombreuses images pour soutenir son propos. Je prendrai cette première illustration et vision comme une initiation. Elle a été le fil d'Ariane de ma lecture en usant de sa découverte comme guide dans le labyrinthe des idées développées au cours du livre. Elles foisonnent. Trop peut-être aux yeux de certains, notamment de lecteurs pressés et surtout soumis aux postulats des représentations courantes actuelles de la monnaie. Mais ces multiples dédales de la pensée seront, je l'espère, autant de pistes pour poursuivre les réflexions méticuleuses de l'auteur. Le cheminement proposé ici pour le relire conduit à décrypter ce qui apparaît comme le non-dit du tableau, dominant aussi de notre temps et qui fait toujours de la monnaie « un voile » comme les économistes l'ont souvent affirmé. Commençons cette lecture d'une peinture produite il y a plus d'un demi millénaire et qui donne encore à penser l'argent.

Ce tableau conservé aujourd'hui au Louvre est reconnu comme l'œuvre de celui qui serait un simple forgeron devenu rapidement de son vivant un artiste peintre respecté et renommé ; dans les deux sens de renommé puisqu'il est prénommé Quentin, Quinten ou Kwinten et nommé Metsys, Massys ou Matsijs. Et renommé puisque le tableau a servi de modèle et est entré dans l'immortalité des chefs d'œuvres des primitifs flamands et plus généralement de l'art européen. Il est, lui aussi, diversement désigné en français comme : « le prêteur et sa femme », « le peseur d'or et sa femme », « le changeur et sa femme », ou encore « le banquier et sa femme ». Il est bien connu aujourd'hui car il est souvent reproduit notamment par les manuels scolaires ou sur des timbres postes (comme aux Émirats arabes unis en 1968 et en France vingt années plus tard). Mais aussi, dans notre temps de marchandisation des objets d'art jusqu'à des formes les plus vulgaires, sur des T-shirts[447], des étuis de téléphone portable, des coussins, des sacs, des cartes de vœux, etc. proposés sur sites pour moins de vingt euros[448]. L'intérêt du tableau tient tout autant à la virtuosité manifestée par l'artiste qu'à son apparent réalisme pour représenter ce qui apparaît comme un couple riche entouré d'éléments propres à des activités monétaires et financières ; des activités qui étaient florissantes à Anvers, où le peintre a vécu une grande partie de sa vie jusqu'à sa mort à soixante-quatre ans, seize ans donc après avoir peint le tableau. L'intérêt de celui-ci n'est pas seulement artistique ou didactique. Il peut retenir aussi notre attention par l'énigme du couple moralité/immoralité de l'argent qu'il est possible d'y retrouver comme l'indique Denis Dupré dans son commentaire.

---

[447] https://www.zazzle.com/the_money_lender_and_his_wife_1514_t_shirt-235119675848834671.
[448] https://pixels.com/featured/money-changer-and-his-wife-quentin-metsys.html.

Immoralité dont Quentin Metsys (je retiendrai ici ce nom uniquement) a fait six années plus tard le thème central d'un autre tableau « Les usuriers ». Il est aussi reproduit dans *La Fabrique collective de la monnaie*, à la suite du précédent tableau. Il fait en quelque sorte pendant à celui que j'ai choisi de commenter ici. À la seule vue des pièces de monnaie représentées dans le tableau (en or dans le tableau de 1514 et en métal vil dans le tableau de 1530), on peut affirmer que ce ne sont pas les mêmes milieux sociaux qui sont représentés. Ce qu'avait bien analysé notamment Laurence Fontaine dans *L'économie morale*[449]. Peut-être « Les usuriers » exprime-t-il un remords du peintre à l'intention de ceux qui pourraient penser, en voyant « le prêteur et sa femme » (retenons ce titre), que le peintre n'aurait présenté que la dimension morale de l'argent en oubliant son immoralité, qui est notamment celle de l'usure. Cette question de la moralité et de l'immoralité de la monnaie n'est-elle pas au cœur du livre, donc de cette postface qu'avec beaucoup de sympathie et de confiance Denis m'a suggéré d'écrire ? Le début du XVIe siècle, temps de production de ces deux tableaux, était en Europe une époque où un discours moral sur l'argent était (encore) omniprésent. Depuis, le développement de la science économique et des pratiques qui lui sont liées l'ont largement fait disparaître et on le trouve ici fort heureusement réintroduit dans l'ensemble des questions posées par la confrontation de l'économie à la

---

[449] Laurence Fontaine, 2008, *L'économie morale. Pauvreté, crédit et confiance dans l'Europe préindustrielle*, Paris, Gallimard.

philosophie. Philosophie qui explique dans ce livre la forte présence d'anciens penseurs en charge de nous éclairer.

Dans l'ouvrage de Denis Dupré, tout comme dans le tableau « le prêteur

et sa femme », on rencontre une masse d'objets. Ils sont sur la table (ou comptoir), devant les deux personnages qui occupent une large partie du centre du tableau. On voit un amoncellement de pièces de monnaie parfaitement identifiables comme provenant d'Angleterre, de France et d'Allemagne (et qui rappelle les liens entre monnaies et État). On voit aussi un trébuchet qui permet de les peser. Richesse réelle et abstraite par leurs capacités d'acquérir. On y voit aussi des objets de valeur (perles et bagues) alors que des liasses de documents pouvant être des lettres de change ou des reconnaissances de dettes (autres formes de la monnaie) se trouvent au-dessus des deux personnages sur une étagère occupant la partie supérieure du tableau, qui en est une sorte de ciel. Ce sont ces objets qui permettent d'identifier le métier de l'homme tenant un trébuchet : un changeur du fait des pièces pesées, un prêteur du fait des objets peut-être mis en gage et des reconnaissances de dettes et finalement un banquier en raison des activités précédentes et de ce qui peut être des liasses de lettres de change et des livres de compte.

Ce XVIᵉ siècle en Europe, et particulièrement en Flandres, est une période de transformations des pratiques monétaires et financières, avec une nouvelle technique : les lettres de change (auxquelles on peut associer dans les techniques marchandes la diffusion de la comptabilité en partie double et du calcul avec des chiffres arabes permettant aisément, à la différence d'un boulier, de calculer des pourcentages, donc des intérêts). On peut être tenté d'y ajouter la frappe au balancier des pièces qui a rendu la valeur matérielle de celles-ci beaucoup plus fiable même si elle n'est apparue qu'en 1530 et s'est diffusée plus tardivement encore. Toutefois les recherches nécessaires à son invention relèvent un souci vraisemblablement important en ce temps pour ceux qui traitaient manuellement de monnaies. Les changements techniques actuels se réalisent par l'usage des ordinateurs et des téléphones portables pour transférer des fonds et payer (tout en étant un instrument de communication écrite et verbale comme l'a bien analysé Keith Hart[450]); le lien langue/monnaie est ici le point de départ de la préface de Denis Vernant. On doit y ajouter de nouvelles techniques spéculatives qu'analyse bien Denis Dupré, et qui s'appuient aussi sur ces nouvelles techniques informatiques. Elles nous obligent aussi à repenser ce qu'est la monnaie.

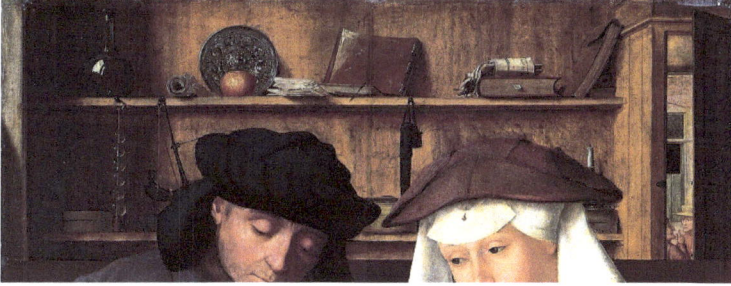

Pour ce faire il revendique fort judicieusement une approche en terme d'abduction (p. 16) faite d'allers-retours entre les théories et leur application aux

---

[450] Voir une lecture de ses travaux en ce domaine dans Jean-Michel Servet, **2018,** « Repenser en interdisciplinarité et dans sa diversité l'universalité du média monétaire. À propos de l'ouvrage dirigé par Keith Hart : *Money in a Human Economy*, New York/Oxford, Berghahan », *Revue de la Régulation*, 23 | 1er semestre / Spring 2018 : Varia, https://journals.openedition.org/regulation/13092.

réalités afin d'aboutir à une vision plus adéquate de l'objet traité. D'où les « enquêtes » qu'il met en exergue comme autant de propos d'étapes de son analyse. Ainsi, le lecteur rencontre d'heureuses trouvailles. Ne retenons qu'un exemple. Alors que bien souvent les raisonnements et critiques sur les spéculations sont illustrés par celles sur les oignons de tulipes vers 1637 aux Provinces-Unies, auxquelles de nombreux écrits ont été consacrés, le lecteur découvre (p. 215) le cas d'une autre spéculation et sur d'autres oignons, exemple fort peu connu et tout à fait pertinent : celle, dans les années 1950 aux États-Unis, sur des oignons destinés à la consommation. Différence fort sensible aussi quant aux conséquences des anticipations et des manœuvres puisque les bulbes de tulipe n'étaient pas destinés à l'alimentation. Une spéculation qui anticipe bien d'autres et de plus gigantesques quand les produits eux-mêmes sont transformés en des titres financiers dans un monde devenu un empire de la liquidité.

Revenons au tableau de Quentin Metsys. Des oppositions le structurent. La plus visible est celle de la couleur des habits des deux personnages au cœur du tableau : sombres pour l'homme et éclatants pour la femme. Des spécialistes ont

relevé que leurs vêtements ne pouvaient qu'apparaître anciens à ceux qui regardaient le tableau lors de sa réalisation (sa date figure avec la signature du peintre dans la partie supérieure du tableau). Ce qui pourrait en faire la copie d'une œuvre plus ancienne aujourd'hui disparue. Tout comme ce tableau de Quentin Metsys a pu inspirer, un quart de siècle plus tard, ceux du banquier et de sa femme peints en 1538 par Marinus van Reymerswaele et conservés aujourd'hui pour une version au Museo del Prado à Madrid et pour l'autre à Alte Pinakothek de Munich[451]. Le tableau de Quentin Metsys a-t-il été en 1514 commandé par un concitoyen fortuné à un peintre déjà célèbre en sa ville ? Une cité dans laquelle Quentin Metsys occupait lui-même une position éminente au sein de la confrérie de saint Luc, une corporation d'artistes et de peintres[452]. Est-ce qu'un couple s'est offert son portrait dans une mise en scène banale de leur activité quotidienne, en l'occurrence celle de la manipulation de l'argent et de biens précieux ? Ou cette scène de pesée de la monnaie est-elle un message d'édification morale. Des éléments du tableau peuvent le conforter, et ils sont compatibles avec l'archaïsme des vêtements. Moralité signifiée par un verset extrait du troisième livre de la Torah (Lévitique,19, 36) : « *Vous aurez des balances justes, des poids justes, des mesures de capacité justes* ». Cette citation hébraïque avait été en partie ajoutée sur le cadre du tableau après sa réalisation. Puis elle a été effacée. Effacée peut-être parce qu'elle est une référence à la foi juive et qu'elle contrastait avec la présence entre les mains de la femme d'un livre illustré par une Vierge et par l'agneau de Dieu. Comme dans la plupart des tableaux de maître[453], il faut par conséquent dépasser l'hypothèse d'un réalisme ordinaire car de multiples éléments du tableau peuvent être vus en l'occurrence ici comme une critique de l'argent. Ce qui nécessite le déchiffrement que nous allons poursuivre.

---

[451] [https://www.researchgate.net/publication/277966980_Massys_and_Money_The_Tax_Collectors_Rediscovered/figures?lo=1].

[452] Catalogue du Musée d'Anvers [https://archive.org/stream/cataloguedumusee00unse_2/cataloguedumusee00unse_2_djvu.txt] p. 246.

[453] Parmi les multiples analyses de tableaux allant en ce sens, on retiendra ici celles magistrales d'un tableau des Menines par Michel Foucault dans *Les Mots et les choses* ou d'un Bal aux Folies Bergères de Manet par Pierre Bourdieu dans *Une révolution symbolique* (ses Cours au Collège de France, 1999-2000) ; ainsi que les fresques au XIVe siècle à Sienne par Patrick Boucheron dans *Conjurer la peur* (Paris, Seuil, 2013).

L'opposition centrale dans la composition du tableau tient aux positions respectives et aux occupations des deux personnages. À gauche l'homme s'apprête à peser une pièce de monnaie et à droite celle généralement vue comme son épouse tient, on l'a déjà indiqué, les pages d'un livre enluminé. Vraisemblablement il s'agit d'un livre d'heures, qui contient les prières de chaque jour. On y voit sur une page de droite une vierge à l'enfant (symbole de sagesse) et, sur le texte en vis-à-vis de la page précédente, un agneau de Dieu (« celui qui ôte les péchés du monde » selon les mots prononcés lors du baptême de Jésus). Les mains gauches de chaque personnage sont levées alors que leurs mains droites sont baissées ; chacun portant une bague qui peut confirmer leur lien. Le regard de la femme est étonnement dirigé non sur le livre pieux mais vers la balance que soulève la main gauche de l'homme. De l'opposition entre les pièces de monnaie et le livre de prière, il est possible de voir une allégorie de la critique des passions pour l'argent qui détournent de la foi. La main de la femme n'ouvre pas le livre. Elle laisse retomber la page. Elle paraît s'en détacher alors qu'elle porte son regard sur la pesée ; donc vers des valeurs *a priori* profanes. À moins que ce ne soient la morale ou l'éthique inspirées par les prières et les images du livre d'heures, qui guident la juste pesée et plus généralement les activités profanes auxquelles se livrent l'homme. Des valeurs que la pieuse femme transmettrait à son conjoint dont les yeux baissés apparaissent concentrés sur son activité. Car tant les yeux ouverts de la femme que les yeux baissés de l'homme apparaissent dirigés sur un unique objet : la balance et donc la pesée des monnaies. Cette femme est-elle donc une épouse accompagnant son conjoint dans ses activités comme le présume le titre donné au tableau ? Et/ou représente-elle des valeurs qui s'opposent au monde de la finance ou plutôt qui doivent/devraient la régler par et pour une juste mesure comme nous y invite *La Fabrique collective de la monnaie* ?

L'opposition et la confusion possible paraissent tout aussi fortes entre les éléments disposés sur le comptoir qu'entre ceux posés sur les étagères. Ils apparaissent éléments triviaux comme le sont les monnaies amoncelées, l'instrument de leur pesée, les biens précieux disposés sur le comptoir où ils s'opposent au livre pieux. On distingue tout aussi nettement sur l'étagère supérieure, au-dessus des deux personnages, des éléments *a priori* inutiles pour une activité de change ou de prêt. Certains peuvent manifester l'habilité du peintre. Mais ils sont plus que cela car ils sont relatifs à la foi et ont un sens dans les tableaux de l'époque. Une carafe transparente est traditionnellement alors symbole de sincérité ; une guirlande de boules de verre évoque la fragilité de l'existence ; une pomme (?) le fruit défendu, donc le pêché ; et une bougie éteinte exprime la fuite du temps et la mort. Mais ces objets n'y sont-ils pas, eux aussi, mêlés à des éléments de l'activité de change ou de prêt tels les liasses de documents pouvant être des lettres de change et des livres de compte ? Ces objets n'ont pas à première vue la même fonction car ils paraissent renvoyer à des mondes différents. Mais pourquoi sur l'étagère avoir associé lettres de change (ou reconnaissances de dettes) avec des objets rappelant la morale chrétienne ? N'est-ce pas participer à une confusion des valeurs ? Ou est-ce constater un renversement des valeurs qui s'est opéré dans une cité dominée non plus par Dieu (si elle ne l'a jamais été) mais par une élite de marchands, peut-être cupides ? Une leçon qui voudrait encore pour notre temps selon la percutante critique de Denis Dupré. Toutefois, l'opposition n'est pas nécessairement aussi tranchée qu'on pourrait aujourd'hui l'imaginer. Car les lettres de change font dans leur rédaction et leur rhétorique référence à des saints, au Christ, à la Vierge, etc. Sans ces éléments il serait alors difficile de garantir l'exécution des contrats et de sceller la confiance nécessaire entre les contractants dans une société alors dominée par les institutions chrétiennes. En ce temps d'émergence du capitalisme, ces documents commerciaux ne sont pas de simples documents profanes. Les marchands banquiers italiens ne sont-ils pas alors aussi ceux de la Papauté, qui font remonter vers le souverain pontife une part significative des revenus de l'Église ? N'est-ce pas là une piste non pas d'une opposition des valeurs morales et de la vie profane, mais l'affirmation d'une nécessité que les premières guident la seconde ? Je suis tenté par un jeu de mots relatif au contexte dominant des corporations et à leurs fonctions morales et économiques, d'affirmer que les premières *guildent* la seconde.

Attachons-nous maintenant aux zones de lumière et d'ombre du tableau et à leur opposition. Trois sources potentielles de lumière peuvent être distinguées. Les deux premières viennent de fenêtres. Elles sont situées, pour l'une visible dans le quart supérieur droit du tableau et pour la seconde d'une fenêtre située en face de la table ou comptoir où se tiennent les deux personnages. On en voit le reflet dans un miroir convexe situé au centre du bas du tableau. Et celui-ci, est la troisième source de lumière, un éclairage quasi artificiel. Seuls ce miroir et la fenêtre que l'on y distingue en reflet éclairent le tableau. Toutefois, les deux personnages et les objets relevant directement de leur activité respective sont éclairés avec une intensité différente. L'homme est dans une zone faiblement éclairée tout comme les monnaies et les objets de valeur se trouvant à gauche de la table (ou comptoir) alors qu'inversement la lumière resplendit sur la femme et sur son livre pieux, éclairage accentuée par la coiffe blanche entourant son visage. Des couleurs chaudes s'opposent à des couleurs froides. L'origine de la lumière peut difficilement expliquer ce contraste. Mais cette opposition entre partie gauche et partie droite du tableau ne doit pas surprendre si l'on pense qu'elle tient aux activités respectives de chacun des personnages : une activité financière donc profane pour l'homme ; la religion pour la femme. Mais la balance ne penche-telle pas légèrement vers la gauche, donc du côté de l'activité du premier, laissant penser que l'ombre l'emporte sur la lumière… et qu'elle peut devenir ténèbres. Tout comme la pesée de l'âme de chacun après son trépas, pesée que de nombreuses peintures évoquent par une balance, peut conduire un chrétien non au royaume céleste de Dieu mais à celui sous-terrain de Lucifer.

A déjà été évoqué le petit miroir convexe situé au centre de la partie basse du tableau. Il constitue un des éléments *a priori* le plus énigmatique de ce tableau. S'y reflète notamment une fenêtre, comme on vient de l'indiquer, fenêtre à travers laquelle on voit un beffroi, un emblème des cités flamandes et de leurs corporations de riches marchands ; le beffroi y étant comme ailleurs un symbole fort de l'indépendance de ces communautés de marchands face au pouvoir féodal. Certains voient aussi dans ce miroir le reflet d'un client qui serait devant le comptoir ; et d'autres … un homme lisant devant la fenêtre ; ce qui en ferait une sorte de tableau dans le tableau. Les miroirs ne sont-ils pas comme la monnaie un élément qui double la réalité en la déformant (tout comme l'écriture). Ces miroirs, appelés « miroirs des sorcières » étaient supposés avoir des pouvoirs magiques. Mais, plus trivialement, on les trouvait fréquemment dans les maisons flamandes, placés en face d'une fenêtre afin de diffuser la lumière à l'intérieur des maisons. On les désignait aussi par l'expression « miroir des banquiers » car ils permettaient à ces derniers ainsi qu'aux orfèvres et aux prêteurs de surveiller d'un seul coup d'œil la pièce dans laquelle ils se trouvaient avec leurs clients.

On peut voir la croisée noire se reflétant dans le petit miroir comme la représentation de la structure d'une fenêtre. Il est possible aussi d'y reconnaître une croix. On doit alors remarquer qu'elle se situe sur une ligne imaginaire qui sépare les deux personnages et divise la base du tableau. Cette croix ne rappelle-t-elle pas alors celle de Jésus Christ au Golgotha ? Or, celle-ci se trouvait entre celles de deux voleurs crucifiés en même temps. Cette position stigmatiserait alors l'homme de finance et de monnaie et sa femme comme deux voleurs. Selon les Évangiles, l'un des deux larrons est un bon larron qui se repend et le Christ l'accueillera au Royaume des Cieux... Un rôle que l'on pourrait attribuer à la femme tenant son livre pieux et qui pourra connaître l'illumination du Paradis alors que le changeur pourrait par son activité incarner le mauvais larron voué lui à la damnation et déjà aux ténèbres de l'Enfer.

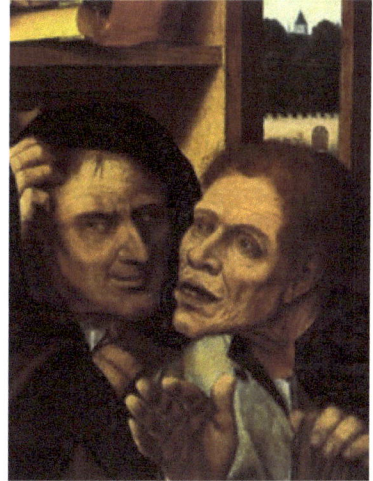

A travers la fenêtre, située dans la partie supérieure droite du tableau, on aperçoit un homme plus âgé et un homme plus jeune visiblement engagés dans une discussion animée car le plus âgé lève le doigt. Est-ce, à l'extérieur de l'officine, une simple scène de rue rappelant la vie quotidienne des tractations commerciales à Anvers, comme celui se reflétant dans le petit miroir peint dans la partie basse du tableau de 1514 ? Ou bien l'homme levant le doigt met-il en garde le plus jeune contre sa tentation ou son intention d'entrer dans un lieu où il est possible d'emprunter et de mettre en gage ? Ce qui conforte la lecture morale du tableau. On peut d'ailleurs remarquer que dans le tableau désigné comme *Les Usuriers* peint en 1520 Quentin Metsys n'a pas jugé utile de reproduire cette scénette dans la fenêtre située dans l'angle supérieur droit du tableau ; pas plus que le miroir et sa croix. On y voit notamment un beffroi. Sans nul doute, les prêteurs apparaissent suffisamment stigmatisés et repoussants pour qu'il soit nécessaire de mettre en garde ceux qui voudraient entrer dans leur boutique.

Il est un élément sur lequel le tableau de Quentin Metsys peint en 1514 paraît largement muet : l'origine de la prospérité économique qui justifie les activités financières et monétaires dans Anvers. Tout au plus peut-on interpréter les deux fenêtres, celle reflétée dans le miroir et celle située dans la partie supérieur droite du tableau, comme des ouvertures sur ce monde extérieur. Les valeurs de l'argent ne valent que par celui-ci car elles dépendent de la marchandise. Une artiste, Fanny Viollet, a récemment restitué ce contexte en détournant le tableau. Elle a remplacé une bonne partie de ce qui se trouve sur la table (les perles, les monnaies et objets précieux notamment) par des sortes d'équivalents : des écheveaux de laine multicolores[454]. N'est-ce pas une façon de révéler l'origine du surplus dégagé par l'activité économique en Flandres, qui faisait de la ville d'Anvers un des principaux lieux d'échanges en Europe et de communication entre l'Europe du Nord et celle du Sud. Seul le beffroi reflété dans le miroir rappelle directement cette opulente cité, outre le couple lui-même richement vêtu. Peut-être aussi les liasses de documents sur l'étagère pouvant être livres de compte, reconnaissances de dettes, lettres de change, etc.

Mais si l'on rapporte l'origine de cette richesse ancienne aux formes contemporaines d'extraction d'un surplus la différence est frappante. Elle est largement spéculative comme l'analyse Denis Dupré. Et ce temps de proto-industrialisation, pour reprendre l'expression forgée en 1969 par le regretté Franklin Mendels[455], rappelle des éléments du nôtre que l'on peut lire comme post-capitaliste à l'aune même du rôle de la monnaie et de la finance dans les deux sociétés.

Ces fondements que l'on vient de désigner comme un non-dit du tableau de Quentin Metsys se trouvent au cœur de l'analyse de Denis Dupré et ce sous différents aspects. La monnaie est généralement représentée, qu'il s'agisse de

[454] Voir https://perezartsplastiques.com/2014/01/01/bonne-annee-avec-le-preteur-et-sa-femme-de-quentin-metsys-1514/.
[455] Concept forgé à partir de l'exemple des Flandres. Voir la nécrologie de cet ami historien trop tôt disparu « Franklin Mendels (1943-1988) », *Histoire & Mesure*, 1988, n°3-2, p. 161https://www.persee.fr/doc/hism_0982-1783_1988_num_3_2_1621.

son rôle dans l'échange ou plus encore dans la thésaurisation, comme la capacité immédiate ou différé pour un individu d'acquérir un bien ou un service. Par la qualification de « collective », le titre même de l'ouvrage *La fabrique collective de la monnaie* met en avant un point essentiel. Comme il l'affirme fort judicieusement : « *Tenir les deux bouts de la corde qui sont l'autonomie collective et l'autonomie individuelle est un travail d'équilibre* » (p. 80). C'est en effet un équilibre difficile car l'économiste adopte généralement soit une perspective macro, soit une perspective micro, sans articuler les deux. Le recours à des philosophes notamment Ellul (qui pense le rapport de la personne à la monnaie) et Castoriadis (qui pense son institution par et dans la société) lui permet d'avancer dans cette direction. Sa vision micro est en particulier nourrie par le ressenti de la communauté des Alpes dans laquelle Denis Dupré vit en famille. Ce village qui a inventé et fait circuler une monnaie sociale contemporaine (pour laquelle son épouse Véronique a beaucoup œuvré) est bien mis en parallèle avec les finalités de la vie promue par Aristote. Tout comme, à l'opposé si j'ose dire, les travaux qu'il a menés sur les mécanismes financiers spéculatifs nourrissent aussi une partie de sa vision macro.

A mes yeux, l'apport principal de l'ouvrage se trouve dans cette recherche d'une articulation de l'individuel et du collectif (et non de leur opposition), d'une reconnaissance réciproque permettant d'assurer l'autonomie de chacun dans la communauté. Ce lien passe par la reconnaissance de la dimension de commun propre à la monnaie. Et pour se faire, l'originalité de l'ouvrage est d'ajouter aux dimensions traditionnelles fonctions et valeurs de la monnaie une troisième : le mode de gouvernement. « *Le gouvernement de la société*, écrit Denis Dupré p. 130, *est une institution qui soutient, et est soutenu par, les imaginaires des gouvernés. Le lien entre gouvernement et valeur est fondamental à étudier. Et puisque notre question est de comprendre comment la monnaie favorise ou détruit les projets d'autonomie, nous classerons les gouvernements suivant deux régimes qui les favorisent ou les empêchent : un mode appelé « autonomie » et un mode appelé « hétéronomie ». ».*

Pierre-Joseph Proudhon avec son projet mutualiste est une clef mobilisée à bon escient par Denis Dupré pour comprendre cette nécessaire dualité individu/collectif.

Il existe une différence majeure entre les formes contemporaines d'accumulation financière et les phases d'accumulation financière spéculative antérieures à l'accumulation dite « primitive »[456] (par l'expropriation des petits paysans et producteurs indépendants) et à l'avènement du capitalisme à dominante salariale : la proportion et la répartition du surplus global ainsi créé et capté. Or pour citer Hegel repris par Marx : les différences quantitatives produisent des différences qualitatives. Le processus contemporain de captation de richesses (virtuelles mais pas seulement) par la finance et ses acolytes techniques informatiques et juridiques qu'analyse Denis Dupré se situent au cœur de l'interdépendance des activités humaines. Le surplus né de leur mutualisation, ainsi absorbé devient massif par rapport aux ponctions traditionnelles exercées par l'exploitation salariale dans un cadre productif ou par les rentes foncières ; exploitation directe du travail qui a caractérisé le capitalisme tel qu'il est défini par

---

[456] De nombreux éléments de l'argumentation qui suit résument trois comptes rendus d'ouvrages, auxquels je renvoie pour les sources bibliographiques. Jean-Michel Servet, 2017, "L'autre monde… est déjà dans celui-ci", Compte rendu de : André Prone *Marché-Monde ou Écomunisme* (L'Harmattan, Collection Questions contemporaines, *FuturWest*, 2016), n°61, hiver 2017, p. 5-13 [http://www.futurouest.com/vars/fichiers/Revue_FuturWest/FuturWest-61.pdf] ; 2017, « Comment une histoire des crises peut/doit (re)constituer un enseignement pour notre temps », *La Revue des Sciences de Gestion*, 2017/5-6, n°287-288, p. 153-158 ; et 2017, « Au-delà du marché » : Quelques réflexions sur la pensée économique de Kaushik Basu », Institut Veblen pour les réformes économiques, décembre [http://www.veblen-institute.org/Au-dela-du-marche-Vers-une-nouvelle-pensee-economique-de-Kaushik-Basu.html?var_mode=calcul]. Voir aussi : 2016, « Solutions liquides. Résistances dans l'après-capitalisme », *Esprit*, n° mars-avril 2016. Un grand nombre des travaux indiqués dans ces publications antérieures ne sont pas signalés ici.

Marx notoirement. Elle ne disparaît pas et se trouve englobée dans celle produite par cette financiarisation.

La victoire du néolibéralisme au cours des deux dernières décennies du XXe siècle s'est accomplie avec, ou plutôt grâce, à l'intensification de cette financiarisation jusqu'aux fondements des sociétés humaines. Celle-ci suscite une disproportion abyssale entre les activités dite « réelles » de production et celles de la finance. Aujourd'hui ceux qui alimentent les ponctions du « capital » ne le font plus nécessairement directement dans un rapport salarial d'emploi. L'exploitation salariale occupe, en termes relatifs, une part décroissante dans les processus de création, d'extraction et de transmission du surplus, grâce aux rouages financiers et à des droits de propriété nouveaux. Ceux-ci assurent dans la chaine de valeurs monétaires des transferts massifs notoirement en faveur des groupes financiers, de leurs supports techniques (juridiques et informatiques) et des branches financières d'entreprises de production de matières premières, de leur transformation en biens de consommations intermédiaires et finales et de firmes commerciales et de services. L'opposition apparaît floue entre les secteurs industriels et commerciaux et le secteur financier, tant leurs imbrications sont devenues étroites. Ce qui n'exclut pas des tensions fortes entre des groupes d'intérêt en lutte pour le contrôle d'espaces économico-financiers. Les ressources financièrement gérées proviennent de l'endettement notamment des ménages, des entreprises et des États, de la redistribution des retraites, de la gestion des risques de toute sorte, de change, du climat, de l'assurance des biens, de la protection santé, etc. La formation et la captation d'une survaleur (monétaire) naissant de la mutualisation des activités humaines s'accompagnent d'un processus d'expropriation des institutions collectives publiques promues dans les pays les plus « avancés » durant la période d'Après Seconde Guerre mondiale dite des « Trente glorieuses ».

Cette financiarisation a positionné les activités financières au cœur de l'interdépendance des activités humaines aux différents échelons de leur création et de leur réalisation. Ce nouveau système économique et social, encore sans nom, apparaît comme un empire de la liquidité. Cette liquidité financière s'oppose à la solidité matérielle qui était celle du capitalisme industriel, comme l'a mis en avant Zygmunt Bauman. Il a aussi été rendu possible par la privatisation, au profit des banques commerciales, de la création monétaire jusque-là sous contrôle public, par le développement de nouveaux droits privés de propriété portant notamment sur des biens et services dont le coût marginal de production est décroissant, initiant ainsi un nouveau mouvement d'*enclosures*, en particulier pour des produits matériels et immatériels apparus avec les réseaux d'informations. Or, ce sont des productions dont le coût marginal de production est décroissant ; d'où le rôle essentiel des droits de propriété pour les contrôler, les coûts des droits de propriété étant imputés aux divers utilisateurs dans la chaîne de financement, production, diffusion et consommation. Mentionnons enfin le rôle actif des États vis à vis des marchés pour systématiser la concurrence des intérêts privés et l'individualisation des comportements et cela à chacun de ses échelons de la production à la consommation en passant par l'épargne. Les États ne limitent plus les effets dévastateurs de la concurrence, ou alors comme un leurre. Ils apparaissent comme étant au service de celle-ci pour la développer ainsi que son corolaire, la propriété privée.

Ce système économique, social, politique et idéologique a engendré ce qu'il est possible d'appréhender comme un après-capitalisme, tout comme on peut parler d'ante-capitalisme pour le contexte de 1514. Cet après a commencé, sans qu'on en ait pleinement conscience parce que nos catégories essentielles sont toujours celles de l'opposition salariat/capital. Cela ne signifie pas que les formes anciennes d'exploitation des ouvriers et ouvrières à travers des processus productifs aient totalement disparu : les pays dits « émergents » et en développement en donnent de nombreux exemples, avec des conditions de travail en particulier dans la production textile, chimique ou sidérurgique, le désossage des bateaux, etc. pouvant rappeler la violence des plus sombres heures du XIXe siècle européen dans les mines, la sidérurgie et le textile notamment ainsi que de l'esclavage et du travail forcé puis de la servitude par dette dans les colonies et des nations devenues plus ou moins formellement politiquement indépendantes. On peut aussi invoquer une diminution du coût de reproduction des forces de travail grâce à l'utilisation d'une main d'œuvre à bas coûts dans des pays en développement ou émergents. Tout cela fait qu'il est possible de donner à la théorie marxiste de la production et de la réalisation de la plus-value encore quelque pertinence et que ces réalités peuvent toujours l'illustrer. Toutefois désormais l'essentiel faisant tourner la machine économique et financière est essentiellement ailleurs, avec des conséquences sur l'environnement écologique, social et culturelle du fait des ponctions exercées par la finances sur les entreprises. C'est un non-dit actuel que l'on trouve en quelque sorte inversé dans le tableau de Quentin Metsys où l'argent apparaît central dans ses œuvres de 1514 et de 1520.

Affirmer un après-capitalisme commençant ne signifie pas que les pays à hauts revenus par tête représentent le meilleur et le plus juste des mondes actuellement possibles. C'est un nouveau mode d'exploitation comme l'ont été jadis le féodalisme, l'esclavagisme et le despotisme asiatique ou naguère le capitalisme salarial et l'exploitation des cadets et des femmes par les aînés, qui n'ont pas loin de là disparu. Ce modèle économique actuel dominé par la financiarisation se révèle inefficace pour le plus grand nombre à satisfaire, au Nord comme au Sud, les besoins et les désirs engendrés par son idéologie illusoire d'une égalité potentielle des consommateurs et des producteurs. À son incapacité aussi à répandre les forces d'une nouvelle croissance conciliant durabilité environnementale et bien-être social. La domination de la finance peut même exacerber les formes anciennes d'exploitation. Ce changement se traduit, dans de nombreux domaines, par une forte régression du pouvoir relatif de négociation des salariés face aux détenteurs du capital, en particulier dans de nombreux pays pour ce qui est de la protection sociale. La quasi généralisation du salariat dans les pays qualifiés de « plus avancés » a changé la donne par rapport au XIXe siècle quand l'on pouvait de façon tranchée opposer le travail au capital et quand il a pu être conféré au premier et au second des positions sociales et politiques parfaitement identifiées, biaisées il est vrai par l'importance de la fabrique dispersée ou *putting out system* dont les Flandres ont été un pays initiateur à travers sa proto-industrialisation. Peut-on croire que le système financier actuel deviendra suffisamment insupportable à ceux qui se pensent comme « exploités » et inique aux yeux du plus grand nombre, pour qu'ils se donnent les moyens (matériels, politiques et moraux) de le renverser pratiquement et idéologiquement… avec des moyens anciens ? Les jeux financiers créent sans cesse une survaleur monétaire appropriée (en lien notamment avec la couverture solvable de risques). Les spéculations sur les matières premières (plutôt que la gestion de stocks régulateurs) en sont une des composantes. Le clivage productif/improductif (essentiel dans la formation de l'économie politique) a perdu beaucoup de sa pertinence pour caractériser le processus contemporain de création de la valeur et par là d'exploitation.

Au lieu de situer le conflit potentiel entre exploités et exploiteurs principalement et essentiellement dans l'exploitation salariale et quasi-salariale par les détenteurs du capital, on peut faire l'hypothèse que le contexte des sociétés contemporaines et par conséquent les formes, les lieux et les objets des révoltes et colères contemporaines ont changé fondamentalement. Et cela parce que le mode d'extraction du surplus et ses formes (au sens de ses principes fondamentaux de fonctionnement) ont subi une profonde mutation à partir des années 1980 et se sont accélérés au tournant du millénaire. Par extraction du surplus, comprenons que les dominants peuvent tout à fait légalement et légitimement capter et accumuler sous leur contrôle une partie des richesses additionnelles engendrées par la mutualisation des activités humaines (fussent-elles des richesses devenues de plus en plus quasi-immatérielles du fait du poids croissant des services et de la démultiplication des titres financiers). Cette mutualisation des activités humaines (notamment à échelon global) passe aujourd'hui par leur financiarisation qui réalise leur interdépendance. Les formes passées d'exploitation se sont toujours faites par le positionnement clef des « exploiteurs » par rapport aux « exploités » dans le contrôle du surplus. Cette hypothèse (qui peut être une lecture de Proudhon) englobe et dépasse donc celle de l'exploitation salariale à la Marx. La victoire du néolibéralisme dans les années 1980 et surtout 1990 s'est accomplie grâce à la forte intensification de la financiarisation. Elle a positionné les activités financières comme élément clef de l'interdépendance des activités humaines aux différents échelons de leur réalisation.

Poursuivons cette hypothèse d'une rupture historique ayant initié une sortie du capitalisme pour penser positivement un dépassement de l'actuel au-delà. Intégrer les modes contemporains de financiarisation est essentiel pour élaborer de nouvelles formes de résistance et de lutte contre cet après capitalisme émergeant. Si l'on pense que la crise de 2007-2008 a été la première du nouveau système économique graduellement mis en place au cours des dernières décennies, il faut/faudrait être capable de produire des réponses qui renouvellent les anciennes formes de lutte et d'opposition nées au cours du développement du salariat industriel et de la concentration de ce type de travailleurs.

Reprenons l'exemple de la lutte contre le privilège de seigneuriage capté par le secteur financier (et ainsi indirectement par ses acolytes techniques), qui provoque une inadéquation entre le rythme de production de liquidités et les besoins des économies en ce domaine. Des projets politiques visent à mettre un terme à ce privilège des banques à travers les propositions d'une monnaie pleine, gagée, positive, etc. Elles sont retenues par Denis Dupré. Il s'agit de répondre de façon adéquate aux besoins de liquidités des économies ; de retrouver un contrôle collectif sur cette création et pour certains d'alimenter sans déficit budgétaire, sous des formes diverses un revenu minimum d'existence (plutôt que de voir les banques centrales soutenir les banques commerciales sans beaucoup de succès jusqu'ici en matière de « reprise économique » durable et bénéfique aux laissés pour compte et mettre les dettes publiques à la seule merci des marchés financiers). L'essor des monnaies complémentaires territorialisées constitue un autre exemple développé dans l'ouvrage comme forme de réponse à micro-échelon. Celui-ci pouvant atteindre un niveau régional voire national en cas d'intensification de la crise du système néolibéral. Cette proposition peut d'ailleurs être associée à celle du soutien aux investissements consommant peu ou pas de carbone.

À l'opposé, en économie dite « solidaire », les modes de fixation des prix ne sont pas systématiquement soumis au principe de concurrence et les effets de la propriété privée sont nuls ou limités. Retenons encore l'exemple des groupes de consommateurs qui décident d'appuyer des productions locales « bio » et les circuits courts de distribution. Parce qu'ils passent contrat avec une ferme qui leur livre chaque semaine un panier de fruits et légumes, ne joue plus seulement la qualité particulière du produit (en l'occurrence être un produit bio de proximité). Disparaît l'incitation à travers le prix payé par le consommateur pour acquérir tel produit plutôt que tel autre puisque le consommateur ne choisit pas ce qu'il reçoit. Il accepte de subir les contraintes saisonnières et les aléas climatiques afin de soutenir l'agriculture locale et de diminuer l'empreinte écologique du transport des produits.

Aujourd'hui, nous nous situons, comme au XVIᵉ siècle avec Quentin Metsys, comme à la fin du XVIIIᵉ et au début du XIXᵉ siècle, face aux balbutiements d'un ordre économique et social nouveau et, en opposition avec celui-ci, en présence de nouvelles formes de résistances, de revendications morales et d'alternatives en construction auxquelles l'ouvrage de Denis Dupré contribue. De nouvelles solidarités aussi dans les unes et dans les autres. Leur nécessité est plus forte aujourd'hui qu'hier car le néolibéralisme promeut des interdépendances mécaniques à travers la concurrence des intérêts privés avec le soutien des États pour mettre en place ce nouveau modèle de société. Au début du XIXe siècle en Angleterre, la destruction des machines par les salariés révèle l'absence d'autres moyens de manifester la défense d'intérêts immédiats et une incompréhension du devenir des formes d'exploitation. Aujourd'hui, comme au temps de l'émergence du capitalisme industriel, les dominés peuvent constater une large inefficacité des combats conservant les instruments du passé. L'occupation actuelle de lieux symboliques, de nœuds autoroutiers et de centres d'approvisionnement en carburant ainsi que les destructions de voitures, les dégradations de bâtiments publics et de magasins dans des rues illustrent une sorte de désespérance. Nous nous trouvons face aux balbutiements de luttes et de solidarités efficaces.

Faute de solidarités internationales des travailleurs d'une même entreprise mondialisée, d'autant plus difficiles à réaliser que l'on se trouve en présence de jeux de filiales et de sous-traitants multiples mis en concurrence, avec des productions éclatées dans un vaste archipel mondialisé où les firmes jouent à l'optimisation fiscale dans la fixation de leurs prix et l'implantation juridique et réelle de leurs activités, l'autonomie de l'usine occupée, où les travailleurs contrôlent la production et son écoulement[457], est devenue de plus en plus illusoire (notamment du fait de la multiplication des travailleurs précaires et chômeurs) ; d'où aussi le peu de reprise d'entreprises sous forme coopérative. Chaque unité ne correspond qu'à un infime maillon d'une chaîne de production globalisée et éclatée dans un vaste archipel d'intérêts, qui permet aux dominants d'opposer les espaces locaux et nationaux de production les uns contre les autres et d'en tirer profit. Les groupes financiaro-industriels peuvent pratiquer, grâce à la globalisation des activités, une large péréquation des risques à l'échelon planétaire, en s'affrontant ou

---

[457] Difficile de ne pas rappeler ici la lutte des ouvriers fabriquant et vendant les montres Lip à Besançon en 1973.

en s'alliant, selon les circonstances. Les représentants élus des partis dits traditionnellement « de gauche » apparaissent pour l'essentiel comme les gestionnaires de changements présentés par eux comme inéluctables, voire à terme positifs ; une adaptation aux normes du néolibéralisme, en particulier pour ce qui est des marchés financiers – fussent-ils « encadrés » – et de l'emploi de salariés aux statuts de plus en plus précarisés. La principale différence avec les politiques dits « de droite » ou « centristes » étant la rapidité et les modalités d'une transition qui, à ceux qui la veulent brutale en prétendant qu'elle sera efficace et à ceux qui souhaitent donner un peu de temps au temps, paraît comme une évolution générale nécessaire et favorable à terme à tous. D'où une très large défection de leurs électeurs traditionnels, en particulier au sein des générations les plus jeunes dont les aspirations sont étouffées et des générations plus anciennes qui voient diminuer leur pouvoir d'achat. Tous sont soumis à un « TINA » (*there is no alternative*). Est-ce à dire que rien ne se passe ?

Dans les pays où étaient apparues les formes modernes du salariat se distinguant de la coopération dans les guildes d'Ancien Régime, s'inventent, largement en dehors des lieux du dialogue social et des confrontations des intérêts du capital et du travail auxquels les institutions du capitalisme avaient abouti, de nouvelles formes et des espaces inédits de ce qui peut à bien y réfléchir constituer de nouveaux combats, aux objets multiples et éclatés. Ils concernent les circuits courts de consommation, le commerce équitable, des coopératives d'habitat, des modes de financement solidaire, des monnaies locales, des mouvements de recyclages, de l'éco-tourisme, des productions culturelles, des ressources informatiques partagées, certaines médecines dites « alternatives », etc. Leurs inscriptions territoriales comme le montre Denis Dupré (à différents niveaux avec un primat actuel au local) et leur dimension environnementale sont généralement fortes. Ils peuvent s'étendre à de multiples champs, en particulier quand ils revendiquent la reconnaissance et la gestion de communs. Cette nébuleuse (dont il convient sans cesse de distinguer le bon grain de l'ivraie…) permet d'entrevoir les germes d'un avenir positif. S'y expriment des processus d'apprentissage d'autres façons d'agir et de penser que l'on peut considérer comme d'heureux « petits matins ».

La privatisation de l'émission monétaire par les banques commerciales est un exemple d'*enclosure* du fait de l'accaparement et de la restriction de la liquidité (dont la production est alors pensée par les contestataires comme devant constituer elle aussi un commun). Le mouvement de revendication de communs se dresse en ce domaine contre l'État mis au service des banques et contre la domination de la production de liquidités par des intérêts particuliers (ceux des banques commerciales qui prétendent défendre l'intérêt général en alimentant la production monétaire via le crédit et, ce faisant, surtout des drainages spéculatifs qui sont devenus un mode spécifique d'exploitation). L'opposition à cette privatisation au profit de groupes d'intérêts particuliers s'exprime bien dans les propositions de monnaie pleine ou gagée, autant d'anti *bitcoin*, pour retrouver une confiance collective dans la monnaie et les relations de financement. Ces mouvements sont une revendication pour comprendre le fonctionnement du système monétaire et financier et le transformer afin qu'il réponde aux besoins du plus grand nombre. A l'inverse de la privatisation monétaire dont de nombreuses crypto-monnaies veulent donner l'exemple, les diverses communautés émettant et gérant des monnaies locales complémentaires (incluant celles des monnaies locales gagées, fondantes ou non et celles des systèmes d'échange locaux) correspondent à la reconnaissance d'un commun inscrit dans la communauté de vie d'un territoire. Par rapport à la monnaie nationale ou plurinationale, c'est bien une forme de détachement et de fractionnement. Mais il s'agit là d'une auto-exclusion positive, car elle permet de retrouver sur une base locale un commun dans le champ monétaire et financier. La somme des initiatives de ce type pourrait satisfaire le besoin de liquidités dans un système que la concurrence des intérêts privés commerciaux a monétairement asphyxié. Les articulations entre les différents mouvements, leurs échanges permanents d'idées et de ressources les éloignent du sectarisme et du chauvinisme local dont ils sont souvent accusés.

Les contestations et les projets dépassent ainsi largement un positionnement vis à vis du seul travail. Ils se situent dans des espaces et à des niveaux différents. Ils n'apparaissent pas seulement comme des luttes pour s'opposer. Ils constituent des co-constructions de façons nouvelles de vivre, d'échanger, d'occuper un espace ensemble. Leur renvoi dans de multiples domaines à la question des communs (à caractère globaux et locaux) est particulièrement emblématique de cette volonté de faire ensemble tant par une redéfinition des droits de propriété, d'accès et d'usage, que par une nouvelle articulation du politique, de la morale et de l'économique. Pris ensemble comme un commun, ils se distinguent des biens collectifs publics par la volonté de définir par un processus de subsidiarité ascendante leurs règles de gestion. Une caractéristique commune à l'ensemble des projets réunis sous des appellations telles que « économie solidaire », « pratiques solidaires de l'économie », « économie humaine », « autre économie » ou « économie populaire » est en effet de ne pas s'opposer au marché d'une manière fondamentaliste ou frontale. C'est ce qui les fait souvent dénoncer comme des compromis plus ou moins vite récupérables et récupérés. Mais on peut parler à leur propos d'une utilisation[458] du marché, mais qui n'est pas alors confondu avec le principe de concurrence. Ces projets se présentent alors comme des « solutions ». Le terme dérive du latin classique « *solutio* », que l'on peut traduire par dissolution ou désagrégation et qui est apparenté à *solvere*, ayant le sens de détacher, délier, lever l'ancre. Il faut se détacher du présent pour en partir. Cette prise de distance est une condition pour « aller de l'avant » et comprendre le futur déjà présent. Toutefois, sauf circonstances historiques exceptionnelles, pour être largement acceptée cette rupture ne peut être qu'exceptionnellement totale. Elle conserve beaucoup d'éléments du passé, qui peuvent longtemps obscurcir sa dimension

---

[458] Au sens premier où « utiliser » c'est rendre utile.

contestatrice et de rupture ; et faire passer pour des compromissions les compromis nécessaires à la massification et l'intensification du mouvement de transformation. Ce que nous invite à penser l'ouvrage de Denis Dupré, et cela à l'inverse de l'autre-monde que désignent dans le tableau de Quentin Metsys le livre pieu et les symboles religieux, qu'« *un autre monde est possible. Mais* [qu'] *il est dans celui-ci* »[459].

Jean-Michel Servet, Cagnoletti (Lombardie), 5 janvier 2019.

Jean-Michel Servet est professeur honoraire à l'Institut des Hautes Etudes internationales et du développement à Genève, spécialiste des monnaies complémentaires alternatives, du microcrédit, de l'économie sociale et solidaire et de l'histoire de la pensée économique et financière.

---

[459] Cette affirmation est souvent attribuée à Paul Eluard sans qu'en soit donnée une référence exacte. On trouve une expression proche dans ses *Œuvres complètes* (p. 986 du volume 1 - édition 1968). Mais il s'agit là de la citation d'une citation, à laquelle sont attribuées des sources diverses : Yeats, Rilke etc. Voici ce qu'on lit dans *Donner à voir* [1939] : « Il y a assurément un autre monde, mais il est dans celui-ci et, pour atteindre sa pleine perfection, il faut qu'il soit bien reconnu et qu'on en fasse profession. L'homme doit chercher son état à venir dans le présent, et le ciel, non point au-dessus de la terre, mais en soi. Ignaz-Vitalis Troxler, cité par Albert Béguin dans *L'Âme romantique et le Rêve*. »

www.ingramcontent.com/pod-product-compliance
Lightning Source LLC
Chambersburg PA
CBHW061134030426
42334CB00003B/29